자본주의와 노동자상태의 역사
- 이론 편 -

자본주의와 노동자상태의 역사
- 이론 편 -

위르겐 쿠친스키 지음
김정로 편역

2019
백산서당

자본주의와 노동자상태의 역사

— 이론 편 —

『노동자상태의 역사』에 대한 전체 서문 · 9
제1권에 대한 서문 · 12
서 문 · 13
서 론 · 17

| 제 1 장 |

노동자계급의 절대적 궁핍화 이론 ……………………………… 23

   1. 산업예비군 · 24

   2. 절대적 궁핍화의 형태 · 38

   3. 법칙과 경향 · 54

   4. 절대적 궁핍화와 정치-사회적 확대 · 67

   5. 절대적 궁핍화와 노동자계급의 다양한 계층 · 74

   6. 노동자상태의 요소 · 117

   7. 상대적 궁핍화 · 122

| 제 2 장 |

임금이론 ·· 127

  1. 노동력의 가치와 잉여가치 생산 · 127
  2. 그 가치 이하로 노동력의 가격(임금)의 인하 · 141
  3. 지속적인 절대적 궁핍화에도 불구하고 실질임금 상승의 의미 · 145
  4. 가족임금, 가족착취, 여성임금 · 159
  5. 시간임금, 성과급, 민족임금 · 166
  6. 임금통계의 문제에 대한 몇 가지 논평 · 182
  7. 요약, 상대임금 · 195

| 제 3 장 |

노동시간, 생산성, 노동의 강도 ·· 203

| 제 4 장 |

고용과 실업 그리고 노동자계급의 구조문제 ·· 231

| 제 5 장 |

자본주의와 건강관계 및 사고관계, 사회보장 ·· 257

자본주의와 노동자상태의 역사
— 이론 편 —

『노동자상태의 역사』에 대한 전체 서문 · 9
제1권에 대한 서문 · 12
서 문 · 13
서 론 · 17

|제 1 장|

노동자계급의 절대적 궁핍화 이론 ……………………………23

1. 산업예비군 · 24

2. 절대적 궁핍화의 형태 · 38

3. 법칙과 경향 · 54

4. 절대적 궁핍화와 정치-사회적 확대 · 67

5. 절대적 궁핍화와 노동자계급의 다양한 계층 · 74

6. 노동자상태의 요소 · 117

7. 상대적 궁핍화 · 122

| 제 2 장 |

임금이론 ··· 127

1. 노동력의 가치와 잉여가치 생산 · 127
2. 그 가치 이하로 노동력의 가격(임금)의 인하 · 141
3. 지속적인 절대적 궁핍화에도 불구하고 실질임금 상승의 의미 · 145
4. 가족임금, 가족착취, 여성임금 · 159
5. 시간임금, 성과급, 민족임금 · 166
6. 임금통계의 문제에 대한 몇 가지 논평 · 182
7. 요약, 상대임금 · 195

| 제 3 장 |

노동시간, 생산성, 노동의 강도 ·································· 203

| 제 4 장 |

고용과 실업 그리고 노동자계급의 구조문제 ·················· 231

| 제 5 장 |

자본주의와 건강관계 및 사고관계, 사회보장 ················ 257

| 제 6 장 |

교육과 훈련 ··· 275

| 제 7 장 |

자본주의와 노동조합의 과제 ·· 281

| 제 8 장 |

절대적 궁핍화에 관한 마르크스주의 이론의 새로운 역사를 위하여 ········ 291

| 부 록 |

『자본주의와 노동자상태의 역사』 전 40권 목차 ··················· 303

역자 해제 : 위르겐 쿠친스키와 학문세계 · 325
   1. 쿠친스키의 생애와 학문생활 · 327
   2. 쿠친스키의 저술세계 · 338
   3. 자본주의와 노동자상태의 역사 · 342
   4. 본서의 중요성 · 350

찾아보기 · 357

『노동자상태의 역사』에 대한 전체 서문

독일의 노동자상태의 역사에 대한 최초의 포괄적인 통계적 연구인 르네Rene 쿠친스키의1) 『독일제국의 수립 이후 임금의 발전』(1909년)이 출간된 지 거의 반 세기가 지났다.

내가 아내인 마르구에리테Marguerite 쿠친스키와 함께 노동자의 궁핍화를 역사적·통계적으로 미국에서의 노동자상태에 관한 책 속에서 보여주려는 최초의 시도를 한 지 30년이 지났다.

또한 나는 16년 전에 그 당시 5권으로 된 "자본주의하 노동자상태의 역사"에 대한 초판 원고를 끝냈었다.

그 이후 계속 이 책에 대한 새로운, 증보된 판이 나왔는데, 특히 이미 7권으로 포괄된 최초의 독일어판이 나왔고, 1955년까지는 14권으로 증보된 판이 나왔다.

이후 내가 새로운 판을 준비할 때마다 기존의 것이— 당연하겠지만!— 불만족스럽게 보였다. 범위에서 너무 제한적인 동시에 개별적으로는 불충분했으며, 기존 자료를 풍부하게 이용하지 못했고, 많은 문제들을 그냥 지나쳤으며, 깊고 포괄적으로 문제들을 다루지 못했음을 인정할 수밖에 없었다. 이를 위해 언제나 다시 새로운 인

---

1) 아버지 쿠친스키를 말한다(역자).

식과 계속 반복된 마르크스주의 고전에 대한 연구가 필요했고, 또한 서평이나 토론, 번역에 대한 다른 학자들의 서문, 독자들의 편지 등을 참고로 했다. 기존 출판에 대한 이러한 불만족스러움이 각각의 계속된 원고작업에서 반영되었고, 그래서 초판에 대해서는 제2판이, 그리고 제2판에 대해서는 제3판 등을 계속 요구하게 되었다.

따라서 나는 한 권의 책이 끝나면 곧 바로 새로운 작업을 위한 자료를 수집하기 시작했고, 이것은 때로 원래의 판이 아니라 증보된 판으로 번역을 할 수 있도록 하게 만들었다.

우리가 아직 마르크스주의적인, 다시 말해 자본주의 독일에 대한 과학적인 역사를, 즉 경제사를 갖고 있지 않다면, 자본주의하 노동자상태의 역사와 같은 책을 쓰려는 그러한 작업은 결국 당연히 언제나 불충분하게 끝났을 것이다.

그래서 나는 마지막 시도로서 포괄적이고 넓은 기초 위에서, 그리고 더 잘 준비해서 작업을 시작했다. 40권으로 새로운 판을 포괄하고, 독일에 대해서는 새로운 자료가 많이 포함되었으며, 다른 나라들에 대해서도 자료는 물론 일련의 특별연구도 포함되었다. 이 역사가 다루는 나라들의 수는 그대로 두었다: 독일, 영국, 미국, 프랑스와 그 식민지를 포함.

괴테와 편지왕래를 시작한 첫 해에 실러는 괴테에게 이렇게 썼다. "당신은 당신의 삶이 그러한 목표를 이룰 수 있다고 희망할 수는 없겠지만, 그러나 그러한 길로 나아가는 것은 다른 모든 것으로 끝나는 것보다는 가치 있을 것이다." 오늘날 새로운 사회주의 사회를 건설하고 있는 사람들은 모든 인류가 걸어왔던 위대한 길을 지향하고 있다. 우리와 우리를 뒤따르는 사람들은 누구도 이러한 길을 끝내지 못할 것이다. 그러나 이러한 길을 지향하고, 자신이 맡은 영역에서 일을 하고 있으며, 이러한 길의 일부를 조금씩 앞으로 밀고 나가고 있는 우리 모두는, 잘못된 길로 끝나는 모든 사람들보다는 더 많은 것을 이룰 것이다.

그러므로 사회주의를 위한 길 위에 서 있는 내 동지들이 노동자상태의 역사에 대한 이 마지막 새로운 판을, 시작을 위한 유용한 노력으로서 활용하기를 바란다.

베를린-바이센제, 파크가 94
1959. 1. 1.
위르겐 쿠친스키

제1권에 대한 서문

    이 첫 권이 다루는 1789년에서 1859년이라는 시간대는 초판에서는 50쪽 정도에 불과했는데, 이 새 판에서는 규모에서 거의 10배로 증가하였다.
    단지 규모만 커진 게 아니라 내용도 본질적으로 증가했다. 또 다루어진 영역도 아주 의미 있게 확대되었다. 기존 노동자상태의 발전에 대한 역사적·통계적 서술 대신에, 전체 사회적 관계의 일반적 분석, 생산관계와 상부구조의 분석이 시도되었는데, 그에 기초하여 개별적으로 하나씩 노동자상태에 관한 서술이 이어진다. 통계는 비록 초판에 비해 상당히 확대되었지만, 훨씬 작은 역할을 가진다. 왜냐하면 동시대적으로 설명되거나 분석되는 영역이 더 큰 역할을 하게 되었고, 고유한 텍스트적인 논증과 이론적인 고려가 훨씬 더 크게 전면에 부각되었기 때문이다. 또한 비록 이미 바로 직전 판에서도 이러한 방향으로의 경향이 나타나기는 하지만, 많은 한계와 약점을 노출하였기 때문에, 이 새로운 판은 기본적으로 새로운 것을 서술하였다.

1959. 10. 7.
위르겐 쿠친스키

서 문

이 주제에 대한 책을 처음으로 출간한 지 거의 20년이 되었다. 그 당시 나는 서문에서 이렇게 썼다:

"내가 쓴 이 일곱 권의 『산업자본주의하 노동자상태의 역사』는 저작의 완결판이다. 이 책은 이전 책들의 결과를 종합했고, 자본주의하 노동자상태의 이론을 제시했다. 이것은 마르크스주의 입장에서 일반적으로 추구된 첫 번째 시도로서, 노동자상태의 이론에 관한 완결된 종합 서술을 제공하려는 것이다.

이 이론의 토대는 당연히 마르크스주의의 고전적 저술에 있으며, 특히 마르크스와 엥겔스의 저작에 근거한다. 내가 마르크스와 엥겔스를 인용하는 모든 곳에서 독자들은 확실한 근거를 느낄 수 있을 것이다. 왜냐하면 나는 정확한 연관 속에서 인용하였다고 생각하기 때문이다. 하지만 이 책에는 내가 추구한 수많은 측면이 있는데, 이것은 마르크스와 엥겔스가 저술한 당시에는 아직 문제가 되지 않았거나 그래서 그들도 전혀 다루지 않았던 문제들이다. 또한 레닌도 자세하게 다룰 기회가 없었거나 이제까지 발견되지 않았던 많은 문제들도 있으며, 최근의 마르크스주의 학자들도 그에 대해 입장을 표명하지 않거나 그냥 부차적으로 지나가거나 비체계적으로 다루는 문제들도 있다. 여기서 나는 선구적 작업의 성과를 냈다고 자부한다. 그리고 다른 정상적인, 즉 보통의 경우와 같이, 나의 선구적 작업 역시 많은 오류를 범했다. 이러한 오류는 당연히 없앨 수 있고, 또 우리의 일반적인 이론적 수준에서는 개선할 수 있다. 나는 이 책이 노동자층에서 널리 읽히고, 우리의 마르크스주의 지식인들이 이 책을 근본적으로 연구하고, 좋은 비판을 통해 바로 현실적으로 포괄적이고 모든 개별성에서 수정된 노동자상태의 이론을 창조하기를 바란다."2)

10년 만인 1955년, 이 책의 제3판이 나왔고, 부분적으로 증보된 몇 가지 번역판도 나왔다.

1955년 이후, 아니 정확히 말하면 소련공산당 제20차당대회 후에, 노동자상태의 이론에 대한 크고 작은 분량의 연구들이 출간되었다. 우선 무엇보다 독선적인 부분적 이해를 없애는 방향에서, 오늘날에도 여전히, "절대적 궁핍화의 이론" 그 자체를 정확성에서 검증하기 위하여.

1955년 출간된 책은 나의 두 선배와 마찬가지로 사회주의 진영의 많은 마르크스주의자들에 의해 "비정통"으로 간주되었다. 이에 반해 자본주의 세계에서는 "정통 마르크스주의 모범사례"로서 간

---

2) 2차대전 종전 직후 영국 망명에서 고국으로 돌아온 위르겐 쿠친스키가 평생의 역작 『자본주의하 노동자상태의 역사』를 7권으로 출간했던 것에 대한 얘기다. 이 『노동자상태의 역사』는 쿠친스키의 평생 과제로서 이미 영국 망명 시에 개별적으로 출간되었다. 이것을 묶고 증보하여 7권으로 출간한 얘기다. 그리고 이 책은 20년이 지난 60년대에 40권이라는 엄청난 연구성과로 다시 한 번 집대성된다. 그리고 이 연구성과로 인해 노벨경제학상 후보로 여러 번 추천받는다. 이 저작은 지금도 세계적으로 인정받으며 널리 인용되고 있다(역자).

주되었다.3)

  내가 오늘 이 주제를 다시 한 번 다룬다면, 이것은 우리 모두가 여기에 대해 배워야 하기 때문이고, 동시에 우리가 여전히 노동자 상태의 마르크스주의 이론에 관한 다른 포괄적인 서술을 이용할 수 없기 때문이다.

  따라서 나는 단순히 내 책의 새로운 판을 출간하려는 것이 아니라, 어디서 어떻게 이 새로운 판이 과거의 내 책과 구별되는지를 보여주려는 것이다. 우리가 자신의 견해를 추가적으로 서술하기 위해 동일한 주제에 대한 새로운 논문으로 과거의 논문과 대립한다면, 이것은 학문의 진보에 더 많이 기여하는 것이라고 나는 생각한다.

  여기 이론 편에 대한 사실자료 모음으로서 이 책 『자본주의와 노동자상태의 역사』 중 제1~20권, 제22~34권, 제37권이 참고될 것이다.

위르겐 쿠친스키
베를린-바이센제, 파크슈트라세 94
1967년 8월 12일

---

  3) 이에 대한 사례로 P. Maurice, *Les theories modernes de l'exploitation du travail*(모리스, 현대적 노동착취이론), 파리, 1960, 제1, 2장 참고.

서 론

이 책에서는 자본주의하 노동자상태에 관한 마르크스주의 이론의 서술이 제시된다.

일찍이, 이미 200년 전에 그리고 더 이전에, 부르주아 학자들은 드물지 않게 노동자상태의 이론을 만들려는 시도를 했다. 그래서 부르주아 학자들이 임금이론의 완성에 집중하고, 더 이상 노동자의 전체 상태를 이론적으로 연구하지 않는 시대가 이어졌다. 비로소 다시 노동자상태에 관한 전체 연구를 실행하고 노동자상태의 이론을 아주 새로운 수준으로 끌어올린 것은 마르크스와 엥겔스였다. 일반적으로 말해 마르크스와 엥겔스는 처음으로 과학의 역사에 억압된 모든 계급의 상태, 특히 노동자계급의 상태에 대해 정확히 분석된 서술의 실제를 제시하였고, 나아가 자본주의 사회 일반과 특별히 노동자상태를 지배하는 법칙을 제시하였다.

엥겔스가 죽은 후 레닌은 노동자상태에 관한 이론과, 자본주의 사회에서의 변화에 상응하여 노동자상태를 규정하는 법칙성에 관한 이론을 더욱 발전시켰다. 레닌의 뒤를 이어 뛰어난 마르크스주의 노동지도자와 학자들이 이러한 작업을 계속하였다.

그러면 우리는 노동자상태의 이론을 서술하기 위해 어떻게 해야 하는가? 서술의 출발점은 당연히, 무엇보다 『자본』에서 발전된 것처럼, 마르크스의 이론이어야 한다. 여기에 이미 모든 결정적인 것, 모든 기본적인 것이 서술되어 있다. 이것에 관해 레닌은, 자본주의가 지배하는 한 이것은 언제나 타당하고 지속적으로 그리고 도처에서 타당할 것이라고 말했다.1) 그러나 생산과 자본의 집적과 집중의 법칙이 독점자본의 발전을 위한 기초를, 독점자본주의 즉 제국주의의 기본적인 연구로 인해 우리를 면제해주지 않는 것과 꼭 마찬가지로, 또한 마르크스를 통한 절대적 궁핍화의 법칙에 대한 발견과 정식화 역시 자본주의의 새로운 역사에서 그러한 법칙의 특수한 현상형태와 운동형태를 연구할 책임으로부터 우리를 면제하지 않는다. 이것은, 레닌의 분석에 근거하여 구축해야 할 것인데, 이 책의 확대된 주요 과제이다.

노동자상태를 우리는 당연히, 자본에게 양도되는, 임금의 상태만이 아니라 착취되는 생활의 조건 전체로 이해한다.2) 임금은 단지 연구해야 할 부분영역이다. 우리는 엥겔스의 사례에서—그리고 또한 레닌이 1912년 위에서 언급한 『프라우다*Prawda*』 기고문에서 그랬듯이—주택 조건을 주목한 것에 관해 생각해보면 된다. 우리는 『자본』 제1권의 출간 이후 비로소, 1870년 이후 자본주의의 붕괴의 시작과 함께—노동과정의 강화라는 매우 중요한 요인이 일반적으로 결정적 역할을 하기 시작했다는 사실을 생각해보면 된다.3)

---

1) W. I. 레닌, "자본주의 사회에서의 궁핍화", 『전집』 제18권, 베를린, 1962, 428쪽부터.

2) 실질임금의 발전이 결정적이라는 주장은 예를 들어 Pierre Herve가 대표하였다. *La revolution et les fetiches*(물신화의 혁명), 파리, 1956, 124쪽.

노동일의 연장, 실업, 사고 및 건강관계, 소외 등이 노동자의 상태를 결정하는 더 중요한 요인이다. 많은 이러한 그리고 또 다른 요인들이 노동자의 상태에 단순히 서로 영향을 미칠 뿐만 아니라, 그러한 영향에서 서로 대립적으로, 보상적으로, 점증적으로 영향을 미친다. 그래서 요인들 중 어떤 것은 노동자의 상태를 부분적으로 완화시켜 주기도 하지만, 반면에 어떤 요인은 노동자의 상태를 매우 심하게 압박하기도 한다. 이러한 운동의 어느 것도 자본주의의 다양한 단계와 시기에서 기계적으로, 같은 정도로, 혹은 단지 필연적으로 동일한 방향으로 진행되지 않는다. 또한 경제순환 내부에서 때로는 노동자상태에 대한 이러한 요인들의 작용이 전체로서 그리고 서로에 대하여 변화한다.

따라서 여기서 우리는 단지 노동자의 절대적인 상태에 관해서만 말할 수 있다. 그래서 노동자의 상대적인 상태, 즉 다른 계급 및 계층과 비교한 사회 내부에서의 노동자의 경제적 위치의 연구는 아직 말할 수 없다.

다시 말해 노동자상태의 연구는 아주 많은 요인들(운동들)에 대한 조사가 필요하다. 그 중에서 임금과 그것의 발전은, 물론 가장 중요한 요인이긴 하지만, 단지 하나의 요인일 뿐이다. 엥겔스가 100년이 더 넘은 이전에 우리에게 제공한 영국 노동자상태에 관한 서술이나 『자본』 제1권에서의 서술을 잠깐 보기만 해도, 우리는 노동자상태를 규정하는 운동과 경향성 및 반경향성의 전체 다양성을 지적하기에 충분하다.

---

3) 여기에 대해서는 또한 레닌의 논문 "땀을 짜내는 '과학적 체계'", 『전집』 제18권, 588쪽 참고.

다음의 과제는, 자본주의하 노동자상태의 이론을, 마르크스주의 과학이 완성해왔듯이, 바로 궁핍화의 지배적인 법칙 아래 그것의 전체성에서, 구성형태의 다양성에서 제시하는 것이다.

부르주아 정치경제학이 산업혁명의 진행과정에서 그리고 생산력의 성격에 대한 생산관계의 완전한 일치의 시기 때 그 정점에 이르렀을 때, 그에 따라 더욱 강력하게 등장하는 자본주의의 모순과 전체 유럽대륙에 혁명을 이끌 계급으로서 노동자의 구조화의 기초 위에서, 사회적 문제를 가진 노동자계급의 대표자들의 이론적 몰두가 가파른 성장을 보였고, 특히 마르크스와 엥겔스의 작업은 자본주의 발전의 법칙에 대한 명확한 인식을 이끌어 냈고, 노동자계급에게 자신의 상태로부터 빠져나올 수 있는 출구를 제시하였다. 마르크스와 엥겔스의 결정적 작업 이래 모든 과학적 작업은 그들의 사고과정 위에 구축되었고, 다른 길에서 헤매는 사람은 비참하게 난파하거나 길을 잃게 되었다.

그래서 후에 레닌도 이렇게 말했다. "마르크스 이후에 어떤 다른, 비 마르크스주의 정치경제학은 편협한 아둔함만을 말할 수 있을 뿐이었다."

억압된 계급이 그렇게 일찍 자신의 발전에서 그렇게 높은 이데올로기적 성숙함에 이른 것은, 그리고 실재에 대하여 특수하게는 경제적 관계와 함께 인간적 관계 일반에 그렇게 완전히 상응하는 고찰에 이른 것은, 사회적 사고의 역사에서 매우 의미 있는 과정의 하나이다. 노동자계급이 그러한 성과를 이룰 수 있었던 것은, 인류

역사에서 마지막 피억압계급인 노동자계급이 이미 그들에 의해 창조되어야 하는 계급 없는 사회의 후광으로 그들의 사고와 행동에 빛을 비추고, 매우 공정하고 분명하게 실재를 자신의 이해 속에서 파악할 수 있고, 그래서 스스로를 가차 없는, 결연한 행동으로 향하는 변화를 추구한다는 사실에 근거한다. 이것은 그들의 "기여"가 아니라 그들의 역사적인 지위이고 역할을 표현하는 것이다. 그러나 그들이 이미 매우 일찍 그러한 성숙한 상태에 발전했다는 사실은, 마르크스와 엥겔스의 천재적인 저작이 보여주었듯이, 문화사의 가장 놀라운 결과의 하나이고, 또한 부르주아 경제이론(무엇보다 리카도)과 부르주아 철학(헤겔의 변증법과 포이어바하의 유물론), 사회주의 이데올로기의 초기 사상가(공상적 사회주의자들)의 높은 발전과 함께 역사적으로 기초된 것이다; 동시에 이것은 독일의 반봉건 사회의 구체적인 역사적 위기과정과, 독일이 "유럽문명 일반의 진보적 조건 아래, 그리고 17세기의 영국과 18세기의 프랑스보다 훨씬 더 발전된 프롤레타리아와 함께 성취한'(『공산당선언』) 부르주아 혁명의 성장(특별한 자본주의적 생산 및 착취 방법의 위기와 결합된— 노동일을 더욱 연장하거나 실질임금을 더욱 내리거나 아동 및 청소년을 더 큰 비율로 고용하는 것이 불가능해졌고, 노동자계급이 기존 상태에 맞서 더욱 강하게 저항하기 시작했다)과 함께 역사적으로 기초된 것이다.

제 1 장

노동자계급의 절대적 궁핍화 이론

비록 우리가 비로소 나중에, 이 책의 마지막 장에서 최근 50년 간의 마르크스주의 이론의 특별한 발전에 대하여 자세히 논의하겠지만, 여기서도 우선 마르크스가 절대적 궁핍화의 어떤 이론도 발전시키지 않았다고 오늘날 몇몇 마르크스주의자가 주장하거나 혹은 마르크스의 이론이 그 당시에는 타당했지만 오늘날에는 더 이상 그렇지 않다고 보는 주장에 관해 약간 지적하는 것도 필요해 보인다.[1]

나는 이러한 주장에 동의하지 않는다.

---

[1] 여기에 대한 사례로 E. Varga, 『자본주의 정치경제학의 문제에 관한 연구』, 모스크바, 1964, 제7장; Oskar Lange, 『현대 경제와 사회의 발전 경향』, 빈, 1964, 110쪽 이하; Dieter Klein, "현대 제국주의의 변증법을 위하여", *Forum*, 베를린, 1964년 제23호 참고.

모든 노동자는 자본주의 생산관계하에서 착취된다.

부르주아지를 통한 프롤레타리아의 착취가 자본주의의 주요 특징인 반면, 자본주의 착취의 특징은 절대적 궁핍화라는 사실이다. 우리가 또한 노예제사회와 봉건사회에서도 확증할 수 있는 착취는 자본주의하에서는 노동자계급의 절대적 궁핍화로 이끈다. 따라서 우리는 노동자상태에 관한 이론의 서술을 절대적 궁핍화에 관한 이론의 서술과 함께 시작한다.

노동자계급의 일반적 궁핍화의 이론은 마르크스 이전에 발전되었다. 이것은 특별한 것이 아니다. 왜냐하면 노동자의 실제적인 궁핍화는, 모든 주의 깊은 관찰자라면 누구나 확인할 수밖에 없기 때문에, 이러한 과정에 관한 고민과 이론화로 이끌었을 것이다. 그러나 우리는 마르크스의 궁핍화이론을 연구해보면, 선행하는 이론이 정확한 이론에 이르는 길에 대해 단지 아주 작고 결코 확실하지 않은 시작단계에 불과함을 발견하게 된다.

1. 산업예비군

마르크스주의 정치경제학에 선행하는 부르주아 이론의 발전은 일반적으로, 노동자의 상호 경쟁이 그들의 불행 혹은 궁핍화의 하나의 원인일 것이라고 주장하였다; 즉 그들은 이러한 경쟁을 무엇보다 생물학적으로, 즉 한편으로 생식력이 강해지거나 통제할 수 없는 성적 교접 자체로 환원하거나 다른 한편으로 노동자의 생식력이 확실히 임금의 높이와 함께 증가되어 노동자 수의 급속한 증가를 통해 경쟁이 심해지고, 결과적으로 그 다음에는 증가된 노동자의 과잉 공급에 의해 임금이 다시 내려가게 된다는 사실에 기초하였다. 어쨌든 어느 경우든 이들 이론가의 계급이해에 상응하여 경쟁으로부터 주어진 궁핍화에 대한 책임이 첫째 노동자에게 전가되고, 둘째 생물학적인 근거를 갖게 된다.2)

마르크스에게 궁핍화로 이끄는 과정의 분석에 대한 출발점은, 생산의 제한 없는 확대 추구와 근로자의 심각한 가난으로 인한 판매의 제한 사이의 모순이라는 조건 하에서 자본의 축적과정에 대한 분석이다.

바르조네트Barjonet는 올바르게 생각했다: "마르크스주의 이론은 사실상 언제나 토대로부터의 경제적 현상을 연구한다; 그래서 마르크스는 분배보다는 생산에 무한히 큰 의미를 부여했다. 따라서 마르크스가 절대적 궁핍화를 자본축적의 기능으로서 다룬 것은 놀랄 일이 아니다."3)

마르크스는 자본의 생산과정의 진행에서 언제나 더 많은 자본이 축적된다는 기본적인 확증과 함께 시작한다. 이것은 더 많고 더 큰 기계를 건설하고, 더 많고 더 큰 공장 등을 건설하게 된다. 이것은 기계를 돌리고 원재료를 가공하기 위해 더 많은 수의 노동자를 필요로 한다. 마르크스는 "자본의 축적은 그래서 프롤레타리아의 증대"라고 간단히 정식화했다.4) 이러한 주장은 이제 생물학적 의미

---

2) 이것에 대해서는 이 책 『노동자상태의 역사』 제26권을 참고.
3) 이것에 대해서는 이 책 『노동자상태의 역사』 제26권을 참고.

로 파악되어서는 안 된다. 도입되는 기계는 노동자의 더 많은 생식활동을 자극하는 것이 아니라, 다른 경제영역으로부터, 즉 농업이나 수공업 등으로부터, 이제 노임을 받는 공장노동자로서 살아가게 되는 노동력을 끌어낸다. 프롤레타리아는 기존의 인구로부터 증가하고, 또한 종종 이제까지 일하지 않았던 아동과 여성을 생산과정으로 끌어들임으로써 증가한다. 프롤레타리아의 각각의 증가는 생물학적인 과정이 아니라 사회적 과정이다. 동시에 자본의 증대과정과 함께 나아가 두 번째의 그 과정과 밀접히 연관된 과정이 진행된다. 즉 노동의 생산성이 증대한다. 다시 말해 생산기술의 증대를 통해 개별 노동자는 더 많이 생산할 수 있게 된다. 개별 노동자는 생산에서, 당연히 더 많은 수의 가공된 생산수단(원료)과 또 더 많은 기계전체에 상응하는, 더 많은 완제품을 만들어낸다. 불변자본(기계, 공장건물, 원재료 등)은 가변자본(노동자와 노동자를 위한 임금)에 대한 관계에서 증가한다. 마르크스는 이렇게 말한다. "자본의 기술적 구성에서의 이러한 변화는, 생산수단의 양에서의 증대는, 생산수단을 소생시키는 노동력의 양에 비해, 자본의 가치구성에 반영되고, 즉 자본의 가변적 구성부분의 비용에 대해 자본가치의 불변적 구성부분의 증가에 반영된다. 이것은 예를 들어, 퍼센트로 계산하면, 원래 생산수단에 50%, 노동력에 50%로 각각 투하된 자본이 나중에는 노동의 생산정도의 발전과 함께 생산수단에 80%, 노동력에 20%로 각각 나누어지게 된다는 것이다. 가변자본 부분에 대하여 불변자본 부분이 증대하는 성장의 이러한 법칙은 모든 단계에서 실

---

4) 칼 마르크스, 『자본』 제1권, 베를린, 1947, 645쪽.

증된다."5)

다시 말해 우리는 축적과 함께 또한 프롤레타리아가 증대한다는 사실을 한 측면에서 발견한다면, 고용된 산업프롤레타리아가 축적의 증대와 상응하여 증대하지 않는다는 사실을 동시에 발견한다. 이것에 대한 원인은 기계가 손노동을 절약하거나 개선된 기계가 이전보다 더 빨리 적용된다는 사실에 있다. 불변자본이 가변자본보다 더 빨리 증대한다는 사실, 축적의 증대에 정확히 상응하여 또한 더 많은 노동자가 고용되지 않는다는 사실을 마련하는 것은 증대된 생산성이고 기술적 진보이다. 이러한 과정은 기술적 진보의 속도에서의 증가와 함께 가속화된다. "전체자본의 증대와 함께 또한 자본의 가변적 구성부분이나 그것에 편입된 노동력도 증대하지만, 그러나 비율에서는 계속 줄어든다. 축적이 주어진 기술적 토대 위에서 생산의 단순한 확대로 작용하는 중간휴지기는 짧아진다."6)

다시 말해 자본주의 생산이 계속 더 많은 노동자를 필요로 하고 그렇게 만들지만, 한편 추가적으로 필요한 노동자의 수는 추가적으로 사용되는 자본에 비해 언제나 줄어든다는 것이다. 그로부터 노동자계급에 대해서는 다음과 같은 결론이 나온다고 마르크스는 말한다. "전체자본의 증대와 함께 가속화되고 자신의 성장보다 더 급속하게 가속화되는 가변적 구성부분의 이러한 상대적 저하는, 다른 측면에서는 반대로 가변자본이나 고용수단의 증대보다 노동인구의 언제나 급속한 절대적 증대가 나타난다. 자본주의 축적은 오히려,

---

5) 칼 마르크스, 위의 책, 655쪽.

6) 위의 책, 663쪽.

더욱이 축적의 에너지와 규모에 대한 관계에서 언제나, 상대적으로, 다시 말해 자본의 평균적인 가치증식욕구를 위해, 즉 과도한 혹은 남아도는 노동인구를 생산한다."7)

마르크스가 여기서 서술한 과정은 산업예비군, 남아도는 노동인구의 형성이다. 그리고 산업예비군은 바로, 진행되면서 더 많은 노동자가 고용되지만 그러나 동시에 자본 확대에 비해 언제나 더 적은 수가 추가적으로 고용됨으로써 창출된다. 생산과정으로 끌어들이는 새로운 노동자의 흐름은, 축적과정이 동시에 더 많은 잠재적 임금노동자를 창출하는 반면에, 추가적으로 투입되는 자본의 흐름에 비해 지연되고 작아지는 기술적 발전과정과 함께 놓여진다.

산업예비군, "과잉의 남아도는 보조노동인구", 이것의 창출과 증가는 자본주의하 노동자계급의 절대적 궁핍화의 전제이고 지렛대이다. 마르크스는 말한다: "사회적 부, 기능하는 자본, 자본의 성장의 규모와 에너지, 또한 프롤레타리아의 절대적 크기와 노동의 생산력이 커질수록, 그 만큼 더 산업예비군도 커진다. 처분할 수 있는 노동력은 자본의 확장력과 동일한 원인에 의해 발전된다. 산업예비군의 상대적 크기는 또한 부의 잠재력과 함께 커진다. 그러나 이러한 산업예비군이 일하고 있는 노동자군에 비해 커질수록, 그 만큼 더 대중적으로 정리되는 과잉인구와 그들의 궁핍은 반비례해서 그들의 노동의 고통이 된다. 결국 노동자계급과 산업예비군의 불쌍한 계층이 커질수록, 그 만큼 더 공식적 빈곤도 커진다. 이것이 자본주의 축적의 절대적, 일반적 법칙이다."8)

---

7) 위의 책, 같은 곳.

산업예비군은 노동자계급에 대해 무섭게 작용하는 압력수단이다. 마르크스는 산업예비군의 존재의 작용을 우리에게 놀라울 만큼 인상적으로 묘사한다. "마침내 상대적 과잉인구 혹은 산업예비군이 언제나 축적의 규모 및 에너지와 균형을 이룬다는 법칙은, 프로메테우스를 헤파이스토스Hephaestos의 쐐기로 묶은 것보다 더 강하게 노동자를 자본의 쇠사슬로 묶는다. 이것은 자본의 축적에 상응하는 빈곤의 축적을 조건 짓는다. 따라서 한 극단의 부의 축적은 동시에 반대 극단의, 즉 자신의 생산물을 자본으로서 생산하는 노동자계급의 빈곤과 노동의 고통, 노예화, 무지, 잔인함, 도덕적 타락의 축적이다."9)

그러나 산업예비군이 자본축적의 결과이듯이, 산업예비군은 자본축적의 일부를 촉진하고 가능하게 하고, 그래서 다시 축적의 고유한 강화에 기여한다. 마르크스는 주장한다. "그러나 잉여노동인구가 자본주의적 토대에서의 부의 축적 혹은 발전의 필연적 생산물이라면, 이러한 과잉인구는 반대로 자본주의 축적의 지렛대로, 자본주의 생산양식의 존재조건으로 된다. 과잉인구는 자본이 자신의 비용으로 아량을 베풀든 말든 관계없이 자본에 완전히 절대적으로 속하는, 마음대로 처분할 수 있는 산업예비군을 형성한다. 과잉인구는 현실적 인구증가의 제한에 관계없이 변동하는 가치화필요를 위해 언제나 이미 착취될 수 있는 인간재료를 창출한다."10) 산업예

---

8) 위의 책, 679쪽.
9) 위의 책, 680쪽부터.
10) 위의 책, 666쪽.

비군은, 기술적 진보와 재화에 대한 필요가 그러한 확대를 허용한다면, 자본자로 하여금 생산을 갑자기 그리고 빨리 확대하도록 해준다. 산업예비군은 자본가로 하여금 계획 없이 그것을 경영하도록 해준다. 자본가는 갑자기 부족한 노동력의 제한에 부딪힐 것을 걱정할 필요가 없기 때문이다. 이러한 사실은 가령 예를 들어 철도건설이 인간력에 대한 수요를 갑자기 필요로 할 때처럼 특별한 장점을 의미할 뿐만 아니라, 무엇보다 산업생산이 순환하기 때문에, 즉 몇 년 안에 노동의 과잉과 강력한 노동수요 사이를 순환하기 때문에 특별히 더욱 중요하게 된다.

그렇지만 산업예비군은 자본축적의 근거에서만 증가하는 게 아니다. 또한 산업예비군은 자본주의 생산양식의 다음과 같은 "간악한 기제"를 통해 증가한다. 마르크스는 다음과 같은 사실에 주목한다. "노동자계급의 고용된 부분의 초과노동이 예비군의 대열을 팽창하게 하는 반면, 반대로 경쟁을 통해 고용된 부분이 예비군에게 행사하는 압력을 증가시킨다. 이것이 자본의 독재 아래 초과노동과 복종을 강제한다. 노동자계급의 다른 부분의 초과노동을 통해 강제된 빈둥거림(나태함)으로 인해 노동자계급의 일부를 비난하게 만드는 것은 반대로 개별 자본가의 풍부한 수단이고, 이것은 동시에 사회적 축적의 진보에 상응하는 수준에서 산업예비군의 생산을 가속화한다."11) 다시 말해 산업예비군, 실업의 압력 하에서 노동자는 더 오래 일하도록 강제되고, 이것을 통해 다시 노동자를 남아돌게 만들고, 그래서 바로 투입할 준비가 되어 있는 산업예비군을 증가

---

11) 위의 책, 670쪽부터.

시키고, 이것은 다시 매일 더 오래 일하는 방향으로 이끄는 높은 압력이 된다.

동시에 산업예비군의 증가를 이렇게 근거 지으면서 마르크스는 여기서 다시 한 번 산업예비군을 수단으로 해서 "자본의 독재 아래 강제할 수 있는" 노동자계급을 아주 날카롭게 특징짓고 있다.

당연히 모든 경제의 순환에는 그리고 전쟁의 시기에는, 산업예비군이 줄어들고 위에서 설명한 그들의 특징적 작용이 없어지는, 노동자가 매우 부족해지는 국면이 있다. 전쟁 시기 동안에는 다른 요인이 산업예비군의 기능을 떠맡지만, 그러나 이것은 경기의 호황기에는 해당되지 않는다.

방금까지 우리는 독일 및 영국과 같은 몇몇 나라에서— 이탈리아나 미국과 달리—5년에서 거의 10년 간 지속해서 일어난 노동자부족에 관해 고찰했다.[12] 이것은 그 전 시기에는 알려지지 않았던 현상이었다. 그렇지만 때로 일어나는 이러한 "운동과정으로부터의 이탈"은 자본주의 발전의 다양한 영역에 대한 반대경향의 특별한 강화의 결과로서 특징지을 수 있고, 그 의미에서 과장할 필요가 없다.

* * *

산업예비군 혹은 그의 "후보자"를 포함한 상대적 과잉인구는 어떻게 구성되는가? 많은 사람들은 그것이 단순히 실업자로만 구성

---

[12] 여기서는 『노동자상태의 이론』이기 때문에 저자는 구체적인 사례분석을 생략한 듯하다. 이와 관련된 구체적인 부분은 이 책『노동자상태의 역사』전체를 통해 관련 부분을 다시 참고해보면 좋을 것이다(역자).

되는 것으로 생각한다. 이것은 잘못 생각한 것이다. 마르크스는 말한다:

"상대적 과잉인구는 여러 가지로 존재한다. 어떤 노동자도 그가 반실업상태에 있거나 혹은 완전실업상태에 있는 기간에는 상대적 과잉인구에 속한다. 산업순환에서 상대적 과잉인구는 때로는 공황기에 급격하게 나타나고 때로는 불황기에 만성적으로 나타나는데, 이러한 산업순환의 국면 전환에 의해 그것에 각인되는 거대하고 주기적으로 반복되어 나타나는 형태들을 도외시한다면, 그것은 언제나 세 가지의 형태, 즉 유동적, 잠재적, 정체적 형태를 가진다.

근대공업의 중심— 공장, 매뉴팩처, 제련소, 광산 등—에서 노동자는 때로는 밀려나고 때로는 더 큰 규모로 다시 흡수되어 취업자의 수는 생산규모에 비해 늘 감소하는 비율이기는 하지만 대체로 증가한다. 이 경우 과잉인구는 유동적인 형태로 존재한다...

자본주의적 생산이 농업을 점령하자마자, 혹은 그 점령하는 정도에 상응하여 농업에서 기능하는 자본이 축적됨에 따라 농촌 노동인구에 대한 수요는 절대적으로 감소하지만, 여기에서는 농업 이외의 산업에서와 달리 노동자 인구의 배출이 더 큰 흡인에 의해 보전되지 않을 것이다. 그래서 농촌 인구의 일부는 계속 도시 프롤레타리아 혹은 매뉴팩처 프롤레타리아로 이행하려고 하고, 이러한 전화에 유리한 상황을 기다리게 된다(여기서 매뉴팩처는 비농업적인 모든 산업을 의미한다). 따라서 상대적 과잉인구의 이러한 원천은 끊임없이 흘러나온다. 그러나 이 원천이 모든 도시로 끊임없이 흘러나오기 위해서는 농촌 자체에 잠재적 과잉인구가 끊임없이 존재하는 것을 전제하고, 이 과잉인구의 규모는 단지 배수로가 예외적으로 넓게

열렸을 때만 눈에 보이게 된다. 따라서 농촌노동자는 임금의 최저한까지 압박받게 되고, 한 발은 언제나 사회적 빈곤이라는 수렁에 빠져 있다.

상대적 과잉인구의 세 번째 부류인 정체적 과잉인구는 노동자 현역군의 일부를 이루고 있지만, 그들의 고용은 전적으로 불규칙적이다. 따라서 이들은 자유롭게 처분할 수 있는 노동력의 마르지 않은 저수지를 자본에게 제공한다. 그들의 생활 상태는 노동자계급의 평균 수준보다 낮은데, 바로 이 점이 그들을 자본의 고유한 착취영역의 광대한 기초로 만든다. 최대한의 노동시간과 최소한의 임금이 그 특징을 이룬다. 우리는 가내노동에 관한 항목에서 이미 그들의 주된 모습을 살펴보았다. 이 과잉인구는 계속 대공업과 대농업의 과잉노동자로부터 보충하고, 그리고 특히 수공업 경영이 매뉴팩처 경영에, 또 매뉴팩처 경영이 기계적 경영에 패배하여 몰락해가는 산업분야로부터도 계속 보충된다. 축적의 규모 및 그 힘과 함께 '과잉화'가 진행됨에 따라 이 과잉인구의 규모도 확대된다. 그러나 동시에 이 과잉인구는 그 자신을 재생산하고 영구화하는 노동자계급의 한 요소를 이루고, 이 요소는 노동자계급의 전체적인 증가에서 다른 요소들보다 비교적 큰 역할을 한다…

마지막으로 상대적 과잉인구의 가장 밑바닥에 침전되어 있는 부분이 바로 사회적 빈곤층의 영역이다. 부랑자나 범죄자, 매춘부, 간단히 말해 본래의 룸펜프롤레타리아를 별도로 치면 이 사회계층은 제3의 부류로 이루어진다. 제1부류는 노동능력을 가진 사람들이다. 영국의 사회적 빈곤층 통계를 대강 훑어만 보아도 그 양이 공황기 때마다 팽창했다가 경기회복기 때 감소하는 것을 알 수 있다. 제2

부류는 고아나 빈민아동들이다. 그들은 산업예비군의 후보자들로서, 예를 들어 1860년 같은 대 호황기에는 급속히 대량으로 노동자 현역군으로 편입되었다. 제3의 부류는 타락한 사람, 몰락한 사람, 노동능력이 없는 사람들이다. 특히 분업으로 인한 고정성 때문에 몰락한 사람들, 노동자의 평균연령을 넘긴 사람들이 있고, 마지막으로 위험한 기계, 광산채굴 및 화학공장 등과 함께 그 숫자가 늘어난 산업재해자, 불구자, 병자, 과부 등이 있다. 사회적 빈곤층은 노동자 현역군의 상이군인수용소, 산업예비군의 죽은 무게(운반용구 자체의 무게 ― 역자)를 이루고 있다. 사회적 빈곤층의 생산은 상대적 과잉인구의 생산 속에 포함되어 있고, 그 필연성도 상대적 과잉인구의 필연성에 포함되어 있으며, 사회적 빈곤층은 상대적 과잉인구와 함께 부의 자본주의적 생산 및 발전의 하나의 조건을 이룬다."13)

여기에 더해서 산업예비군의 요소로서 또 다른 형태의 실업, 우리가 지난 50년 동안 무엇보다 식민지와 오늘날 여전히 인도와 다른 곳에서 볼 수 있는 농업에서의 특별한 종류의 잠재적 실업을 추가할 수 있다. 잠재적인 상대적 과잉인구는 "농촌인구가 도시 프롤레타리아로 끊임없이 도약하는" 데 근거하는 게 아니라, 오히려 도시에서 다양한 이유로 난파한 도시 프롤레타리아의 일부가 다시 종종 농촌으로 이주하는 데 근거한다. 이들은 원래 도망쳐 나왔던 농촌으로 다시 돌아가 거기서 어떻게든 근근이 살아가려는 사람들이다.

산업예비군은 또한 다양한 집단으로 구성되고, 그리고 거의 모든

---

13) 위의 책, 675쪽과 677쪽 이하.

이들의 집단은 자본주의 역사의 진행과 함께 증가한다. 그리고 개별 집단이 증가하지 않는다면, 전체로서 산업예비군이 증가할 것이다.

인상적인 집단은 당연히 "현대 산업의 중심에서 쫓겨난", 즉 거리에 내팽겨진 실업자들이다. 이 집단은 당연히 자본주의하에서 계속 증가한다.

이것은 산업노동자 중에서 실업자의 비율이 지속적으로 증가할 수밖에 없다는 것을 반드시 의미하는 것은 아니다. 사실상 19세기에 그 비율은 순환평균에서 정체되었다. 그러나 이것은 실업예비군이 수적으로나 일반적으로나 전체 인구의 잠재부분으로서 더욱 증가하고 있다는 사실을 의미한다. 왜냐하면 인구 중에서 산업노동자의 비율은 증가하지만, 산업노동자 중에서 실업자의 비율이 일정하다면, 이것은 전체 인구에서 실업자의 비율이 증가하는 것이고 산업예비군에게 행사되는 압력도 증가한다는 사실을 의미하기 때문이다. 그렇지만 우리는 산업이 어쨌든, 모든 다른 영역으로부터 새로운 노동력을 고용하든 아니면 산업의 예비군으로서 다루든 간에, 전체 인구에 의해 살아간다는 사실을 결코 잊으면 안 된다. 그리고 우리는 또한 1억 인구에서 10만의 노동자 중 5%의 실업상태가 90만의 비 프롤레타리아의 생계에, 3백만 인구에서 1백만 노동자 중 5%의 실업상태보다, 훨씬 덜 영향을 미친다는 사실을 잊지 말아야 할 것이다. 왜냐하면 두 번째 사례에서 5% 실업의 압력이 전체생계에 훨씬 큰 영향을 주기 때문이다. 즉 첫 번째 사례의 10분 1보다 인구의 3분의 1이 노동자로서 생계를 이어가기 때문이다.

실업예비군의 증가는 자본주의 경제의 순환운동에서 보면 불균등하게 진행한다. 왜냐하면 불변자본의 성장과정은 물론 기계의 개선으로 표현되는 기술적 진보의 과정이 불균등하게 진행되기 때문이다. 예를 들어 기술적 진보가 기계 전체의 확대에 비해 상대적으로 적은, 즉 불변자본에 비해 가변자본이 적게 변화하는, 그래서 자본 확대의 과정에서 상당한 수의 노동자가 새롭게 요구되는 산업과 시기가 있을 수 있다. 다시 말해 여기서 문제가 되는 것은, 시간은 진행되지만 각각의 현재가 다양한 종류의 발전으로부터 구성되는 과정이다. 그래서 한 산업에서 상품수요가 생산기반의 확대를 요구하지만, 기술적 진보는 전혀 이루어지지 않는 것이다; 또 다른 분야에서는 새로운 발명의 도입으로 고용된 노동자의 수를 절대적으로 줄이게 되는데도 말이다; 고용노동자의 수가 3분의 1이나 증가하지만, 또한 불변자본의 축적보다는 상대적으로 훨씬 덜한 것이다. 그렇다, 우리는 이러한 세 과정이 언제나 국가적 규모에서 동시에 일어난다고 생각해서는 안 된다. 한 나라의 동일한 산업의 다양한 공장이나 지역에서도 위에서 말한 과정보다 더 많은 경우가 동일한 시기에 드물지 않게 일어난다.

『이론』의 지난 번 판에서 나는 이렇게 주장하였다: "자본주의의 일반적 위기의 시대에 실업자 층은 아주 특별하게 증가한다. 그렇다, 이러한 증가와 증가의 크기 역시 증가하는 생산의 시대에 너무나 특별해서, 자본주의의 일반적 위기의 표현으로서, 특징으로서 고찰되어야 한다."

우리는 오늘날, 지난 10년의 경험에 따라 이러한 주장을 여전히 정당하게 유지할 수 있는가? 나는 그렇다고 생각한다. 다른 발전된 자본주의 나라들에서의 높은 실업을 마주하고 있는 일련의 발전된 자본주의 나라들에서의 상대적으로 낮은 실업을 일시적인 현상으로 보지 못할 근거는 하나도 없다. 그렇다면 정치적으로는 독립되었지만 여전히 경제적으로 독립하지 못해, 경제가 제국주의적으로 지배되고 있는 미발전된 나라들에서의 실업은 2차대전 이전의 시기보다 오히려 더 증가하였다.

마르크스에 의해 언급된 산업예비군의 그 밖의 다른 계층은 (많은 자본주의 나라에서 이러저러한 방식으로 약간 수정된 형태로) 여전히 오늘날에도 존재한다. 특히 농업과 수공업 그리고 소규모 사업체의 내부에 프롤레타리아로 "도약할" 숫자가 일반적으로 크다.

그렇지만 자본주의의 일반적 위기의 시대(제국주의시대)에는 산업예비군과 그 후보자의 개별 계층의 수와 비중이 증가할 뿐만이 아니다. 여기에는 두 가지 새로운 계층이 추가된다. 세계대전의 부상자와 이주민들이다. 두 계층은 이미 1차대전의 결과로 인해 수 십 만을 넘어섰고, 2차대전 이후에는 수백만에 달한다.

그래서 우리는 자본주의의 일반적 위기의 시대에는 산업예비군이 크게 증가하고, 더욱이 세 가지 방식으로 증가한다고 말할 수 있다:

1. 높은 규모의 실업이 일상적인 현상이 된다.
2. 세계대전에서 부상한 수 십 만의 사람들이 그들의 연금의 저하로 인해 노동시장에 대한 경쟁으로서 언제나 나타난다.
3. 현대 자본주의의 조건 하에서 전쟁으로 인한 인구감소는 노동 추구에서 (대부분 의식적으로) 불이익을 받는 계층의 (일시적인)

창출로 귀결된다— 우리는 예를 들어 1945년 이후 서독으로 들어온 이주민과 인도와 파키스탄 사이의 강력한 인구이동을 생각하면 된다.

이런 방식으로 착취의 증가를 위한 자본의 주요 압력수단인 산업예비군은 자본주의의 일반적 위기의 시대에는 아주 특별히 크게 증가하고, 노동자계급에 반대하는 효과적인 몫이 된다. 하지만 자본주의의 일반적 위기의 시대에 산업예비군의 가파른 증가의 의미는 프롤레타리아의 궁핍화에 대해서보다 충분히 높이 평가될 수는 없다.

2. 절대적 궁핍화의 형태

산업예비군은, 마르크스가 언급했듯이, 노동자를 "자본의 독재 아래 강제한다." 이것은 절대적 궁핍화의 문제와 관련하여 산업예비군의 결정적인 기능이다.

더욱이 산업예비군은 이미 그 자체로서 노동자의 궁핍화에 기여하는 현상이다. 예를 들어 규칙적인 그리고 규칙적으로 되풀이되는 자본주의 사회의 현상으로서 실업은 이미 노동자계급의 해당하는 부분을 끔찍한 궁핍으로 추락시키는 재앙이다. 그리고 노동자의 수는 물론 인구 내부의 노동자 비율이 자본의 축적과 함께 증가하기 때문에, 또한 인구의 더 많은 부분이 절대적으로 비례적으로 실업의 이러한 부담을 갖게 된다. 그러나 실업의 결과로서 절대적 궁핍은 실업자 자체에만 한정되지 않는다. 실업자에 대한 실업의 영향보다 훨씬 더 많이 더 포괄적으로, 고용되어 있는 노동자에게도 그 결과를 미친다. 산업예비군이 존재한다는 사실, 고용되어 있는 노동자에게도 실업의 위험이 있다는 사실은, 자본가에 의해 압력을 행사하기 위해 이용되기 때문이다. 산업예비군은 노동자를 언제나 열악한 조건 아래 고용할 수 있도록 도와주는 사용주의 손에 쥐어진 강력한 압력수단이다. 소련의 한 지도자는 이렇게 분석하였다: "실업 하에서는 실업자만 고통을 받는 게 아니다. 또한 고용되어 있는 노동자도 고통을 받는다. 그들은 엄청난 수의 실업자가 존재한다는 사실이 직장에서의 불안정한 상태, 내일에 관한 불확실성을 낳기 때문에 고통을 받는다."14) 그래서 생산수단을 갖지 못한 노동자는 생산수단을 가진 자본가를 위해 일하도록 경제적으로 강제될 수 있을 뿐만 아니라, 더욱이 자본주의 체제 안에서 고용주가 적용하는 모든 다양한 착취방법에 대해 특히 종속적인 위치에 있게 된다는 것이다. 그래서 마르크스는 착취방법에 대해 충격적으로 언급하였다: "자본주의 체제 내에서 노동의 사회적 생산력을 높이기 위한 모든 방법은 개별 노동자를 희생으로 하여 수행된다는 사실, 생산을 발전시키기 위한 모든 수단은 생산자를 지배하고 착취하기 위한 모든 수단으로 전화하고 노동자를 부분인간으로 불구화시키고 그를 기계의 부속물로 전락시키고, 그의 노동을 고통스런 것으로 만들어 노동의 내용을 파괴하고, 독립적인 힘으로서 과학을 노동과정에 합체시키는 것과 동일한 정도로 노동자로부터 노동과정의 정신적인 여러 가지 힘

---

14) J. W. 스탈린, 『레닌주의의 문제』, 모스크바, 1947, 466쪽.

을 소외시킨다는 사실, 또 이러한 수단들은 그가 노동하기 위한 조건들을 왜곡시키고, 노동과정에서는 그를 비열하고 가증스런 독재에 굴복시키며, 그의 생활시간을 노동시간으로 전화시키고, 그의 아내와 아이를 자본의 수레바퀴 아래 던져놓는다."15)

다시 말해 자본의 축적으로, 부의 축적으로, 또한
    산업예비군이 증가하고,
    노동자의 궁핍이 증가하고,
    또 노동자에 대한 자본의 독재가 증가한다.

이에 관해 마르크스는 말한다: "따라서 자본이 축적될수록 그만큼 더 노동자의 상태는, 그의 소득은, 많건 적건, 열악해질 수밖에 없다."16)

임금이 많건 적건 상관없이 — 그의 상태는 열악해질 수밖에 없다. 이것은 커다란 의미를 가진 확증이다. 이것은 마르크스의 궁핍화이론이 고전 부르주아 정치경제학의 이론과 달리 생물학적 법칙이 아닐 뿐만 아니라, 고전 이후의 많은 이론과 달리 임금이론으로서도 훨씬 넓은 틀에서 구축되었음을 보여준다. 이것은 실제로 포괄적인, 전체 자본주의 사회의 운동법칙에 근거한 이론이다. 이것은 임금의 크기에 상관없이 노동자의 상태가 시간이 갈수록 열악해질 수밖에 없음을 보여준다. 그러나 얼마나 열악해지고, 어느 측면에서 열악해지는가?

우리는 다시 한 번 마르크스가 절대적 궁핍화의 형태에 관해 묘

---

15) 칼 마르크스, 위의 책, 680쪽.

16) 위의 책, 680쪽.

사한 말을 들어보자: "빈곤, 노동의 고통, 노예상태, 무지, 잔인성, 도덕적 타락."17)

그러면 절대적 궁핍화는 어디에서 볼 수 있는가? 예를 들어 많은 속류 마르크스주의자들이 생각하듯이, 실질임금이 지속적으로 내려갈 수밖에 없다는 측면에 있는가? 이것은 마르크스에 대한 잘못된 해설이다. 그렇게 되면 우리는 마르크스를 수정할 수밖에 없게 된다. 왜냐하면 실질임금은 자본주의의 특정한 상황 하에서 또한 장기적으로도 상승할 수 있기 때문이다— 아니면 그러한 주장은 아주 편안한 분석으로 귀결되는데, 즉 노동자가 궁핍화되기 때문에 실질임금은 올라갈 수 없고, 만일 실질임금이 상승했다면 그것은 자본주의 통계학자들의 허구라는 것이다— 이러한 방식으로 우리는 당연히 노동자에 대한 어떤 인상도 만들 수 없다. 다시 말해 실질임금이 상승할 수 있다는 사실을 우리는 잘 알고 있지만, 그러나 노동자가 어떻게 다른 방식으로 궁핍화되는지에 대해서는 자주 인식할 수 없기 때문이다.

그렇다면 절대적 궁핍화는 어디에 있는가?

마르크스는 첫 번째 측면으로서 아주 간단하게 지적한다: "빈곤의 축적이다." 그러나 실질임금이 상승한다면 빈곤의 축적이 어떻게 가능한가? 아마 우리의 경험에 따르면 상식적으로, 실질임금이 내려가면 노동자의 상태도 빈곤해진다. 그러나 동시에 우리는 이렇게 주장해야 한다: 실질임금이 올라가더라도 노동자의 상태는 개선

---

17) 위의 책, 680쪽부터.

될 수 없다는 것이다(우리는 여기서 경제순환 내부의 짧은 상승이 아니라, 또 다른, 즉 100년이 넘는 순환평균에 의해 일어나는 상승에 관해 말하고 있다). 우리는 단지 19세기 후반에, 대부분의 발전된 자본주의국가들에서 실질임금이 상승했던 사실에 대해서만 생각해보자. 그러나 우리는 이것으로 동시에 임금이 자동적으로 최저생활비 이상으로 더 높이 올라갔는가? 그렇게 말할 수 없을 것이다. 왜냐하면 최저생활비도 올라갔고, 더욱이 생리적인 이유에서 양적으로도 올라갔기 때문이다. 즉 개별 노동자의 노동의 집중강도가 상승함으로써 더 많은 노동력을 투입해야 하고, 그러면 그는 더 많은 칼로리와 더 많은 생계수단을 확보해야 한다. 다시 말해 상승한 실질임금은 강화된 노동력지출을 보충하기 위해 충분하지 않다는 것이다. 아니면 주택관계를 보자. 문제를 신중하게 연구한 사람이라면 누구도 1900년경의 베를린, 뉴욕, 런던, 파리 등지의 주택관계가 1800년이나 1700년경보다 더 열악해졌음을 부정할 수 없을 것이다. 도시가 과밀화되면서 사람들은 열악한 주택에 더 많은 돈을 지불해야 했고, 더 비좁은 주택에서 거주해야 했다. 일반적 궁핍화에 관해 마르크스가 말한 바와 꼭 같이, 우리도 주택관계에 관해 말할 수 있다: 임금이 크던 적던 상관없이 임금이 운동하는 대로 마찬가지이다: 노동자의 주택관계는 19세기에 열악해졌다. 그렇게 우리는 "빈곤의 축적"이라는 전체 개념 아래 종합할 수 있는 노동자상태의 많은 다른 측면에도 적용할 수 있을 것이다.

나아가 마르크스는 절대적 궁핍화의 과정 아래 노동의 고통의 축적을 열거했다. 기업의 건강관계의 역사는 노동의 고통이 확실히 증가되었음을, 더욱이 무엇보다 노동과정의 강화와 관련하여 노동의 고통이 증가되었음을 보여준다. 신경계통의 노동질병의 개념이 일반적으로 나타난 것은 『자본』이 출간된 지 10년 후의 현상이다. 그리고 종속된 계급의 노동생활에서 그러한 질병의 침입으로서 노동의 고통의 증가를 보여주는 증거가 있다. 심장통증, 위통증, 머리통증—노동과정의 심각한 강화와 함께 비로소 대중적으로 나타난 신경 계통의 모든 질병이다. 미국의 연구가 이미 30년대 초반에 노동자들이 포드사의 생산과정에서 5년 이상 버틸 수 없었다고 보고했다면, 우리는 실제로 노동의 고통의 엄청난 축적에 관해 말할 수 있을 것이다. 이러한 노동의 고통은 마르크스와 엥겔스가 글을 쓰던 시대에는 그러한 범위에서는 존재하지 않았고, 바로 제국주의 단계에서 엄청나게 증가하였다.

마르크스는 다음으로 노예상태의 축적을 말한다. 이제 우리가 금융자본을 통한 전 세계의 식민화의 역사를 안다면, 수억의 사람들에 대하여 인도와 라틴아메리카 혹은 아프리카에서 창조했던 조건에 관해 생각한다면, 비로소 멀지 않은 과거에 진행되었던 일련의 나라들에서 파시즘의 지배를 통한 노예상태의 끔찍한 축적을 기억한다면, 우리는 누구도 마르크스가 이러한 글을 썼던 시대 이후 아주 끔찍한 규모의 노예상태가 축적되었다는 사실에 대하여 의심하지 않을 것이다—그리고 제국주의 단계에서는 더욱 더 그렇다.

마르크스는 궁핍화를 또한 무지의 축적과정으로서 특징짓는다. 우리는 오늘날 지난 세기보다 사람들이 더 많이 읽고 쓰고 계산할 수 있게 되었다고 이의를 제기한다. 이것은 아주 올바른 것이다. 하지만 무지가 거대하게 증가하였다. 우리의 지식이 아주 크게 증가하고, 자본주의 나라에서 노동자가 사실상 더 높은 교육의 제도를 졸업하기 때문에 노동자가 따라갈 수 있다는 사실을 통해서 단지 상대적으로 무지가 축적된다고 말하는 게 아니다. 아니다, 절대적으로 무지가 증가하였다. 우리가 『자본』에서 예를 들어 영국의 자본주의에 의해 착취되는 노동자 전체 군대를 고찰한다면—영국의 산업에서, 인도의 철도에서, 영국 식민지의 광산에서—그러면 우리는 오늘날 영국 자본에 의해 착취되는 노동자—인도와 아프리카 그리고 중남미에서의 수백만의 노동자와 그리고 영국과 영국자본이 투자한 지역의 노동자들, 혹은 아직 식민지권력이 지배하는 곳에서의 노동자를 보게 되고—그러면 우리는 영국자본에 의해 착취되는 노동자 중 오늘날 이미 문맹의 비율이 50년이나 100년 전보다 훨씬 높다는 사실을 발견하게 된다.

또한 우리가 이러한 수백만이 처한 상황이나 파시즘의 현상 그리고 자본주의 나라에서 인간에 대한 전쟁의 영향을 생각한다면, 마르크스가 잔인성과 도덕적 타락의 축적이라고 말한 것이 무엇인지 우리에게 분명해질 것이다.

거기에 더해 두 번째의 무지의 축적과정이 등장한다. 모든 동업조합의 도제와 직인이 자신의 수공업에서 일하면서 수공업기업을 이끄는 방법을 배웠던 반면에, 자본주의하의 노동자는 그가 일하고 있는 기업을 파악할 수 없는 위치에 있게 된다. 특히 독점자본의 지배 하에서는 기업관계가 노동자에게는 감추어지기 때문에, 그는 대부분의 경우에 원래 누가 기업의 실질적인 지도자인지를 알 수 없다. 기업의 관계에 대한 노동자의 무지의 정도와 이것을 파악할 수 없는 무능력은, 생산측면이든 재정측면이든 혹은 가격형성의 측면에서든, 사실상 자본주의하에서는 이전보다 믿을 수 없을 정도로 커진다.

여기에 우리가 영국에서 1850년과 1890년 사이에 개별적 현상으로서 이미 한 번 관찰할 수 있었던 발전이 있다. 즉 노동자계급의 (정치적) 무지를 끔찍하게 증가시킨 계급의식의 마비와 이데올로기의 부르주아화이다. 우리가 오늘날의 서독과 영국 그리고 미국의 노동자계급의 정치의식과 지식을, 1차대전 이전의 시기에서의 관계와 비교해보면, 우리는 섬뜩한 추락을 확인하게 된다.[18]

그리고 이것은 거의 50년 동안 지속된 평화적인 발전의 영국에서와 같이 "제국의 권력"에서 강력하게 증가하는 것이 아니라, 노동자계급 뿐 아니라 전체 인민이 핵전쟁 속에서 육체적인 부분파멸 앞에 생존해야 하는 시대에 더욱 증가한다! 야만적인 파시즘의 붕괴 이후 20년이 지나 서독 노동자의 대부분이 파시즘적인 범죄의 "소멸시효"에 들어갔다는 사실을 우리는 소개한다! 미국의 제국주의가 베트남에서 끔찍한 약탈전쟁을 이끌고 있는 사실을 우리는 소개한다! 또한 1912년에 당연히 그랬듯이, 베트남의 전 지역에서 노동자당과 노동조합의 지도 아래 엄청난 저항집회가 일어나고 있다는 사실을 우리는 소개한다!

그래서 마침내 여기서 대부분 언급된 궁핍화의 형태들의 요소로

---

18) 여기에 대해서는 가령 미국의 사례로는 B. Cocbran(편), 『중간추이에서 본 미국의 노동』, 뉴욕, 1959, 75쪽부터.

서 노동자의 소외를 거론할 수 있다. 이 요인은 수십 년 동안 우리가 충분히 고려하지 못한 것이다. 이 요인은 나의 『이론』의 이전 판의 색인에서는 한 번도 나타나지 않은 것이다! 소외의 의미에 관하여, 부르주아 마르크스-비판자와 반 마르크스주의자가 "젊은 마르크스"와 "후기 마르크스" 사이의 대립을 구성하려고 시도하거나 더욱이 사회주의가 소외를 의미한다는 정신 나간 주장을 제시할 때, 우리 마르크스주의자 중 많은 사람들이 비로소 우리에게 다시 실제로 분명하게 해주었다. 그래서 최근 저항의 시기에, 절대적 궁핍화의 부분과정의 특징화를 위한 의미 있는 기여를 설명하는 자본주의 사회에서의 소외에 관한 상세한 마르크스주의 문헌이 등장하였다.

마르크스는 언제나 노동자의 소외에 대해 지적했다. 『자본』에는 무엇보다 경제과정에서의 소외를 지적하였고, 초기의 저술에서는 사회적 발전과정에서의 소외 일반에 대해 더 많이 전반적으로 지적하였다. 기계는 "노동자에게 노동과정의 정신적인 잠재력을 소외시킨다"고 마르크스는 말한다. 대기업은 노동자에게 생산과정 일반을 소외시키고, 그래서 노동자는 더 이상 기업을 파악할 수 없게 되고, 더 이상 믿을 수 없게 된다. 오늘날 노동자는 많은 나라에서 점차 사회적 전체 과정으로부터, 전체 과정에 이해관심을 가질 수도 없고 또 그것을 이해할 수도 없을 정도로 소외된다. 티브이나 냉장고 그리고 작은 자동차와 섹스에 관심을 집중하는 노동자는, 3차세계대전 앞에서, 핵전쟁 앞에서 스스로를 보존해야 마땅한 시대에, 스스로 (자신의 잠재력에서) 자신의 계급과 사회 그리고 인류로부터 소외되어 있는 것이다. 그에게 "무지와 잔인성, 도덕적 타락'은, 자신의 존재의 빈곤으로 인해 지불 날자에 거리 옆 천변에서 술을 마시지만, 엥겔스와 고리끼가 묘사한 것처럼, 그래도 최소한 자신의 적을 인식했던 문맹의 산업노동자보다, 더 높은 수준의 소외에 도달한 것이다.

이미 자신의 초기 저술에서 마르크스는 노동자의 소외에 대해 상세하게 접근하였다. 1844년의 『경제학-철학 초고』에서 마르크스는 이미 아주 특별하게 소외의 경제적이고 철학적인 파악에 들어갔다.

마르크스는 생산과정에서의 소외를 이렇게 묘사하였다:

"노동자는 부를 더 많이 생산할수록, 그의 생산이 힘과 범위에서 더욱 증대될수록, 그 만큼 더 가난해진다. 노동자는 상품을 더 많이 창조할수록, 그 만큼 더 값싼 상품이 된다. 사물세계의 가치증식에 대해 인간세계의 가치절하가 정비례한다. 노동은 단지 상품만을 생산하는 게 아니다; 그것은 자기 자신과 노동자를 하나의 상품으로서, 더욱이 그것이 일반적으로 상품을 생산하는 것에 비례하여 생산한다.

이 사실은 다음의 사실을 표현할 뿐이다. 즉 노동이 생산하는 대상, 다시 말해 노동의 생산물이 하나의 낯선 존재로서, 생산자로부터 하나의 독립적인 힘으로서 노동과 대립한다는 사실이다. 노동의 생산물은 하나의 대상 속에 고정된, 사물화된 노동인데, 이것은 노동의 대상화이다. 노동의 현실화는 노동의 대상화이다. 노동의 이러한 현실화는 국민경제학적 상태에서는 노동자의 탈현실화로서, 대상화는 대상의 상실과 대상에 대한 예속으로서, 자기화는 소외로서, 외화로서 나타난다.

노동의 현실화는 너무나 심하게 탈현실화로 나타나서, 노동자가 굶주림에 이르고 말 정도로 현실화된다. 대상화는 너무나 심하게 대상의 상실로 나타나서, 노동자는 필수불가결한 생활대상 뿐만 아니라 노동대상까지 상실하고 만다. 실로 노동 자체는 노동자가 오직 최대의 노력과 극도의 불규칙적인 중단으로써만 자기 것으로 만들 수 있는 대상이 된다. 대상의 자기화는 너무나 심하게 소외로 나타나서, 노동자는 대상을 더 많이 생산할수록, 그 만큼 더 소유할 수 있는 대상이 적어지고, 그만큼 더 그의 생산물의, 즉 자본의 지배 아래 놓이게 된다.

노동자가 자신의 노동생산물을 낯선 대상으로서 관계한다는 규정 속에 이러한 모든 귀결이 놓여 있다. 이와 같이 이러한 전제에 따른다면, 다음의 사실이 분명해진다: 즉 노동자가 더 많은 힘을 들여 노동할수록, 그 만큼 더 그가 자신에게 대립되도록 창조한 낯선 대상적 세계는 강력해지고, 그 자신, 즉 그의 내적 세계는 더욱 가난해지고, 그에게 자신의 것으로 귀속되는 것은 더욱 적어진다. 이것은 종교에서도 마찬가지이다. 인간이, 신 안에 가져다 놓은 것이 많을수록 그 만큼 더 그가 자신 안에 가지고 있는 것은 적어지게 된다. 노동자는 자신의 생명을 대상 속에 불어 넣는다; 그러나 그 생명은 이제 더 이상 그에게 귀속되는 것이 아니라, 대상에게 귀속된다. 따라서 이러한 활동이 더 크면 클수록, 그 만큼 더 노동자에게는 대상이 없게 된다. 그의 노동생산물이 그 자신인 것은 아니다. 따라서 이 생산물이 거대할수록 그 만큼 더 자신은 왜소해진다. 그의 생산물 안에서 노동자가 외화되는 것의 의미는, 그의 노동이 하나의 대상, 하나의 외적 실존으로 된다는 사실뿐만 아니라, 그의 노동이 그의 외부에, 그로부터 독립되어, 그에게 낯선 존재로 나타나고, 그에게 대립하는 자립적인 힘으로 된다는 사실, 즉 그가 대상에게 부여했던 생명이 그에게 적대적이고 낯설게 대립한다는 사실이기도 하다."[19]

소외는 이제 소외가 성장한 생산과정을 넘어 나아간다— 마르크스의 발전의 초기시대에, 소외가 생산과정에서의 원천과 토대를 가진다는 놀랄 만한 깊은 인식이 이미 보이는 것이!

다음의 마르크스의 고찰에서는 일반사회적 소외과정의 거대함과 비극이 발견된다:

"인간이 자신의 노동생산물, 자신의 생산활동, 자신의 유적 본질로부터 소외되어 있다는 사실로부터 나오는 하나의 직접적 결과는 인간으로부터의 인간의 소외이다. 인간이 자기 자신과 대립할 때, 그는 다른 인간과 대립하는 것이다. 자신의 노동, 자신의 노동생산물, 인간 자신에 대한 인간의 관계에서 유효한 것은 다른 인간, 다른 인간의 노동 및 그 대상에 대한 인간의 관계에서도 유효하다.

다시 말해 인간이 자신의 유적 본질로부터 소외되어 있다는 문장은 어떤 인간이 다른 인간으로부터, 그리고 그들 쌍방이 인간적 본질로부터 소외되어 있음을 의미한다.

인간의 소외는, 일반적으로 인간이 자기 자신과 맺고 있는 모든 관계는, 그가 다른 인간과 맺고 있는 관계 속에서 비로소 현실화되고 표현된다.

따라서 소외된 노동의 관계 속에서 각각의 모든 인간은, 그가 노

---

[19] 칼 마르크스/ 프리드리히 엥겔스,『경제적 서술』, 베를린, 1955, 98쪽부터.

동자로서 존재하는 것의 척도와 관계에 근거해서 다른 인간을 관찰한다.

우리는 노동자의, 그리고 그의 생산의 소외라는 하나의 국민경제학적 사실로부터 출발하였다. 우리는 이 사실의 개념을 다음과 같이 표명했다: 소외된, 외화된 노동. 우리는 이 개념을 분석하였고, 따라서 단지 하나의 국민경제학적 사실을 분석했을 뿐이다.

이제 더 나아가 소외된, 외화된 노동이라는 개념이 현실 속에서 어떻게 표명되고, 표현되지 않을 수 없는지를 살펴보자.

노동의 생산물이 나에게 낯설게 존재하고, 나에게 낯선 힘으로서 대립한다면, 그것은 누구에게 속하는 것인가?

나 자신의 활동이 나에게 속하지 않고 하나의 낯선, 강제된 활동이라면, 그것은 누구에게 속하는 것인가?

나 이외의 어떤 다른 존재에게.

이 존재는 누구인가? ...

노동과 노동의 생산물이 노동자에게 속하지 않고, 하나의 낯선 힘이 그에게 대립해 있다면, 이것은 그 생산물이 노동자 이외의 다른 인간에게 속하는 것으로써만 가능하다. 그의 활동이 그에게 고통이라면 그것은 다른 인간에게는 향유이고, 다른 인간의 생활의 기쁨일 수밖에 없다. 신들도 자연도 아닌 오직 인간 자신만이 인간 위에 군림하는 이 낯선 힘일 수 있다."[20]

소외는 단지 노동자와 자신의 생산물 사이에서만 일어나는 것이 아니다. 이것은 또한 인간의 인간으로부터의 소외에서도 일어난다

---

20) 위의 책, 106쪽부터.

— 특정한 집단의 인간, 즉 자본가의 장점이 된다.

다시 말해 전체로서의 사회는 소외를 통해 파괴되고, 더욱이 인간의 한 계급이 인간의 다른 계급을 소외시키고 완전히 지배하는 권력이 되는 형태로 파괴된다.

또한 부르주아지도 자본주의에서의 소외현상을 부분적으로 파악하고— 예를 들어 프란츠 카프카의 소설에서 유일하게 깊고 놀랍게 파악되었다— 사회학적 연구에서도 파악한다. 그래서 예를 들어 서독의 한 학자도 이렇게 서술하고 있다: "결론적으로 이렇게 말할 수 있다: 산업적 생산양식의 구체적인 상황인 극도의 노동해체와 컨베이어벨트 생산은 노동자의 심리적 실존을 건드리고 사회적 갈등을 표현하는 세 가지 현상으로 귀결된다: 기계작업의 단조로움, 컨베이어벨트 노동의 강제리듬, 생산과정의 자기 목적적인 고유한 법칙성 아래 종속. 우리는 모든 세 가지 갈등 흐름을 정당하게 '노동의 영혼박탈 혹은 무미건조함'이라는 개념 아래 요약할 수 있다. 왜냐하면 모든 세 가지 형태는 노동자로 하여금 창조적인 활동과 한 작품의 전체적인 창조를 원하는 각자의 사회적 욕구를 만족할 수 없게 만들기 때문이다. 그러나 '작품'에 대한 연관성이 파괴된다면, 노동과정 자체 또한 의미 없는 것으로 받아들여지게 된다."[21]

그리고 이 모든 것에 더해 자본주의의 일반적 위기의 시대에, 이미 계속해서 다시 언급하지만, 세계전쟁의 시대에 근로자들, 특히 노동자의 빈곤을 전혀 새로운 형태에서 끔찍하게 증가시키는 것이

---

[21] E. Arndt, 『임금정책의 이론적 기초』, 튀빙엔, 1957, 25쪽.

있다. 일자리의 불안에 더해 생명의 불안이 등장한다. 그래서 고용되어 있는 사람이, 비록 계속 고용되어 있더라도, 언제나 자신의 일자리에 대해 불안해하듯이, 전쟁에 병사로 참여하지 않는 모든 사람들도 전선에 있는 가족구성원의 생명을 언제나 걱정한다. 2차대전은 이미 "비-군인", 즉 무장하지 않은 인구의 생명을 직접 위협하였다. 3차대전은 무장한 사람들보다 무장하지 않은 사람들의 생명에 더욱 위협이 될 것이다.

2차세계대전 말기에 그리고 전쟁 직후 사람들은 독일에 대해, 인구의 절대 다수가 굶주림에 허덕일 것이라고 주장하였다. 옷차림은 30년전쟁의 수준으로 떨어졌다. 주택의 수준도 마찬가지였다. 난방문제는 더욱 심각했다. 2차세계대전 직후의 독일에 해당하는 것은 3차세계대전이 일어나면 인구의 대부분에게 해당될 것이다.

우리는 3차대전을 막기 위해 모든 것을 해야 한다. 우리가 3차대전을 막을 실질적 가능성은 있다. 하지만 실질적 가능성은 더 이상 없을 수도 있다.

다시 말해 자본주의 세계의 노동자는, 제국주의 나라의 노동자는 독점지배의 경제가 전쟁을 불러일으키는 경향을 항상적으로 갖고 있는 체제 아래 살고 있다. 오늘날 사회주의 나라들에게 심각한 부담을 가져올 3차세계대전은 그러나 일련의 제국주의 나라들을 "남김없이" 파괴할 것이다.

그리고 5년 전에는 절대적 궁핍화의 이론을 정당한 것으로 간주했지만, 그러나 지난 10년간 노동자의 물질적 상태가 어느 정도 개선되었기 때문에 오늘날 그것을 의심하거나 아예 부정하는 사람들도 있다!22) 관철되는 법칙보다 절대적 궁핍화의 이론에 대해 의심을 품는 그러한 마르크스주의자보다 더 깊게 사회를 관찰한 서독의 사회학자가 있다. 그는 1962년에 출간된 글에서 이렇게 썼다:

"개인들을 위해 이제까지 목표로 한 프롤레타리아 운명의 완화는 매우 의미가 있다— 전체적으로 보면, 그러나 이러한 완화는 대중적인 프롤레타리아 성격이 그 본질에 따라 계속 유지되고 있고, 더 큰 범위에서 탈 프롤레타리아화에 반작용하는 정신으로 채워짐으로써 더 많이 반감될 것이다. '손에서 입으로 살아가는 것'의 주요 뿌리는 그러나 프롤레타리아 자체, 즉 소유로부터 노동의 분리, 자산형성의 불능과 그로부터 나오는 자산형성 노력의 무시를 형성한다. 따라서 무소유에, 그렇지 않으면 그 사이에 변화되었을 모든 것에도 불구하고, 오늘날 프롤레타리아 문제의 중점이 여전히 놓여 있다.

그러므로 여전히 계급사회가 존재한다. 우리가 계급차이의 축소에 관해 말할 수 있듯이, 토지와 기타 생산수단이 소수의 사적 소유에 있는 반면 인민의 다수가 무소유로 있다는 것은 쉽게 알 수 있는 사실이다. 오늘날 소유가 어떤 경제적 장점을 가지지 못하고 오히려 더 많은 걱정만을 가진다고 말한다면, 이것은 누구라도 반박할 것이다. 오스발트 폰 넬-브로이닝Oswald von Nell-Breuning이 말했듯이, 사실상 소유자와 무소유자의 기회는 가령 조정경기에 출전한 두 경

---

22) 여기서 아마 최근 10년간의 실질임금상승과 관련하여 개념으로서 궁핍화를 "적당하지 않은" 것으로 파악해야 한다고 누군가가 이의를 제기한다면, 나는 단지, "소외"의 요소를 제외하면, 이 개념을 과거의 독단주의자들을 잘못 빠뜨린 개념과 똑같이 파악한 것에 불과하고, 따라서 내 생각에는 궁핍화 개념이 마르크스의 이해에 상응한다고 말할 뿐이다.

쟁자의 기회와 같이 경제적 경쟁을 벌인다. 즉 한 사람은 노를 손으로만 젓는 반면, 다른 사람은 배의 밖에 장착된 소형모터를 달고 달리는 것과 같은 것이다."23)

3. 법칙과 경향

모든 이러한 사고과정을 올바른 것으로 간주하면서도 절대적 궁핍화는 관철되지 않는 단지 경향성으로만, 반대경향이 있기 때문에, 존재할 뿐이라고 생각하는 마르크스주의 정치경제학자들이 있다. 평균이윤율이 사실상 떨어진다고 마르크스가 주장하지 않은 것과 마찬가지로, 그들은 절대적 궁핍화에 대한 "경향"이 관철된다고 주장하지 않는다.

우선 "법칙"과 "경향"을 어떻게 이해할 것인가?

법칙에 관해서 우리는 게오르그 클라우스와 만프레트 부어가 편집한 『철학사전』을 읽어보자.

"법칙 – 객관적 현실의 현상들 사이의 필연적・일반적・본질적 연관을 사고에 반영한 것으로, 상대적인 지속성을 통해 나타나고 동일한 조건 하에서 반복된다. 법칙성은 과정 혹은 지속에 내재적인 법칙에 따른 과정 혹은 지속의 진행으로 이해한다...

---

23) Paul Jostock, "프롤레타리아는 여전히 존재하는가?", 『프롤레타리아는 여전히 존재하는가?』, M. Feuersenger(편), 프랑크푸르트 암 마인, 1962, 12쪽부터.

변증법적 역사적 유물론은 객관적 법칙 하에서 자연과 사회 그리고 사고의 필연적, 일반적, 본질적 연관을 이해한다. 과학의 법칙은 인간 의식 속에 객관적으로 작용하는 법칙의 반영이다...

객관적 법칙연관은 자연에서는 물론 사회에도 존재한다. 자연법칙과 사회법칙 사이에는 그러나 그들의 작용방식에서의 근본적 차이가 있다. 사회의 발전역사는 즉 '자연의 발전역사와는 본질적으로 다른 종류의 측면에서' 증명된다. '자연에는 ... 서로 작용하는 다양한 변화 속에서 일반 법칙으로서 타당하게 되는, 오직 의식 없는 맹목적인 동인이 있다. 무엇보다 일어나는 것은 ... 원하는 의식적인 목적으로서는 아무 것도 일어나지 않는다. 반면 사회의 역사에서 행동하는 동인은 오직 의식을 갖고, 고민과 정열을 갖고 행동하고, 특정한 목적을 지향하는 인간이다; 의식적인 의도 없이는, 원하는 목적이 없이는, 아무 것도 일어나지 않는다. 그러나 이러한 차이는 ... 역사의 과정이 내적인 일반 법칙을 통해 지배된다는 사실에 대해 아무 것도 변하게 할 수 없다.'24)"25)

법칙은 자연에서든 사회에서든 텅 빈 공간에서 작용하지 않는다. 1958년 소련 과학아카데미 철학연구소에서 간행한 『마르크스주의 철학의 기초』에는 여기에 대해 이렇게 쓰여 있다: "당연히 대상은 많은 법칙성의 작용에 지배를 받는다. 왜냐하면 대상은 다른 대상들과의 수많은 연관과 관계 속에 있기 때문이다... 자연과 사회의 법칙은 순수한 형태로 드러나지 않는다. 이것의 현상 형태는 많은

---

24) 칼 마르크스/ 프리드리히 엥겔스, 『전집MEW』 제21권, 베를린, 1962, 296쪽

25) Georg Klaus/ Manfred Buhr, 위의 책, 라이프치히, 1964, 220쪽부터.

상태를 통해 복잡해진다. 한 법칙의 작용은, 자신의 길을 내는 일련의 반작용하는 전체 힘과 경향에 부딪힌다."

이러한 주장에 따르면, 이 책은 나 또한 이러한 연관에서—그러나 전혀 다른 의도로—언제나 제시했던 사례를 정확히 제공한다.

"자본주의의 경제법칙은 예를 들어 이윤율의 경향적 저하의 법칙과 같이, 가변자본이 불변자본에 비해 상대적으로 줄어든다는 사실로부터 주어진다. 가변자본의 이러한 축소는 그것대로 기술적 진보, 자본의 유기적 구성의 증가로부터 기인한다. 동시에 전체 자본의 증가와 함께 그렇지만 이윤의 양도 증가하고, 이윤율의 저하는 지배적 경향으로서만 나타날 수 있다.

동일한 것은 자본주의 나라에서 프롤레타리아의 절대적 궁핍화 법칙에도 타당하다. 이 법칙에 대해서는 또 다른 법칙, 프롤레타리아 계급투쟁의 법칙과 자본주의와 사회주의라는 두 체제의 투쟁의 법칙이 반작용한다. 그 결과 다양한 나라에서 프롤레타리아의 궁핍화 법칙은 동일한 방식으로 작용하지 않는다. 식민지의 소유, 식민지주민의 약탈, 이것을 통해 식민지권력이 노동자계급의 상층부를 매수하는 것은 결국 프롤레타리아의 궁핍화 법칙의 작용에서의 불균등성에 일정한 영향을 행사한다."26)

나는 이러한 두 가지 법칙의 단순한 병치를 잘못으로 간주한다. 이것은 매우 중요한 사실을 감추기 때문이다.

차이를 더욱 분명히 하기 위해 세 번째 법칙을 예로 들어보자. 세 번째 법칙은 이렇게 정식화될 수 있다: 생산수단에 대한 사적

---

26) 위의 책, 독일어 번역판, 베를린, 1959, 226쪽부터.

소유와 착취에 근거한 사회는 계급투쟁에 의해 채워지고, 그러한 사회의 발전에 결정적으로 영향을 준다.

당연히 이러한 법칙에 반작용하는 경향 또한 존재한다. 그러나 어떤 마르크스주의자도 반대경향이 계급투쟁의 법칙 자체보다 더 강력하다고 문제를 인정하지 않을 것이다— 이미 마르크스 이전에도 부르주아 역사가들은 이 법칙을 모든 것 중에서 가장 지배적인 작용이라고 인정했다.

다른 측면에서 마르크스가 이미 『자본』 제3권의 제3편 제목에서 "이윤율의 경향적 저하의 법칙"으로서 자세히 정식화했던 이윤율의 저하법칙이 있다. 이 편의 소제목들은 다음과 같다:

제13장. 법칙 자체

제14장. 반작용하는 원인

    Ⅰ. 노동의 착취정도의 증가

    Ⅱ. 임금의 그 가치 이하로 저하

    Ⅲ. 불변자본 요소들의 가격 저하

    Ⅳ. 상대적 과잉인구

    Ⅴ. 대외무역

    Ⅵ. 주식자본의 증가

제15장. 법칙의 내적 모순의 발전

    Ⅰ. 개론

    Ⅱ. 생산의 확대와 가치증식 사이의 갈등

    Ⅲ. 인구과잉의 경우의 자본과잉

    Ⅳ. 보충

마르크스는 여기서 어떤 반대경향을 인용하는가!

그와 관련해 우리가 위에서 거론한 계급투쟁의 법칙의 경우에, 계급투쟁의 발생과 법칙의 경향에 대한 작용에 반대되는 반대경향이 압도적인가의 여부에 관한 오랜 연구를 여기서 시도하지 않는 반면, 마르크스와 엥겔스가 『공산당선언』에서 "이제까지 모든 사회의27) 역사는 계급투쟁의 역사이다"라고 단순하게 정식화한 반면에 -

이것은 이윤율의 경향적 저하의 법칙의 경우에는 정확히 그 반대이다. 이러한 법칙이 역사의 진행과정에서 관철되는지의 여부를 여기서 연구하는 것은 의미가 없을 것이다. 누구나 법칙에 대한 반대경향이 강력하게 존재한다는 것을 알고 있다. 이윤율의 지속적인 저하는 결코 없다.

---

27) "즉 이 말은 정확하게 말하면, 글로 쓰여 전해오는 역사를 뜻한다. 1847년(『공산당선언』이 발표된)에는 사회의 전사, 즉 글로 기록된 모든 역사에 선행하는 사회조직은 아무 것도 알려져 있지 않은 것이나 다름없었다. 그 후 학스타우젠Haxthausen이 러시아에서의 토지공동소유를 발견하였고, 마우러Maurer는 그것이 모든 독일 종족들이 역사적으로 출발했던 사회적 기초임을 증명하였다. 그래서 인도에서부터 아일랜드에 이르기까지, 공동의 토지소유를 가진 촌락공동체들이 사회의 원시적 형태였다는 사실이 점차 알려지게 되었다. 이러한 원시공산주의 사회의 내부 조직은 마침내, 씨족의 참된 본성과 종족 내에서의 그 지위에 대하여 모건Morgan의 최종적으로 발견한 것에 의해서 그 전형적인 형태로 밝혀졌다. 이 본원적 공동체의 해체와 더불어 특수한 계급들로의, 그리고 결국에는 상호 대립적인 계급들로 사회의 분열이 시작된다."(1890년 독일어판에 부친 엥겔스의 주)

이제 절대적 궁핍화의 법칙은 어찌 되는가? 계급투쟁의 법칙이나 이윤율 저하의 법칙과 비슷한가?

우리가 이것을 이윤율 저하의 법칙과 같거나 혹은 다소간 같다고 생각한다면, 다시 말해 절대적 궁핍화의 법칙이 관철되지 않는다고 파악한다면, 이것은 다름 아닌 자본주의하에서 노동자상태가 절대적으로 개선되었음을, 다시 말해 시간이 지나면서 노동자가 경제적 위치를 획득할 수 있고 그래서 정치권력을 떠맡을 수 있는 시민층과 비슷한 위치에 있음을, 그래서 자본주의 사회가 점차 진보적으로 사회주의 사회로 성장해갈 수 있음을 말하는 것이다. 그러면 노동자계급과 시민층이 권력에 접근하는 형태의 전체적이고 기본적인 차이가 지양되는 것이다. 이것은 또한 예를 들어 공산주의자와 수정주의자 사이의 유일한 차이가 공산주의자는 수정주의자보다 "더 서두르는 어떤 것"을 가지고 있다는 사실을 의미하고, 공산주의자는 성장과정을 가속화하기를 원한다는 사실, 공산주의자는 노동자상태를 이미 일어난 것보다 더 빨리 개선하려고 한다는 사실을 의미하는 것이다. 다시 말해 마르크스주의 이론의 배신자에 대한 공산주의자의 전체 투쟁은 기본적으로 강조점이나 속도문제를 둘러싼 투쟁이 되지, 근본적인 문제를 둘러싼 투쟁, 즉 사회발전과 노동자계급의 전략의 문제를 둘러싼 투쟁이 아닐 것이다.28)

이러한 해석의 오류를 우리는 또한 마르크스가 예를 들어 노동

---

28) 여기에 관해 가로디Roger Garaudy가 이렇게 말한 것은 내 생각에 완전히 올바른 것이다: "상대적, 절대적 궁핍화의 법칙은... 마르크스주의의 혁명적 전망과 완전히 결합되어 있다."『공산주의 평론잡지』, 1961년 1월호, 파리 13쪽.

조합의 일상투쟁을 판단하면서 이렇게 썼던 것에서 볼 수 있다: "노동조합이 노동자계급의 종국적 해방, 즉 임금체제의 궁극적인 폐지를 위한 지렛대로서 자신의 조직적인 세력을 가져가는 대신에, 동시적인 변화를 추구하고, 기존 체제의 영향에 반대하는 작은 전쟁을 수행하는 데 한정하자마자, 자신의 목적을 전체적으로 오류에 빠뜨리는 것이다."29) 노동조합은 자신의 목적을 전체적으로 오류에 빠뜨리는 것이다! 다시 말해 노동조합은, 모든 반대경향에도 불구하고 절대적 궁핍화의 법칙의 관철로 인하여, 노동자의 상태가 계속 악화되는 것을 일상투쟁을 통해 막을 수 없는 것이다. 아주 비슷한 의미로 엥겔스는 이렇게 논의했다: "임금법칙은 노동조합의 투쟁을 통해 침해되지 않는다; 오히려 임금법칙은 완전한 타당성을 갖게 된다. 노동조합의 저항의 수단 없이도 노동자는 임금체제의 규칙에 따라 그에게 귀속하는 것을 한 번도 받아들이지 않았다. 노동조합 앞에서 두려움만이 자본가로 하여금 노동자에게 그 노동력의 완전한 시장가치로 지불하도록 강제할 수 있다."30)

당연히 이것은 목요일에 노동자상태가 지난 월요일보다 악화되었다거나 혹은 지난 수요일보다 개선되었다는 의미에 해당되는 것은 아니다. 이것은 일단 노동자상태가 해마다 악화되었다는 사실을 의미하지 않는다. 경기순환의 호경기에는 노동자상태가 개선될 수 있는 반면, 위기와 침체기에는 ― 절대적 궁핍화의 일반적 속도에 상응하는 것보다 더 빨리 ― 노동자상태가 급속히 악화될 수 있다는

---

29) 칼 마르크스, 『가격과 이윤』, 마지막 문장으로부터의 기사.

30) 프리드리히 엥겔스, "임금 표준"으로부터의 기사. 칼 마르크스/ 프리드리히 엥겔스, 『경제적 저술 모음집』, 위의 책, 422쪽.

것을 누구나 안다. 그리고 여기서 또한 노동조합은 일상투쟁을 통해서 많은 것을 이룰 수 있다. 노동조합은 호경기 동안에는 노동자 상태의 개선을 가속화하고, 위기와 침체기 동안에는 악화의 속도를 완화할 수 있다. 따라서 노동조합은 한 순환평균에서 다른 순환평균에 걸쳐 일어나는 절대적 궁핍화를, 노동조합이 실제로 정력적인 조치를 취한다면, 노동조합의 활동성 없이도 도달하게 되는 정도의 일부에 제한할 수 있다.

우리는 이 책의 뒤에서 지난 30년간 절대적 궁핍화에 대한 마르크스주의 이론의 역사를 다룰 것이다. 여기서는 마르크스와 엥겔스 그리고 레닌의 이론을 고찰해보자.

이미 앞에서 우리는 마르크스와 엥겔스가 절대적 궁핍화의 법칙이 역사에서 관철된다고 생각했음을 분명하게 증명하였다.

절대적 궁핍화의 법칙이 관철되는 경향에 대한 반대증거로서 『에어푸르트 강령』에 대한 엥겔스의 언급이 최근 때로 인용된다면, 이것은 엥겔스가 가끔 한 단편에서 언급한 것에 표현된 명백한 오해와 관련된다. 인용하면 이렇다: "'프롤레타리아의 수와 빈곤은 계속 커진다.' 이것은 올바르지 않으며, 그래서 이렇게 절대적으로 말한다. 노동자의 조직은, 그들의 계속 커지는 저항은 빈곤의 증가를 가능한 한 일정한 둑으로 막는다."[31] 이어지는 문장은: "그러나 확실히 증가하는 것은 존재의 불확실성이다. 나는 이것을 지적하려고 한다." 이것으로 엥겔스가 빈곤을 이해한 것이 설명되고... 이것은

---

31) 칼 마르크스/ 프리드리히 엥겔스, 『전집』 제22권, 베를린, 1963, 231쪽.

다시 말해 마르크스가 절대적 궁핍화를 "빈곤, 노동의 고통, 노예상태, 무지, 잔인성, 도덕적 타락"으로 정의한 것 속에서 이해한 것과 정확히 같은 것이다. 빈곤은 여기서 순순히 육체적인 의미에서 생각되었다― 가령 노동자가 파업투쟁을 통해 절대적 궁핍화의 과정을 저지할 수 있다고 엥겔스가 생각하지 않았다는 사실은, 진정 절대적 궁핍화의 일부인 존재의 증가하는 불확실성에 관해 엥겔스가 말했다는 다음의 문장에서 아주 분명하게 드러난다.

마르크스와 엥겔스의 의미에서 단어 빈곤을 그대로 사용한 것은 쿠스미노프Kusminow인데, 그는 이것에 관해 아주 정당하게 이렇게 말한다. "마르크스주의 개념 궁핍화와 빈곤은 동일한 것인가? 여기서 문제가 되는 것은 당연히 두 가지 다른 개념이다. 빈곤은 사람이 자신의 기본적인 생활필요(영양이나 주거 공간, 옷이나 의료지원에 대한)에서 전혀 혹은 단지 부분적으로만 만족할 수 있을 때의 상태이다. 마르크스주의 비판자들은 마르크스에게 '노동자의 증가하는 빈곤'의 개념을 전가시킨다. 이것은 당연히 단순한 방법이다― 우리는 마르크스의 반대자들에게 모든 노동자가 거지로 전화되는 개념을 전가시키고, 그래서 이러한 주장을 반박한다. 그러나 궁핍화의 마르크스주의 개념은 이러한 정신 나간 생각과 전혀 관계가 없다. 궁핍화는 부르주아 계급에 비해(상대적 궁핍화), 혹은 어떤 이전 시기에 비해(절대적 궁핍화) 노동자계급의 생활수준의 하락을 의미한다."32)

---

32) J. Kusminow, "자본주의 나라들에서 노동자계급의 상태", 『국제 생활』 제10호, 모스크바 1963, 번역에 의한 인용은 『소비에트과학. 사회과학논집』, 1964년 제1호, 베를린, 61쪽부터.

마르크스와 엥겔스와 마찬가지로 레닌도 1912년 11월 30일자 『프라우다』 기고문에서 아주 분명하게 말한다:

"부르주아 개혁가들과 그 후계자들 중 일련의 사회민주주의적 기회주의자들은, 자본주의 사회에서 대중의 궁핍화는 없다고 주장한다. 소유자와 무소유자 사이의 틈이 천천히 더 커지지 않고 더 줄어든다면, 대중의 복지가 증가한다면, '궁핍화이론'은 들어맞지 않는다는 것이다.

최근 이러한 주장의 완전한 거짓은 대중들에게 더 분명해졌다. 생계비가 증가하였다. 노동자의 임금은 가장 어려운 때에도 증가하고, 노동자에게 최대한 성공적인 파업투쟁은 노동력의 유지를 위해 필요한 과제가 증가하는 것보다 훨씬 천천히 증가한다. 그러나 동시에 자본가의 부는 현기증을 일으킬 속도로 증가한다.

여기서 파업자유와 연대자유 덕분에, 정치적 자유 덕분에, 높은 문화수준의 결과로 노동자상태가 수백만 명의 노조원들과 수백만 명의 노동자신문의 독자들을 러시아보다 비교할 수 없을 정도로 더 나은 상태에 있게 만든 독일에 관한 몇 가지 언급이 있다.

공공자료에 근거한 부르주아 사회통계학자의 지적에 의하면, 독일에서 노동자의 평균임금은 지난 30년 동안 약 25% 상승하였다. 동일한 시점에 생계비는 최소한 40%나 높아졌다!

음식물은 물론 옷과 난방 그리고 주거 등 — 모든 것의 가격이 상승하였다. 노동자는 절대적으로 궁핍화되었다. 다시 말해 노동자는 이전보다 더욱 가난해졌고, 더 열악하게 살도록 강요받고, 더 보잘 것 없는 식사를 하고, 지하실이나 다락방에 거주하게 된다...

부는 자본주의 사회에서 엄청난 속도로 증가하였다 — 동시에 노동자대중의 궁핍화도 함께."33)

레닌도 절대적 궁핍화의 법칙이 자본주의 역사의 진행에서 관철되고, 기존의 반대경향은 이 법칙의 관철을 제한하는 데 충분히 강력하지 않다고 주장한 마르크스와 엥겔스와 똑같이 파악하고 있다는 사실은 의심의 여지가 없다.

또한 앞의 논문 바로 직전에 쓴 기고문에서 레닌은 이것을 단순하고 간결하게 서술하였다. "부르주아지의 부가 증가한다. 프롤레타리아와 파국으로 밀려나는 소소유자 대중인 농민과 수공업자 그리고 소상인의 빈곤과 위기가 증가한다."34)

이제 단지 궁핍화를 반대경향 때문에 관철될 수 없는 경향으로서 인정하는 사람들은, 레닌 역시 이렇게 파악했다는 그들의 주장과 "증거"로서 1919년 러시아공산당(볼셰비키) 강령을 위해 쓴 레닌의 초안을 인용한다. "산업적 침체기와 위기는 소생산자들을 더욱 파멸시키고, 임금노동의 자본에 대한 종속을 더욱 강화하고, 노동자계급상태의 상대적이고 때로 절대적인 악화를 더욱 급속하게 촉진한다."35)

"노동자계급상태의 때로 절대적인 악화" ─ 그래서 사람들은 절대적 궁핍화의 법칙의 경우에 단지 "때로" 관철될 수 있는 경향만이 문제가 된다고 설명한다. 사람들은 강령초안에서 레닌을 보고, 레닌이 예를 들어 1912년에 말한 것은 잊어버린다. 그것은 완전히

---

33) W. I. 레닌, 『전집』 제18권, 베를린, 1962, 428쪽부터.

34) 레닌, 위의 책, 213쪽.

35) 레닌, 『전집』 제29권, 베를린, 1961, 104쪽.

정반대이기 때문에!

우선 약간 기술적–이데올로기적으로 주장해보자: 레닌은 여기서 1903년의 구 강령을 글자 그대로 받아들였는데, 이것의 원래 초안은 플레하노프Plechanow에게서 유래한 것이다. 거기에는 이렇게 되어 있다:

"자본주의 사회에서의 사태의 이러한 상태의 경우와 세계시장에 대한 자본주의 나라들의 계속 증가하는 경쟁의 경우에, 상품의 판매는 필연적으로 상품생산에 비해 뒤처진다. 그러나 이것이 다소간의 오랜 산업적 정체기를 동반하는, 주기적으로 다소간 첨예한 산업적 위기를 낳는 것은 아니다.

소생산자의 수와 경제적 의미는 얼마나 더욱 줄어들었고, 임금노동자의 자본에 대한 종속은 더욱 커졌으며, 프롤레타리아와 소생산자 상태의 상대적인, 많은 곳에서 또한 절대적인 악화로 급속히 이끈다."

1903년 것을 결국 받아들인 "때로" 대신에 여기에는 "많은 곳에서"가 나온다— 전혀 큰 차이는 아니다.

그러나 훨씬 중요한 것은 다음이다. 플레하노프의 초안에는 이어서 다음에는 이렇게 나와 있다:

"그러나 이러한 자본주의의 피할 수 없는 모순이 증가하고 발전하는 동안, 동시에 노동자계급의 기존 상태에 대한 불만도 증가하고, 자본가계급에 대한 투쟁도 격화하고, 그래서 노동자계급 속에 다음의 사실이 더 넓고 더 빠르게 보급된다,

즉 노동자계급은 오직 자신의 힘으로부터 자신의 어깨를 누르는 경제적 종속의 멍에를 내던져버릴 수 있게 되고, 이러한 멍에를 던

져버림으로써 사회혁명이 필연화하고, 다시 말해 자본주의 생산양식을 지양하고, 생산수단과 생산물의 순환을 사회적 소유로 전환하게 된다."36)

1903년에 채택된 강령에는 그러나 "때로 절대적인 악화를 더욱"이라는 표현과 (강령에는 약간 다르게 표현되었는데) 플레하노프의 다음 문장 사이에 다음과 같은 문장이 삽입되었다(이것은 또한 레닌에 의해 1919년 러시아공산당의 강령 초안에서 글자 그대로 받아들였다): "노동생산성의 상승과 사회적 부의 증가를 의미하는 기술의 완성은 그래서 부르주아 사회에서는 사회적 불평등의 증가, 소유자와 무소유자 사이의 격차 증가, **근로대중의 더 넓은 계층에게 모든 종류의 존재의 불안정과 실업 그리고 궁핍의 증가를 조건 짓는다.**"37)

"때로 절대적인 악화를 더욱"이라는 문장에 직접 이어지는 이 문장은 (그리고 절대적 궁핍화를 관철되지 않는 법칙으로 고찰하고 잊어버린 사람들에 의해 함께 인용되었다), 노동자계급이 상대적으로— "격차 증가"— 절대적으로— "근로대중의 더 넓은 계층에게 모든 종류의 존재의 불안정과 실업 그리고 궁핍의 증가"— 궁핍화되고 있다는 사실을 분명하고 뚜렷하게 말한다.

어떻게 레닌이 바로 이어지는 문장에서 한 번은 단지 "때로" 관철되는 경향으로서 절대적 궁핍화에 관해 말하고, 그 다음 문장에서는 기존의 반대경향에도 불구하고 분명하고 뚜렷하게 관철되는 법칙에 관해 말할 수 있겠는가?

---

36) 레닌, 『전집』 제6권, 6쪽부터.

37) 레닌, 『전집』 제29권, 105쪽.

당연히 아닐 것이다. 오히려 레닌은 1912년의 기고문에서든 1919년의 강령초안에서든, 언제나 절대적 궁핍화를 관철되고 있는 법칙으로서 간주한38) 반면, "노동자계급상태의 절대적 악화"에 대해서는 절대적 궁핍화와는 약간 다르게 이해했다. 그렇지만 레닌이 그러한 표현 속에서 이해한 것은 무엇일까?

4. 절대적 궁핍화와 정치-사회적 확대

레닌의 언급에서의 외면적인 모순은 엥겔스의 경우에도 다시 발견된다; 엥겔스는 『주택문제를 위하여』라는 저술의 첫 부분에서 한편으로는 노동자의 상태가 악화된다고 말하고, 다른 한편에서는 현재의 노동자가 훨씬 높은 수준에 있기 때문에 이전 관계로 되돌아가기는 불가능하다고 말한다. 엥겔스는 이렇게 규정한다: "1872년의 영국의 프롤레타리아는 1772년의 '집과 아궁이'를 가진 시골의 직인

---

38) 다시 말하자면 절대적 궁핍화의 법칙이 언제 어디서나 관철될 수밖에 없다는 것은 당연히 아니다. 우리는 노동자상태의 서술에서 예를 들어 19세기 한 때 호주의 사례에서, 그리고 때로는 아마 미국의 사례에서도 법칙이 관철되지 않는 시기를 발견하였다. 마찬가지로 반대경향이 너무 강력하고 그에 상응하는 사회가 기초를 이루기 때문에 착취사회의 발전법칙으로서 계급투쟁이 실패하는 시기도 당연히 있다. 그러나 그러한 예외라도 절대적 궁핍화와 이윤율 저하와 같은 법칙들의 효력 사이의 기본적인 차이에 관하여 속이지는 못할 것이다.

보다 훨씬 높이 서 있다. 그리고 자신의 누추한 집을 가진 토착원주민들, 점토로 지은 오두막을 가진 오스트레일리아인, 자신의 아궁이를 가진 인도인은 저마다 6월봉기와 파리콤뮌을 실현하려고 하는가? 자본주의 생산의 관철 이래 노동자의 상태가 전체적인 규모에서 물질적으로 악화되었다는 사실은 부르주아지만이 의심할 것이다."

엥겔스가 자신의 저술의 바로 다음 문장에서 "이집트인의 (또한 아주 보잘 것 없는) 고기냄비에 대해, 단지 머슴정신만을 가르치는 시골 소공업에 대해, 혹은 '야생'에 대해 연민으로 되돌아보는 것을 거부했다면, 노동자의 궁핍화는 어디에 있는" 것인가?

또한 마르크스도 『자본』에서 이러한 문제의식으로 들어가 이렇게 언급한다: "노동력의 가치도 다른 모든 상품과 마찬가지로 이 특수한 물품의 생산, 따라서 또한 그 재생산에 필요한 노동시간에 의해 규정된다. 이것이 가치인 한에서, 노동력 자체는 거기에 대상화되어 있는 사회적 평균노동의 일정량만을 나타낼 뿐이다. 노동력은 살아 있는 개인의 소질로서만 존재한다. 따라서 노동력의 생산은 이 개인의 존재를 전제로 한다. 이 개인의 존재가 주어져 있다면 노동력의 생산은 그 자신의 재생산 또는 유지이다. 자기 자신을 유지하기 위해서 이 살아 있는 개인은 일정량의 생활수단을 필요로 한다. 그러므로 노동력의 생산에 필요한 노동시간은 이 생활수단의 생산에 필요한 노동시간으로 귀결된다. 다시 말해 노동력의 가치는 그 소유자의 유지를 위해 필요한 생활수단의 가치이다. 그런데 노동력은 그 발현을 통해서만 실현되고 따라서 노동에서만 실증된다. 그러나 그 실증인 노동에서는 인간의 근육이나 신경 혹은 뇌수 등의 일정량이 지출되는 것이고, 그것은 다시 보충되어야 한다. 이 지출의 증가는 수입의 증가를 조건으로 한다. 노동력의 소유자가 오늘의 노동을 끝마쳤다면, 내일도 동일한 조건의 힘과 건강을 가진 채 같은 과정을 반복할 수 있어야 한다. 그러므로 생활수단의 총액은 노동하는 개인을 정상적인 생활 상태에 있는 노동하는 개인으로서 유지하기에 충분해야 한다. 음식물이나 옷, 난방, 주택 등과 같은 자연적인 욕구 그 자체는 한 나라의 기후 및 기타 자연적 특색에 따라 다르다. 다른 한편 이른바 필요한 욕망의 범위와 그 충족방식 자체도 하나의 역사적 산물이고, 따라서 대체로 한 국가의 문화수준에 의해 정해질 것이다. 특히 자유로운 노동자계급이 어떤 조건 아래서, 즉 어떤 습관이나 생활요구를 갖고 형성되었는지에 의해 정해진다. 그러므로 노동력의 가치규정은 다른 상품의 경우와 달리 어떤 역사적, 도덕적 요소를 포함하고 있다. 그러나 일정한 국가, 일정한 시대에는 필요생활수단의 평균 범위가 주어져 있다."[39]

마르크스가 여기서 얘기한 이러한 이른바 "역사적, 도덕적" 요소는 무엇인가? 그리고 엥겔스가 엄청나게 성장했던 크기의 옛 이집트인과 비교해 이집트인의 고기냄비로 되돌아가지 않겠다고 그렇게 결심했던 것은 무엇인가?

2차세계대전 이전 시기의 다음과 같은 영국의 상황을 예로 들어 보자.

영국의 노동자는 공장에서 나와 집으로 간다. 그는 노동조합신문을 읽기 위해 전깃불을 켤 수 있는 부엌으로 간다— 200년 전에 노동자는 좋은 불을 가질 수 없었고, 저녁에 둘러앉아 집에서 노조

---

[39] 칼 마르크스, 『자본』 제1권, 위의 책, 178쪽부터 (『전집』 제23권, 184-185쪽)/ 강신준 번역판(도서출판 길), 255-256쪽 참고.

문제를 다룰 수 있는 정치적으로 전혀 의식이 충분치 못했을 것이고, 동시에 노조조직도 전혀 없었을 것이고, 신문이 있다 하더라도 그에게는 너무나 비쌌을 것이다. 노동자는 자신의 조상이 이용했던 것보다 정말 훨씬 더 편하게 의자에 앉아, 라디오를 켜서 돌리고, 음악을 듣고, 나이프와 포크를 사용하고 더 좋은 식기를 분명 이용할 것이다. 다시 말해 노동자는 그의 조상보다 훨씬 높은 문화적 수준 아래에서 앉아 음식을 먹으며, 정치적-사회적으로 훨씬 높은 사고를 갖고 문제를 다룰 것이다. 그러면서 노동자는 그의 선조가 18세기에 먹었던 식사와 자신의 식사를 비교할 것이다.[40]

영양분	18세기의 영국노동자	1935년 영국에서 1500만 명 이상의 사람	1935년의 최소 수준
칼슘(그램)	1.2	0.5	1.0
철분(밀리그램)	23.0	9.6	15.0
비타민A(국제 기준)	6,600	1,220	5,000
비타민B1(국제기준)	1,300	350	500-700
비타민C(밀리그램)	110	55	75

---

40) 숫자는 John Boyd Orr의 『음식과 사람』, 런던 1943, 15쪽에서 유래한다. 18세기의 숫자는 드뢰몽Drummond 교수가 계산해주었다. 1935년의 숫자는 1인당 그리고 주당 9프로가 안 되는 생활수단을 지출하는 가족을 나타낸다. 오르Orr는 영국 인구의 3분의 1 이상이 이러한 수준에 살고 있다고 평가한다. 생활에 필요한 최저수준의 평가는 같은 책에서 오르가 제시하였다.

내가 생각하기에 이 사례는 노동자계급의 절대적 궁핍화의 매우 중요한 측면을 보여준다. 우리는 노동자가 많은 연관에서 이전보다 "매우 높은" 관계 아래 살고 있음을 본다. 그들의 생활수준은 사회적 관계의 일반적인 상승과 함께 많은 연관에서의 첨예한 계급투쟁 속에서 높아졌다. 조명이 더 좋아지고, 그들은 수돗물과 라디오를 갖고 있으며, 규칙적으로 신문을 읽으며, 주택관계도 많은 점에서 좋아졌다.41) ─ 그러나 그들의 영양은 악화되었다; 그들은 산업자본주의가 막 시작되었던 시기의 선조들과 같이 오늘날에도 충분히 먹을 수도 없고 영양도 섭취할 수 없다.

그리고 음식과 같이 또 다른 연관이 있다. 보이드 오르 경Lord Boyd Orr의 같은 저술(15쪽)로부터 하나만 인용해도 노동자계급의 건강상태에 대한 열악한 영양섭취 면에서 다음과 같은 결과가 나타난다: "대부분의 노동자계급의 영양상태의 이러한 악화로 인해서 인구의 육체적 상태는 악화되었다… 사람의 평균 신장이 줄어들었다… 인구의 영양상태와 육체적 상태에서의 이러한 악화는, 현대적 위생시설의 적용이 가져온 사망률의 저하와 콜레라, 장티푸스, 파라티푸스와 같은 전염병의 박멸을 통해 감추어졌다."

우리는 다시 동일한 과정을 가진다. 한편으로 라디오와 신문, 편안한 의자, 나이프와 포크─ 위생관계의 개선(우선 부자들을 보호하기 위해 도입되지만, 그러나 전염병을 박멸하기 위해 가차 없이, 일단 노동자구역에 도입하기 시작하면 부자들의 궁전 앞에 멈추지 않고 전반적으로 적용할 수밖에 없게 되고 노동자도 보호하게 된다) 외에, 다른 한

---

41) 1900년경에 그들은 더욱 악화되었다!

편으로 노동자계급의 육체적 상태의 악화가 있다.

우리가 여기서 묘사한 것은 무엇인가? 2차세계대전 이전의 상황은 무엇인가? 오늘날 상황은 어떠한가?

우선 노동자의 일부가— 또한 아내와 아이들도— 두 번째 세계대전 동안에 자본에 의해 살해되었음을: 전쟁에서 죽었음을 확인해야 한다. 최소한 1940년 이후 정당화된 독일 파시즘에 반대하는 전쟁에 대한 정식화는 어떤가! 그리고 이러한 정식화는 올바르다. 왜냐하면 영국의 독점자본이 소련의 불가침제안과 평화제안 이전에 세계대전이 1939년에는 일어나지 않을 것이라고 찬동했기 때문이다. 비역사적인 고찰방식인가? 독점자본의 성격과 인민대중의 영향가능성을 올바르게 평가하지 못한 고찰방식인가? 아마 그럴 것이다. 그러면 "자본에 의해 살해되었다"는 정식화는 더 올바르지 않은가!

그렇다면 세계대전에서 살아남았거나 새롭게 노동자군대에 들어간 또 다른 노동자들은 어떤 상태에 있는가? 1965년의 상태를 1935년과 비교하면 어떤가?

틀림없이 많은 측면에서 물질적으로 개선되었다. 더욱이 많은 노동자들이 오늘날 오토바이 대신 작은 차를 소유하고, 분명히 텔레비전 수상기를 갖고 있다. 물론 노동자들은 신문 *Daily Worker*를 읽던 작은 소수의 입장에서 보면, 자신의 기관지를 더 이상 갖고 있지 않다. 노동자신문의 일부로서 *Daily Herald*는 허용되었다. 이것을 위해 그들은 더 잘 먹게 되었다— 아주 분명히! 그들의 건강상태는 물론 악화되었다. 그리고 주거관계도 전쟁 이전보다 더욱 악화되었다!42)

그렇지만 정치적-사회적 요소의 모든 성장이 가령 물질적 상태의 악화에 대립하고 그것을 반대하는 것은 아니다.

필연적인 노동자상태에서의 개선이 있고, 그와 함께 노동자들은 잉여가치생산자로서의 그들의 기능을 충족할 수 있다. 그래서 문맹자는 생산과정이 그것을 요구할 때, 읽고 쓰는 데서 고객으로 전화하게 된다. 그리고 오늘날 우리는 증가하는 무지와 소외의 과정 속에서도, 대학에서 노동자자식들의 증가된 비율(아직 그 비율은 전혀 떨어지지 않고 있다!)을 관찰하게 된다. 이윤을 높이려는 수단에 대한 냉혹한 추구가 중간층의 특권을 붕괴시키는 동시에, 대학에 노동자의 점증하는 수를 허용하였다.

마찬가지로 우리는 노동자생활의 "현대적인 안락함"의 주요 부분이 다름 아니라 바로 엄청나게 증가된 심리적 생리적인 노동의 강화에 대한 보상임을 보게 된다— 100년 전에 살았던 노동자들과 우리는 현대적인 공업을 경영할 수 없다.

잘 알다시피 독점자본은 좋은 부르주아 집안 출신의 교사나 목사보다는 못 배운 노동자들을 군복을 입혀 정당화될 수 없는 전쟁에 내몬다! 그런데 우리는 이것으로부터 이러한 못 배운 노동자들의 상태가 절대적으로 개선되었다는 결론을 이끌어 낸다! 그렇게 많은 교사들이 헛되이 동경하는 콘서트나 유곽에, 비록 공짜로 자유롭게 입장할지라도.

우리는 다음과 같이 결론지을 수 있다:
1. 빈곤을 마르크스주의 고전가들은 궁핍화와 동일하지 않은 생

---

42) 여기에 대해서는 이 책 『노동자상태의 역사』 제25권에 실려 있는 『네덜란드-보고서』(대영제국의 주택위원회 보고서), 런던, 1965 참고.

리적 상태로 이해한다.
2. 레닌이 "때로" 나타나는 "절대적 궁핍화"에 관해 말한다면, 이것은 절대적 궁핍화의 일반적 과정에 관련되는 것이 아니다.
3. 절대적 궁핍화를 마르크스주의 고전가들은 전체적인 생활조건의 절대적 악화로 이해한다. 이때 생활조건의 개별 요소는 ─ 물질적·생리적 조건(빈곤)이든 혹은 도덕적 사회적 조건(예를 들어 자본에게 "내맡겨진 존재")이든 혹은 그 구성부분의 개별적인 것이든 ─ 개선될 수도 있다.

5. 절대적 궁핍화와 노동자계급의 다양한 계층

노동자의 상태가 시간이 지나면서 절대적으로 악화될 수밖에 없다는 사실을, 절대적 궁핍화의 이론이 분명히 의미했지만, 그러나 노동자계급의 모든 계층의 상태가 지속적으로 악화될 수밖에 없다는 것은 아니다.

『영국 노동자계급의 상태』 1892년판 서문에서 엥겔스는 예를 들어 19세기 말의 상황에 관해 ─ 19세기 중반의 상태와 달리 ─ 언급했다:

"이 시기 동안 노동자계급의 상태는?(19세기 중반 이래 ─ 필자 쿠친스키) 일시적인 개선이, 더욱이 광범한 대중에게도, 있었다. 그러나 이러한 개선은 거대한 규모의 실업예비군의 쇄도를 통해, 이제 점점 더 기계에 의해 밀려나는 농업노동자의 이주와 새로운 기계에 의한 노동자의 지속적인 구축을 통해, 과거의 수준으로 언제나 다시 돌아갔다.

장기적인 개선은 단지 노동자계급의 두 가지 보호되는 부문의 경우에만 일어났다. 그 중 하나는 공장노동자이다. 노동자를 위한 최소한의 비교적 합리적인, 정상노동일의 법적인 확립이 그들의 육체적 조건을 상대적으로 회복시켰고, 그들의 지역적 집중을 통해 강화된, 도덕적 우위를 그들에게 부여하였다. 그들의 상태는 확실히 1848년 이전보다 개선되었다...

두 번째는 거대한 노동조합이다. 노동조합은 성인남성의 노동에만 적용되거나 지배되는 노동 분야의 조직이다. 여기서 경쟁은 여성노동과 아동노동은 물론 기계에 의해서도 그들의 조직적 세력을 이제까지 파괴할 수 없었다. 기계공, 목수, 가구공, 건설노동자는 각자 자신의 힘을 크게 갖고 있었기 때문에, 건설노동자가 하듯이, 기계의 도입을 성공적으로 막을 수 있었다. 그들의 상태는 1848년 이래 확실히 많이 개선되었다; 이를 위한 최고의 증명은 그들의 고용인이 그들과 함께 크게 만족할 뿐만 아니라, 그들이 고용인과 함께 크게 만족한다는 사실이다. 그들은 노동자계급에서 하나의 귀족을 형성한다; 그들은 비교적 쾌적한 상태를 강제할 수 있고, 이러한 상태를 궁극적으로 받아들였다...

그러나 노동자의 대부분의 대중을 보면, 그들에 대한 빈곤과 존재불안정의 수준은 과거보다 낮지 않을지 몰라도 여전히 오늘날에도 마찬가지로 낮다. 런던의 동부 사람들은 고용되지 못하면 언제나 정체된 빈곤과 절망, 굶주림의 커다란 늪에 빠져 있고, 고용되더라도 육체적·도덕적 저하의 늪에 빠져 있다. 그리고 특권을 가진 소수의 노동자를 제외하고는 다른 모든 대도시에서 그러하다, 그리고 작은 도시와 지방에서도 역시 그러하다. 노동력의 가치를 필요한 생활수단의 가격으로 제한하는 법률, 노동력의 평균가격을 이러한 생활수단의 최소한으로 제한하는 다른 법률, 이 두 가지 법률은 기계의 바퀴 사이에서 노동자를 압박하는 자동화된 기계의 저항할 수 없는 힘으로 그들에게 작용한다."

엥겔스의 이러한 분석은 중요하다. 왜냐하면 이것은 절대적 궁핍화의 법칙의 관철을 방해하지 않고서, 어떻게 철저히 주목할 만한 노동자의 일부 계층에게만 상태를 절대적으로 개선시킬 수 있었는지 보여주기 때문이다.

또 왜냐하면 그러한 관계에서는 다음과 같은 경우가 전체적으로 노동자계급에게 해당되기 때문이다.

절대적 궁핍화는 자본주의 축적의 법칙으로부터 이끌어냈다. 그러나 축적을 반영하는 토대는 자본주의 사회로서, 여기서 자본가는 생산수단을 소유하지만 노동자는 임금노예의 생활을 시작하고 자본가를 위해 잉여가치를 생산하기 위해 자신의 노동력을 팔아야만 한다. 이러한 사실에 대해서는 마르크스 이전의 많은 정치경제학자들도 인정했다. 그러나 잉여가치의 생산은 목표이고, 자본축적의 의미이다. 자본축적은 잉여가치의 생산으로부터 나온다. 노동자가 자신의 노동력을 팔고 자본의 노예가 될 수밖에 없다는 사실, 노동자가 자본주의 체제 안에서 천천히 그리고 자신의 노동추구와 함께 이러한 노예상황으로부터 빠져나와 자본주의 내부에서 자신의 경제적·사회적 위치를 개선하려고 하지만, 그러나 오히려 그들의 경제적·사회적 위치가 자본주의 내에서 더욱 열악해지고 지속적으로 궁핍화된다는 산업예비군의 사실. 노동자는 자본주의 체제 내에서 어떤 경제적·사회적 위치의 개선도 이룰 수 없다; 노동자는 자신의 그런 위치의 개선을 이루려면 자본주의 체제를 타도해야 한다. 계급으로서 노동자는 자본주의하에서 빈곤과 증가하는 궁핍에 빠질 수밖에 없다. 자본주의 체제 내부에는 계급으로서 노동자를 위한 어떤 구조도 있을 수 없다.

그렇지만 개별 계층은 자신의 위치를 개선할 수 있다. 그러나 이 계층은 자신의 힘으로 자신의 위치를 개선하지 못한다. 왜냐하면 이것을 위한 모든 전제조건이 결여되어 있기 때문이다. 다른 측면에서 보면 그러한 개선은 지배계급에 의해 자발적으로 이루어지지 않는다. 그러면 과정은 어떻게 진행되는가?

첫째, 후기 저술과 편지에서 엥겔스가 매우 중요하게 암시한 것을 따라서 레닌은 노동자의 일정한 계층의 상태에서의 개선을 제국주의의 형성과 관련해서 지적하였다. 레닌은 또한 왜 이 계층의 상태가 개선되는지, 어떻게 자본가의 태도에서 그러한 제한된 변화가 생기는지를 정확히 보여주었다. 우리는 자신의 상태가 개선되는 노동자의 계층을 특권적인 하나의 "노동귀족"으로 부르고자 한다. 자본가는 노동자 전체를 속이기 위해, 노동자로 하여금 조용히 있도록 하기 위해, 이전보다 더 많은 노동자를 더 정력적으로 착취하기 위해, 노동자계급의 일부의 상태를 개선하려고 한다. 다시 말해 자본가는 이러한 방식으로 전체 노동자계급을 속이기 위해, 노동자의 일부, 대부분 단지 극히 적은 일부에게 그들의 생계를 개선해주기 위해 노동자계급 앞에 과실로 유혹한다. 자본가는 전체 노동자를 개혁주의적인 길로 지도하려고 시도한다— 상태가 개선되고, 자본가가 희망하는 대로, 그들의 상태의 이러한 개선을 근거로 노동자의 이해를 배신하는 태도, 계급부패적인 입장을 받아들인 계층의 대표자의 지도 아래. 이러한 개선은 전체 노동자계급의 희생(상태의 악화), 무엇보다 식민지와 반식민지에서 특별히 약탈되고 있는 사람들의 희생으로 진행된다; 이러한 개선은 또한 "모국"의 다른 계층들, 예를 들어 농민의 희생으로 이루어질 수도 있다. 이러한 개선은 우리가 자본의 특별이윤 혹은 독점이윤으로 부르는 것으로부터 온다— 특별이윤은 노동자에 대한 특별-착취 혹은 비 노동자층에 대한 특별-약탈에 근거한다. "많은 다른 나라들 중의 한 산업영역의 자본가 혹은 많은 다른 나라들 중 한 나라의 자본가가 높은 독점이윤을 벌게 됨으로써, 자본가는 노동자의 개별 계층을 개선할 수 있는 가능성과, 모든 다른 계급에 반대하여 부르주아지의 편으로 끌어올 수 있는 가능성을 경제적으로 획득한다."43)

이러한 사고과정은 자본과 노동자계급 사이의 일정한 관계에 관한 간단한 고찰을 요한다. 대자본가는 자신의 모든 운행에서 전 세계를 통해, 우리가 정당하게 미국의 독점자본 혹은 영국의 독점자본이라고 말할 수 있는 의미에서 민족적으로 결합되어 있다. 그들의 가장 중요한 지배수단은 "그들의" 국가이다. 그들을 위한 결정적인 후원은, 그들에 의해 작동하는 나라의 군대, 군사권력이다. 국가의 도움으로 대자본가는 그들이 관련되는 나라의 노동자계급을 억압한다. 그들은 하나의 은반지를 위해 국가의 이해를 팔 수 있는

---

43) 레닌, 『자본주의의 가장 높은 단계로서 제국주의』, 베를린, 1950, 133쪽.

준비가 되어 있다는 점에서 조국을 알지 못한다. 그러나 그들은 경찰과 군대, 외교관 등에서 대표된다는 점에서 "조국"을 아주 잘 인식하고 있다. 그들은 조국을 배신하지만, 그러나 국가적 권력수단과 함께 일한다.

그렇지만 우리가 자본가의 민족 집단에 의해 착취되고 약탈되는 사람들을 고찰한다면, 예를 들어 영국의 금융자본을 표현하는, 예를 들어 자본가의 민족 집단이 살고 있는 나라에 한정할 필요는 없다. 우리가 영국의 금융자본에 의해 착취되고 약탈되는 수백만 사람들의 상태를 연구한다면, 영국에만 한정하는 것은 오류일 것이다. 따라서 우리는 우리의 시선을 영국 자본이 움직이는 모든 곳에, 즉 영국의 식민지와 자율적인 영국의 자치령, 또한 아르헨티나와 1939년 이전의 루마니아 등과 같은 "주권적인" 나라들에 돌려야 한다. 절대적 궁핍화의 법칙은 한 나라의 자본과 노동자에 해당하지 않고, 자본이 지배하는 모든 곳의 나라들의 자본에 관계한다. 다시 말해 예를 들어 한편의 영국자본과, 다른 편의 당연히 영국을 포함하여 영국자본이 착취하고 약탈하는 전 세계 모든 곳의 노동자와 농민, 수공업자와 관련되는 것이다.

이제 한 노동자계층의 상태가 개선되었다면, 이것은 동일한 나라의 여타 노동자의 희생으로 볼 필요가 없다; 이것은 식민지와 혹은 다른 나라에서의 노동자의 끔찍한 희생일 수 있다. 마르크스는 『철학의 빈곤』에서 말한다: "그러나 아마 경제학자들이 개선에 관해 말한다면, 동인도에서 죽을 수밖에 없었던 백만의 노동자에 관해 말해야 한다. 이것으로 영국의 동일한 산업에 고용되어 있는 또 다른 백만의 노동자에게 10년 중에 3년의 호황기를 마련해주었던 것이다."44)

　또한 노동자계급의 하나 혹은 그 이상의 계층의 상태의 개선이 상당한 부분에서 농민이나 농부의 희생으로, 아니면 다른 경우에는 부분적으로 예를 들어 수공업자의 희생으로 일어나는 것이 가능하다― 이것이 미국에서도 1차세계대전 이후에 일어났다고 나는 추측한다. 일반적으로 우리는 특별이윤이 언제나 마지막에 노동자의 지갑으로부터 나올 수밖에 없다고 생각하지 않는다. 당연히 이것은 부분적으로 노동자에 대한 강력한 착취로부터 나온다. 그러나 우리가 예를 들어 식민지에 대해 생각한다면, 우리는 먼저 식민지 프롤레타리아의 착취로부터, 그렇지만 추가적으로 전체 다른 계급의 약탈과 전체 인민의 약탈로부터 나올 수 있음을 본다. 바로 현재는 국가독점자본주의의 조건 아래에서 비독점적 부르주아지의 이윤을 포함한 모든 인구의 계층으로부터 뽑아내는 것이다! 독점이윤, 특별이윤의 획득을 위한 특별한 역할이다.

　그래서 아마도 노동자계급의 모든 개별 계층과 집단이 지속적으로 더욱이 동일한 정도로 궁핍화될 수밖에 없다고 생각하는 한, 노동자계급의 절대적 궁핍화를 기계적으로 고찰해서는 안 될 것이다. 절대적 궁핍화의 법칙을 말할 수 있는 유일한 것은, "민족자본"의 전체 상태, 즉 예를 들어 우리가 영국 혹은 미국 혹은 프랑스의 금융자본이라고 부르는 것이 노동자계급을 종속시킨 상태가 악화될 수밖에 없다는 사실, 더욱 궁핍화하여 노동자계급의 노동의 고통, 노예상태, 무지, 잔인성, 도덕적 타락을 증가시킬 수밖에 없다는 사

---

44) 칼 마르크스, 『철학의 빈곤』, 베를린, 1952, 122쪽.

실이다. 이것이 마르크스가 발견한 것과 같은 절대적 궁핍화의 법칙이다.

* * *

이제 노동자계급 상태의 발전에서 다음과 같은 원리, 즉 노동자계급의 개별 계층, 무엇보다 노동귀족의 상태에서 일어나는 역사적으로 필연적인 변화를 고찰해보자.

노동귀족은 먼저 19세기 중반 경 영국에서 형성되었다. 노동귀족은 엥겔스가 규정했듯이, 1850년 이래 영국에서 그들의 상태가 "지속적으로 높아진 노동자계급의 보호받는 부분"을 포괄한다. 노동귀족은 또한 절대적 궁핍화의 법칙의 필연적 영향을 부정하지 못하는, 어떤 시대에도 부정하지 못하는, 노동자의 특권층이다. 노동귀족은 특정한 상태 하에서 노동자계급의 주목할 만한 부분을 포함할 수 있다. 레닌은 노동귀족이 "일시적인 그렇지만 노동자의 매우 의미 있는 소수"를 표현할 수 있다고 말했다.45) 그렇지만 다만 소수! 그리고 레닌은 마르크스와 엥겔스가 노동귀족의 경우 언제나 "프롤레타리아의 소수"에 문제가 된다는 사실을 결코 "잊지 않았다"고 논평한다.46)

노동귀족의 형성은 자본주의 발전과정에서 일어나는 필연성이고, 모든 사회적 필연성과 마찬가지로, 궁극적으로는 경제적인 근

---

45) 레닌, 『제국주의』, 133쪽.
46) 레닌, 『전집』 제23권, 베를린, 1957, 117쪽.

거를 갖고 있다. 따라서 노동귀족의 형성을 위한 경제적 원인을 인식하는 것은 커다란 의미가 있고, 레닌 역시 이러한 의미에 대해 계속해서 지적하였다. 아주 간결하게 그렇지만 근본적으로 레닌은 제국주의에 관한 그의 저술에서 이러한 연관에 대해 보여주었다.47)

먼저 일반적인 규정: "제국주의는 노동자 중에서 특권을 가진 범주를 골라내 그들을 프롤레타리아 대중으로부터 분리하는 경향을 가진다."

그 다음 역사적인 규정: "영국에서 노동자를 분열시키고 그들에게 기회주의를 강화하고 때로 노동운동의 나태를 가져오는 제국주의의 경향이 19세기 말과 20세기 초보다 훨씬 일찍 출현했다는 사실을 주목해야 한다."

그것에 대한 영국에서의 경제적·역사적 기초: "왜냐하면 제국주의의 두 가지 가장 중요한 특징이— 식민지소유와 세계시장에 대한 독점적 지위— 19세기 중엽 이래 이미 영국에서 나타났기 때문이다."

그것에 대해 영국에 관한 마르크스와 엥겔스의 저술을 인용하고 나서 결론: "여기서 원인과 결과가 분명히 드러난다. 원인: 1. 해당하는 나라를 통한 전 세계의 착취; 2. 세계시장에 대한 그것의 독점적 지위; 3. 그것의 식민지 독점 및 결과: 1. 영국 프롤레타리아 일부의 부르주아지화; 2. 프롤레타리아 일부가 부르주아지에 의해 매수되거나 최소한 지불받는 사람들에 의해 지도된다."

그리고 다시 한 번, 일반화하되 직접 영국에 대해서만 지적하지

---

47) 레닌, 『제국주의』, 113쪽부터.

않는다. "많은 다른 나라들 중에서 한 산업분야의 자본가가 혹은 많은 다른 나라들 중에서 한 나라의 자본가가 독점이윤을 뽑아냄으로써, 자본가는 노동자의 개별 계층, 일시적이지만 매우 중요한 노동자의 소수를 매수하고, 그들을 다른 모든 계층에 반대하여 해당하는 산업분야 혹은 해당하는 나라의 부르주아 편으로 끌어들일 가능성을 갖는다. 이러한 경향은 세계의 분할로 인한 제국주의 나라들 사이의 격화된 대립을 통해 더욱 강화된다. 그래서 제국주의와 기회주의 사이의 연관이 형성되는데, 이것은 가장 일찍 그리고 가장 현저하게 영국에서 일어났던 현상이다. 왜냐하면 영국에서는 제국주의적 발전의 길이 다른 나라들보다 훨씬 일찍 출현했기 때문이다."48)

노동귀족의 매수는 우선 일단은 객관적인 경제적 사실이다. 엥겔스가 "기계공, 목수, 가구공, 건설노동자"를 예로 들었듯이, 또 레닌도 "노동자계급과 노동자신문"이라는 글에서 인쇄공을 예로 들었듯이, 독점이윤으로부터 높은 임금을 받는 전체 계층, 직업, 산업분야가 그들을 객관적으로 매수함으로써, 노동귀족에 속하게 된다. 경제적 매수는 또한 자주, 예를 들어 일정한 최저소득(세금을 통한 직접 혹은 간접 지불— 선거세 등— 소유의 증명서 제시 등)에 대한 선거권과 결합된 의미에서 정치적 매수로 귀결된다. 또한 여기서 이것은 순수히 객관적인 요인과 관계된다. 개별 계층이나 직업에 관한 이러한 객관적 사실의 규정은 그렇지만, 노동귀족의 모든 개별 구성원이 객관적 매수에 상응하여 주관적으로 부패했음을, 혁명적으

---

48) 위의 책, 133쪽.

로 느끼고 사고하고 행동할 수 없음을, 혁명적인 건설노동자나 기계공, 인쇄공 등이 전혀 없음을 의미하지는 않는다. 개별 계층이나 직업의 경제적·국가적(선거권) 매수를 통한 노동귀족의 창출에 관한 이러한 객관적 사실의 규정은 단지 다음을 의미할 뿐이다. 즉 여기에 이러한 계층이나 직업에 널리 퍼져 있는 기회주의와 개량주의 등을 찾기 위한 깊은 근거가 있고, 여기에 그 원인이 있고, 그 토대가 있는 것이다; 여기에 바로 이러한 계층과 직업 등을 통해 기회주의와 개량주의 등이 전체 노동자계급 속으로 침투하는 원인이 있는 것이다.

레닌은 "마르크스주의에 대한 희화와 '제국주의적 경제주의'에 관하여"에서 억압된 나라들에서 노동자의 비교할 수 있는 상태에 관한 자신의 설명을 마무리한다; 거기서 그는 무엇보다 억압하고 억압된 나라들에서 노동자계급의 일부는 부르주아지의 빵조각과 초과이윤을 받는데, 억압하는 나라의 노동자가 억압된 나라의 노동자에 대해 일정한 특권적 위치를 정치적으로 차지하고 있음을 지적하였다; 레닌은 여기서 이렇게 규정한다: "따라서 전체 방향의 객관적 실재에는 차이가 존재하는데, 다시 말해 개별 인간의 의지와 의식으로부터 독립된, 객관적 세계에는 '이중성'이 있다는 것이다."[49]

따라서 이렇게 규정하는 것이 옳다. 즉 숙련된 금속노동자 혹은 인쇄공은 일정한 나라와 일정한 시기에는 노동귀족에 속하고, 그가 받는 상대적으로 높은 임금이 가령 식민지에서 착취 받는 인민들의 희생 위에서 대다수의 노동자들보다 더 잘 살 수 있는 가능성을 그

---

49) 레닌, 『전집』 제23권, 위의 책, 48쪽부터.

에게 부여한다는 객관적인 경제적 사실을 통해 지불받는다. 레닌은 "행동의 시작에 관한 독일 '독립파'의 제안에 대한 대답을 위한 주장"에서 이렇게 말한다: "독립파와 롱게주의자Longuetist는, 제국주의의 특별이윤이 발전된 나라에서 프롤레타리아 상층을 매수하고, 그들에게 특별이윤의 빵조각을 내던지고(식민지와 약소국의 재정적 착취로부터 획득한 것을), 무엇보다 숙련된 노동자의 특권층을 창출할 수 있는 가능성을 제공한다는(그리고 그들에게 이제 허용한다는) 사실을 이해하지도 못하고 대중에게 설명하지도 못한다."

이러한 객관적인 경제적·국가정치적 관계로부터 노동자계급의 이해에 대한 배신과 기회주의가 성장한다. 이것을 통해 제국주의가 프롤레타리아 상층을 매수하고, "기회주의를 부양하고 형성하고 강화한다"고 레닌은 설명한다.[50]

따라서 기회주의는 전혀 "개인의 약점"이 아니라, 오히려 경제적으로 근거가 있는 "대중현상"이다. 개인이 노동귀족에 속함으로써, 객관적으로 매수된다고 해서, 혁명적 노동자가 된다든지 혁명투쟁에서 뛰어난 능력을 발휘하는 것을 막지 못한다면, 반대로 부패한 자와 기회주의자는 노동귀족의 "한심한 개별 현상"이 아니라 전형적인 현상이다. 따라서 또한 레닌은 "제2인터내셔널의 붕괴"라는 글에서 이렇게 말한다: "기회주의는 개별 사람의 우연이나 죄악, 오류, 배신이 결코 아니고, 전체 역사적인 시기의 사회적 생산물이다."[51]

---

50) 레닌, 『제국주의』, 110쪽.

51) 레닌, 『전집』 제21권, 베를린, 1960, 243쪽.

당연히 대부분의 노동귀족이, 그리고 노동귀족의 모든 구성원이 자동적으로 이데올로기적으로 주관적으로 부패하지 않는다는 사실을 레닌은 실비아 판크허스트Sylbia Pankhurst에게 보낸 편지에서 지적하였다; 그는 여기서 이렇게 규정하였다: "... 대부분 완전히 그리고 희망 없이 수정주의에 의해 굴복하고 부르주아적·제국주의적 편견에 사로잡힌 노동귀족"52) — 대부분! ... 이제까지의 경험이 보여주듯이, 가끔, 본질적으로 아주 적은 정도로!

그리고 일반적인 기회주의로부터 다시 구별되는 것은 직접적인 스파이 구매, 공개적이고 지불된 배신이다. 우선 이러한 구별은 부정적으로 지적되었다. 1872년 헤이그에서 열린 제1인터내셔널 대회에서 마르크스는 영국의 노조지도자들에게 그들이 영국의 부르주아지에 의해 구매되었다고 질책했다. 그것은 레닌이 제3차 전 러시아 노조대회에 대하여 다음과 같이 서술하고 논평한 것에서도 나온다: "1872년 연방위원회는 결정을 했는데, 이것에 대하여 마르크스는 질책하였다. 왜냐하면 영국의 지도자들이 부르주아지에 의해 구매되었다고 설명했기 때문이다. 마르크스는 당연히 전체 일정한 사람들이 모두 배신자라는 의미에서 생각하지 않았다. 그렇다면 미친 짓일 것이다. 마르크스는 부르주아 편에 서 있는 노동자 일부의 계파에 관해 말한 것이다. 부르주아지는 이러한 노동자의 일부를 직접 혹은 간접적으로 지원한다. 거기에 바로 매수가 표현된다."53)

여기서 문제가 되는 것은 세 가지이다: 1. 부르주아지가 노동자

---

52) 레닌, 『전집』 제29권, 베를린, 1961, 555쪽.
53) 레닌, 『전집』 제30권, 베를린, 1961, 506쪽.

의 일부(노동귀족)를 지원하는 데 있는 객관적인 매수; 2. 노동귀족이 부르주아지를 지원하는 것으로 표현되는, 노동귀족에게 지불하는 객관적인 경제적 토대에 대한 구매의 이데올로기적 형태; 이러한 이데올로기적 판매는 대부분의 노동귀족에게 고유한 것이다; 3. 이러한 대량구매로부터 구별하기 위해, 레닌이 제2차 전 러시아 노조대회에서 다음과 같이 묘사한 경과를 이해해야 할 것이다. "자본주의 사회에서 이것 자체는 기껏해야 발전된 나라들에서 수십 년, 더욱이 100년 동안의 문명과 문화의 발전이 지난 후에, 노동조합이 모든 임금노동자의 5분의 1 이상을 차지한 사실이 부르주아 민주주의에서는 결코 일어나지 않은 일이다. 작은 상층이 거기에 참여하고, 이러한 상층에 의해 자본가의 사라져 가는 작은 일부만이 자본주의 사회에서 노동지도자로서 자리를 차지하기 위해 유혹되고 부패한다. 미국의 사회주의자는 이러한 사람들을 '자본가계급의 노동자하사관'이라고 부른다."54) 이러한 직접적인 행위자(스파이) — "노동운동에서 부르주아지 스파이"라고 레닌은 자신의 "유럽과 미국의 노동자에게 보낸 편지"에서 불렀다55) — 는 또한 "이러한 상층의 작은 부분"으로서 상층 자체와 다르고, 노동귀족과 동일시되어서도 안 된다. 또 레닌은 『국가와 혁명』에서 한편의 객관적으로 매수되고 대부분 주관적으로 타락한 노동귀족과 다른 편의 객관적·주관적으로 판매된 "노동지도자들" 사이의 차이에 대해 상세하게 지적하면서, 이렇게 규정한다. "그에 대해 오늘날 지배적인 기회주

---

54) 레닌, 『전집』 제28권, 베를린, 1959, 433쪽.

55) 레닌, 위의 책, 445쪽.

의는 노동자정당 안에서 더 많이 받는 노동자의 대표자를 목표로 하고, 그래서 대중을 소외시키고 자본주의하에서 열심히 '변신하는' 방법을 알고, 불콩요리를 위해 자신의 출생권리를 팔아넘긴다. 다시 말해 부르주아지에 반대하는 인민의 혁명적 지도자의 역할을 포기한다."56) 그리고『'급진주의', 공산주의의 소아병』에서는 이렇게 말한다. "이러한 노동귀족의 지도자는 부르주아 편으로 계속 넘어가고, 직접 혹은 간접적으로 그들에 의해 견디어낸다."57)

그러면 일단 결론을 짓자:
노동귀족은 경제적으로 규정된 범주이다. 이들 구성원은 객관적으로 매수되고 지불된다.
노동귀족으로부터 노동귀족 구성원의 전형적인 이데올로기로서 기회주의가 성장한다. 그러나 노동귀족의 모든 구성원이 객관적으로 매수되지만, 그렇다고 모든 구성원이 기회주의자인 것은 아니다.
노동귀족 내부의 지도적 위치에 있는 기회주의자는 (특히 노동관료의 일부도) 자주 직접 개인적으로 지배계급의 스파이로서 판매된다.
그렇지만 우리가 노동귀족의 일반적 개념에 관한 짧은 서술을 마무리하기 전에, 다음 문제에 좀 더 들어갈 필요가 있다: 왜 기회주의는 노동귀족의 객관적인 경제적 조건으로부터 성장하는가?

---

56) 레닌,『전집』제25권, 베를린, 1960, 417쪽.
57) 레닌,『전집』제31권, 베를린, 1961, 27쪽.

기회주의는 무엇보다 노동귀족을 창출할 수 있는 경제적 가능성을 제공하는 관계를 수호하려고 할 때 성장한다. 기회주의는 "그들의 특권적 위치와 부르주아 식탁에서 빵조각에 대한 그들의 '권리'를 지키고, 외국의 약탈을 통해 그리고 강대국의 장점을 통해 '그들의' 민족 부르주아지가 착복한 이윤으로부터의 빵조각을 지키려는 특권적 노동자와 소부르주아지의 아주 작은 계층의 이해로부터 성장한다."[58] 그렇다면 "노동귀족은 바로 다음의 사실을 통해, 즉 전 세계의 제국주의적 정복과 억압의 경우에 이러한 방식으로 더 나은 임금을 확보하기 위해 '그들의' 부르주아지를 지원함으로써 형성된다."[59]

기회주의의 성장이 경제적 관계로부터 용이해지고 가속화되는 촉매로서, 1871년 이후에는 "발전의 타협"이 작용을 했다. 레닌은 이에 관해 이렇게 말한다: "기회주의는 자본주의의 모든 발전시기의 특수성을 통해 수십 년 동안 형성되었으며, 그 안에서 특권적 노동자층의 비교적 평화롭고 문명화된 실존이 이러한 '부르주아지화된', 자신의 민족자본의 이윤으로부터 나오는 그들의 빵조각을 얻게 만들었고, 궁핍화되고 빈곤해진 대중의 고통과 빈곤으로부터 눈감게 했고, 혁명적 분위기를 내버리게 만들었다."[60]

이러한 연관에서 레닌이 여기서 그리고 계속해서 강조한, 대다수의 노동자로부터 노동귀족의 고립화라는 사실은 특별한 의미를 가진다.

---

58) 레닌, 『전집』제21권, 위의 책, 311쪽. 여기에 대해서는 또한 "Loriot에게 보낸 레닌의 편지", 『전집』제30권, 69쪽부터 참고.
59) 레닌, 『전집』제31권, 위의 책, 236쪽.
60) 레닌, 『전집』제21권, 위의 책, 238쪽.

따라서 이러한 대다수 노동자로부터의 고립화는 부르주아지와의 이해공동체의 형성은 물론 객관적 그리고 주관적인 요인, 나아가 무의식적 그리고 의식적인 요인과 마찬가지이다.

후자가 중요하다. 우리는 무의식적으로 부르주아지를 위해 넘어갈 수 있다. 레닌이 "낯선 깃발 아래서"에서 규정한대로: "기회주의의 기본적인 계급의미는, 현대 민주주의의 확실한 기본요소가 부르주아 측에 대한 전체적인 연관 속의 개별 문제로 넘어간다는 데 있다(다시 말해 비록 부르주아지 자신이 그것을 의식적으로 하지 않더라도, 실제로 넘어간다)."61)

우리가 부르주아지를 위해 넘어갈 수 있다는 이러한 사실은, 경제적으로 매수된 모든 사람이 주관적으로 판매된 것은 아니라는 사실과 결합된다. 이것을 레닌은 『'급진주의', 공산주의의 소아병』에서 다음과 같이 노동귀족과 지도부를 분명하게 구분한다: "그렇지만 '노동귀족'에 반대하는 투쟁을 우리는 노동대중의 이름 속으로 이끌어가고, 그것을 둘러싸고 획득해야 한다; 기회주의적이고 사회국수주의적인 지도자에 반대하는 투쟁을 우리는 노동자계급을 둘러싸고 획득해야 한다. 이러한 매우 기초적이고 아주 분명한 진리를 잊어버리는 것은 멍청한 짓이다. 그리고 바로 이러한 멍청한 짓을, 즉 독일 공산주의자들 중 '좌파'가, 노동조합의 지도부가 반동적이고 반혁명적이라는 사실로부터, 노동조합으로부터 탈퇴하고!! 노동조합의 일을 그만두고!! 노동조직의 새롭고 머리를 짜낸 형태를 창조해야 한다는!! 사실로부터 결론을 내리는 멍청한 짓을 범한

---

61) 레닌, 위의 책, 143쪽.

것이다."62)

레닌은 또한 매수의 형태에서도 구분한다: "벌이가 되는 우편물"에 대한 지도 권리를 위해— 프롤레타리아 상층을 위해, 노동귀족을 위해; 특별이윤으로부터 빵부스러기.63)

우리가 이제 노동귀족을 아주 자세히 다룬 레닌의, 고전가들의 가장 중요한 언급을 도움으로 간단히 개괄한 다음에, 노동귀족의 역사와 그 성격의 변화를 연구하는 것이 타당할 것이다.

노동귀족은 영국에서 19세기 중반에 형성되었다. 영국에서 노동귀족의 토대는 그 당시 영국의 관계의 특수성이었다: "그러나 영국에서의 특수성은 이미 19세기 중엽 이래, 거기서는 최소한 두 가지의 제국주의의 중요한 특징이 존재하였다: 1. 광대한 식민지와 2. 독점이윤(세계시장에 대한 독점적 위치의 결과로). 이러저러한 연관에서 영국은 그 당시 자본주의 나라들 중에서 예외였고, 영국의 이러한 예외적 관계를 분석한 마르크스와 엥겔스는 영국의 노동운동에서 기회주의의 (일시적인) 승리에 대한 그것의 연관을 보여주었고 규정했다."64) 영국은 사실상 세계시장에 대한 독점과 식민지독점을 갖고 있었다— 사실상 전체 프롤레타리아가 일종의 특권적 상태에 있었던 아주 유일한 결과를 가져다준 아주 유일한 종류의 상황. 레닌은 자신의 연구의 결과를 이렇게 우리에게 제시한다:

---

62) 레닌, 『전집』 제31권, 위의 책, 37쪽.
63) 레닌, 『전집』 제30권, 위의 책, 17쪽.
64) 레닌, 『전집』 제23권, 위의 책, 109쪽.

"1848-1868년의 시기와 부분적으로는 그 이후에 영국만이 독점적 지위를 차지하였다; 따라서 영국에서는 기회주의가 수십 년 동안 우위를 차지하였다; 다른 나라는 풍부한 식민지나 산업의 독점을 가질 수 없었다."65) 영국은 이러한 독점적 지위를 "수십 년 동안 이의 없이" 유지하였다. 그리고 이것은 "한 나라의 노동자계급을 매수하고, 수십 년 동안 부패할 수 있도록" 만들었다."66) 엥겔스 역시 전체 노동자계급을 포괄해서 1858년 10월 7일 마르크스에게 보낸 편지에서 이렇게 파악했다: "... 영국의 프롤레타리아는 실제로 점점 더 부르주아지화되고, 그래서 모든 나라의 이러한 부르주아지화 된 노동자는 마침내 부르주아지와 나란히 부르주아 귀족과 부르주아 프롤레타리아로 자리를 잡으려고 하는 것처럼 보인다. 전 세계를 착취하는 나라에서는 이것이 물론 확실하게 정당화될 것이다."

당연히 여기서 문제가 되는 것은 실제의 노동귀족이 아니다. 오히려 여기서 문제가 되는 것은 식민지에서 착취당하는 인민들에 대해서는(식민지독점) 물론 모든 나라의 프롤레타리아에 대해(세계시장독점) 귀족적 지위를 가지는 노동자층이다. 또한 가령 이들의 상태가 절대적으로 개선된 것도 아니다. 반대로 마르크스가 국제노동자협회의 기조연설에서 자세히 설명했듯이: "근로대중의 빈곤은 1848-1864년 동안 줄어들지 않았고, 오히려 이 시기가 그들의 산업과 무역에서의 진보와 함께 역사의 진보 속에 머물러 있었다는 사

---

65) 레닌, 위의 책, 113쪽.
66) 같은 곳.

실이다...."67) 여기서 또한 문제가 되는 것은 차별화를 통한 부패의 원리이다(이것은 나중에 오스트리아-헝가리의 사례와 같이 "민족적 차별"로서 나타난다).

동시에 우리는 이러한 "일반적으로 특권화된" 노동자계급으로부터 이 시대에 이미 미래의 실제적인 노동귀족의 핵심이 나온다고 확인할 수 있다. 다시 말해 영국의 전체 노동자계급이 1850년에서 1870년까지의 시기에 그들의 상태가 모든 나라의 모든 착취당하는 인민에 비해 개선됨으로써 특권화된 반면, 그들 중에서 "특권화된 일부", 즉 그들의 상태가 절대적으로 개선된 노동귀족이 분화되었다.

70년대 이래 변화가 나타난다. 일단 영국은 자신의 산업-세계무역-독점지위를 잃는다(하지만 식민지권력으로서 자신의 특별한 지위는 유지한다). 그래서 다른 나라들이 제국주의의 길을 발전시키기 시작한다. 그들의 대자본도 마찬가지로 특별이윤을 얻게 된다— 식민지로부터, 자본수출로부터, 독점으로부터, 외국노동자의 고용으로부터 등등. 그래서 당연히 다른 나라에서도 노동귀족의 형성이 시작된다.

아주 대단하지만 그럼에도 기본적으로 짧게 레닌은 "제국주의와 사회주의의 분열"에서 새로운 상황과 동시에 이것이 이전의 상황과 대립되는 사실을 아주 구체적으로 묘사한다. "19세기 마지막 3분의 1은 새로운, 제국주의 시기로의 이행이었다. 독점의 수익자는 한 나라의 금융자본이 아니라, 몇몇의, 아주 소수의 거대권력의 금

---

67) 칼 마르크스, 『전집』 제16권, 베를린, 1962, 5쪽.

융자본이었다(일본과 러시아에서도 오늘날의, 현대적인 금융자본의 독점이 부분적으로 추가되고, 또 부분적으로는 군사권력의 독점, 엄청난 영역 혹은 특별히 유리한 기회의 독점을 통해 민족적 소수와 중국 등을 약탈하기 위해 출동한다). 이러한 차이로부터 영국의 독점지위가 수십 년간 이의 없이 존속할 수 있었다. 현대적 금융자본의 독점지위는 상당히 이론의 여지가 많다; 제국주의 전쟁의 시대가 시작되었다. 그 당시에는 한 나라의 노동자계급을 매수하고 수십 년 동안 부패시키는 것이 가능했다. 오늘날 그것은 확실하지 않으며, 모든 제국주의 '거대'권력이 '노동귀족'의 작은 층을 (1848-1869년의 영국에서와 같이) 매수하는 것이 전혀 가능하지도 않을 것이다. 그 당시에는, 엥겔스의 아주 절절한 용어를 사용하면 '부르주아 노동자정당'이 단지 유일한 한 나라에서만 오랜 기간 형성될 수 있었다. 단지 한 나라만이 독점지위를 갖고 있었기 때문이었다. 현재 '부르주아 노동자정당'은 어쩔 수 없이 모든 제국주의 나라에서 전형적이다; 그러나 전리품의 분배를 둘러싼 이들 나라의 의심스런 투쟁을 감안하면, 그러한 정당이 이들 나라에서 더 오랜 기간 유지될 수 있기는 어려울 것이다. 왜냐하면 작은 상층을 매수할 수 있는 트러스트(대기업집단), 금융과두, 신탁회사 등이 프롤레타리아 및 반 프롤레타리아 대중을 더욱 더 억압하고 종속시키고 파괴하고 고통을 주기 때문이다."[68)]

동시에 제국주의로 넘어간 나라들과 독점들 간의 경쟁—권력투쟁의 결과로, 그리고 그것에 의해 증가된 특별이윤의 "허위—비용—

---

68) 레닌, 『전집』 제23권, 위의 책, 113쪽.

공제Faux-frais-Abzüge"는 물론 특별이윤의 독점이윤으로의 전화로 인해, 노동귀족의 범위는 줄어들고 그래서 노동귀족은 예를 들어 영국에서 더 이상 공장노동자 일반의 "보호받는 일부"가 아니라, 단지 숙련된 공장노동자만을 포괄하게 된다(레닌 역시 Harry Quelch에 관한 기고문에서 노동귀족을 "숙련된 공장노동자"로[69] 지적했듯이). 그래서 노동조합 역시 비숙련노동자들 중에서 의미를 가지기 때문에, 더 이상 노동자 중에서 보호받고 특권화된 층을 위한 단순한 "조합주의자"에게 속하지 않고, 그냥 숙련된 노동자의 조합 혹은 조합에서의 숙련된 노동자일 뿐이다— 노동조합은 물론 언제나 절대 다수의 조합으로 조직된 노동자를 표현한다.

이 책『노동자상태의 역사』제37권("세계적 조망")에서 우리는 대다수 노동자의 상태와 비교하여 노동귀족 노동자 상태의 발전에 관해 국제적으로 조망하였다. 이것으로부터 우리는 19세기 후반기에 노동귀족이 어떻게 형성되었는지 살펴보았다.

1886년 이후 영국에서 노동귀족과 대다수 노동자의 실질임금 발전과 관련한 다른 차별화가 전혀 일어나지 않았다면, 우리는 영국에서 임금차별화가 다른 곳보다 더 일찍 도입되었고, 또 실질임금 분화가 경제적 차별화의 유일한 방법이 전혀 아니라는 점을 잊지 말아야 할 것이다. 노동귀족에게는 예를 들어 노동시간의 상당한 단축을 통한 차별화가 있었지만, 대다수의 노동자의 경우에는 노동시간의 단축이 일반적으로 도입되지도 않았고(농촌노동자, 가내공업) 또 줄지도 않았다.

---

[69] 또한 동일한 시기인 1913년 봄에 나온 레닌의 글 "더블린Dublin에서 계급전쟁" 참고.

독일에서는 이미 19세기 마지막 20년간에 노동귀족이 발전되었다. 이것은 우선 독일의 식민지제국에서의 소수의 경우에 나타났다. 그러나 독일에서 특별이윤이 영국보다 훨씬 적은 규모로 식민지에서 들어왔을 때도, 독일자본은 많은 수의 외국인 노동자들, 무엇보다 폴란드와 이탈리아의 노동자들을 자신의 나라에서 착취할 수 있는 장점을 가졌었다. 또한 1871년 이후 프랑스의 전쟁배상금도 들어왔다. 그러한 "값싼" 외국노동자의 역할에 관해서 레닌은 예를 들어 "당강령의 수정을 위하여"에 대한 주석에서 이렇게 언급한다: "바로 제국주의를 위해서 후진국에서 온 열악하게 지불받는 노동자에 대한 그러한 노동착취는 특별히 특징적이다. 바로 여기에 부유한 제국주의 나라의 상당한 정도의 기생이 기초하는데, 이들 나라는 높은 임금지불을 통해 일부 자신의 노동자를 매수하는 반면, 동시에 "값싼" 외국인노동자의 노동을 한없이 파렴치하게 착취한다. '열악하게 지불받는다'는 용어는 마찬가지로 '게다가 권리가 없는'이라는 용어를 통해 보충되어야 한다. 왜냐하면 '문명화된' 나라들의 착취자는 수입된 외국인노동자가 권리가 없는 상태를 언제나 이용하기 때문이다. 이것은 러시아 노동자, 즉 러시아로부터 이주한 노동자와 관련하여 독일에서 뿐만 아니라, 이탈리아 노동자와 관련하여 스위스에서, 그리고 스페인과 이탈리아 노동자와 관련하여 프랑스에서도 언제나 관찰된다."[70]

그러나 이미 제1차세계대전 이전에 노동귀족은 새롭게 줄어들기 시작하는 동시에 일정한 방식에서는 확대되기 시작하였다. 1913년

---

70) 레닌, 『전집』 제26권, 베를린, 1961, 155쪽.

1월에 이미 레닌은 영국에 관한 기고문에서, 영국자본의 특별이윤에 대해 노동귀족이 일정 정도 나누어가졌던 관계가 "더욱 과거에 속하게 되었다"고 언급하였다.71)

이러한 변화의 원인은 무엇인가? 이것은 아주 명백히, 과거의 자본주의의 실존을 확보하기 위해 평균이윤율을 증가시키는 방향에서 그러나 이제는 특별이윤이 필요한 방향으로 경제적 기본법칙이 변한 것과 관련된다. 과거에는 노동귀족을 위한 빵부스러기, 시혜물, 빵조각이 특별이윤— 평균이윤율의 "자본주의적 최저생활비"에 대한 순수한 추가물— 으로부터 나왔지만, 이제 이것은 새로운 "자본주의적 최저생활비"로서의 특별이윤으로부터 나온다.

그리고 이것은 당연히 자본이 유발시킨 큰 차이를 의미하는데, 즉 매수기금이 가능한 한 크게 줄어들고(과거에는 단지 0.1%만의 특별이윤이 평균비율의 "최저생활비"를 넘어 아주 작음에도 불구하고 "특별"했지만, "최저생활비"로서의 특별이윤은 결코 최대로 충분할 수 없었다), 그래서 노동귀족의 입지가 크게 불안정해진다. (또한 우리가 특별이윤을 위한 기초의 일부가 노동귀족을 부양할 필요에 있었다고 반대로 말한다면, 다른 측면에서 우리는 훨씬 많은 기생적인 허위 비용faux frais이 "특별이윤을 짜냈다"고 주장해야 할 것이다. 그리고 우리의 논의 역시 이러한 입장을 유지한다.)

따라서 부르주아지의 새로운 부패통계의 개요가 드러난다.

노동귀족 이외에 이제, 처음에는 노동귀족과 아주 유사하게, 강

---

71) 레닌, 『전집』 제19권, 위의 책, 36쪽.

력한 노동관료가 성장한다. 레닌은 노동관료에 관해 아주 일찍 언급했고, 특히 제1차세계대전 동안 노동관료의 성장에 대해 자세히 다루었다. 여기서 그는 노동귀족과 노동관료 사이의 첨예한 구분을 그냥 지나치지 않았다.

레닌은 예를 들어 "낯선 깃발 아래"에서 이렇게 말한다. "노동자계급의 일종의 관료와 귀족이 분리되고 다소간 분명히 구분된다."[72)

몇 주 후인 1915년 3월에 그는 이렇게 규정한다. "노동자계급의 특정한 층과(식민지의 착취와 세계시장에 대한 그들 '조국'의 특권적 상태로부터 이윤의 작은 일부가 떨어지는 노동운동의 관료와 노동귀족) 사회민주당 내부의 소부르주아 들러리들은 이러한 경향의 사회적으로 주요한 지지자들이고, 프롤레타리아에 대한 부르주아 영향의 담당자들이다."[73) "사회주의와 전쟁"에서 레닌은 "노동자계급의 관료와 노동귀족이라는 빈약한 층"에 관해 말하면서,[74) 그들을 하나의 집단으로 통합하였다. "기회주의와 제2인터내셔널의 붕괴"에서는 "노동관료와 노동귀족의 얇은 층"이라고 말했다.[75)

노동관료는 그러나 단지 독점자본의 이윤으로부터 나오는 일부로만 먹고 산다. 그렇지 않다면 그들은 어떻게 지불받고 어디서 지불받는가?

레닌은 "제국주의와 사회주의의 분열"에서 이렇게 지적한다. "진술한 경제적 토대 위에서 새로운 자본주의의 정치제도들이—

---

72) 레닌,『전집』제21권, 위의 책, 141쪽.

73) 레닌, 위의 책, 151쪽.

74) 레닌, 위의 책, 311쪽.

75) 레닌, 위의 책, 450쪽.

언론, 의회, 단체, 전문가회의 등— 경제적 특권과 시혜에 따른 정치적 특권과 시혜를 존경받고 용감하고 개혁적이고 애국적인 근로자와 노동자를 위해 창조한다. 내각이나 군수산업위원회에서의, 의회와 다양한 위원회에서의, '안정된' 합법적인 신문의 편집진에서의, 적지 않게 안정되고 '부르주아-추종적인' 노동단체의 의장단에서의 벌이와 조용한 우편물(뇌물) - 이것과 함께 제국주의 부르주아지는 '부르주아 노동자정당'의 대표자와 지지자를 유인하고 보상한다."76) 그리고 레닌은 공산주의 인터내셔널 제2차대회에서 이렇게 주장한다. "이러한 매력적인 총액으로부터 우리가, 그들을 어떤 식으로든 매수하기 위해, 노동지도자와 노동귀족에 대한 부드러운 하사품을 위해 어렵지 않게 5억을 떼어낼 수 있다는 것은 분명하다. 전체적인 과정은 사실상 매수를 넘어 진행된다. 이러한 과정은 다양한 길에서 수천 번이나 일어난다: 대도시 중심부에서 문화를 고양함으로써, 건물을 건립함으로써, 조합과 노조 그리고 의회분파의 지도자들을 위해 수천 가지 따스한 우편물(뇌물)을 창출함으로써. 그렇지만 이것은 현대 문명화된 자본주의 관계"가 존재하는 모든 곳에서 일어난다.77)

우리는 이제 노동관료에 대한 매수방법을 좀 더 자세하게 고찰해보면, 다음과 같은 관찰을 하게 된다: 그들 중 일부는 노동자로 하여금 생계의 유지에 직접적으로, 사회보험의 도입의 경우와 같이, 혹은 간접적으로 세금을 통해 참여하도록 하는 그러한 제도로

---

76) 레닌, 『전집』 제23권, 위의 책, 114쪽.
77) 레닌, 『전집』 제31권, 위의 책, 218쪽부터.

노동자를 데려간다. 노동관료가 일단 기업에서 노동자보다 더 많이 지불받음으로써 동료들의 희생으로 노동자 대중으로부터 경제적으로 눈에 띠게 되면, 부르주아지의 커다란 총액은 그들을 "뇌물"과 자리로 매수하기 위해 필요하지 않게 된다. 그리고 부르주아지는 이러한 매수총액을 부분적으로 다시 노동자계급으로부터 사회보험을 위한 세금이나 기여금을 통해 모은다!

다시 말해 독점이 평균이윤율의 "최저생활비"를 넘는 특별이윤을 만들어야 하는 대신에, "최저생활비"로서의 특별이윤을 만들어야 하는 시대에는, 독점은 이제 노동귀족에 대해 다른 존재의 형식에서 일정한 자율성을 획득한 과거의 노동귀족의 일부, 즉 어쨌든 이미 노동자계급의 희생으로 상대적으로 높은 신분으로 살고 있는 노동귀족이 부분적으로 여전히 "자신의 나라"의 노동자로부터 떼어내는 돈으로 부패하는 것으로 넘어 간다.

이러한 경향은 제1차세계대전 이후 자본주의의 일반적 위기가 공공연하게 터진 시기에 강화되었다. 이제 우리는 더 이상, 레닌이 이것을 1914년에 완전히 정당하게 했듯이, 단순히 사례로만 말할 수 없다. "인쇄공은 그러나 모든 나라에서 대부분 기회주의로 기울었다."[78] 이제 노동귀족은 1차세계대전 이전으로 가라앉았다.

이전 노동귀족의 상태의 일반적이고 절대적인 개선에 관해 더 이상 말할 수 없다. 그들은 절대적으로 궁핍화되었고, 따라서 우리가 그들의 상태의 절대적 개선을 통한 객관적인 매수라고 불렀던 것은 사라졌다. 더욱이: 노동귀족의 실질임금이 대부분의 노동자의

---

78) 레닌, 『전집』 제20권, 베를린, 1961, 369쪽.

실질임금보다 더 크게 떨어지기 때문에, 차별화 정도는 줄어들고, 또 이러한 관계에서 객관적 매수도 의미를 잃기 시작한다. (또한 대다수 노동자의 의미 있는 부분에서 이제 노동일이 노동귀족이나 숙련노동자와 같은 방식으로 줄어들고, 그래서 여기서 차별화는 더욱 줄어든다.) 관료만이 더욱 배부르게 되고, 매수된 대행자의 수가 커진다. 그렇다, 독점자본은, 노동귀족의 양의 저하를 그들의 "질"을 높임으로써 "균형을 맞추기" 위해, 아주 작은 수의 관료를 높아진, 아주 높은 국가적 지위(장관 자리는 더 이상 "뇌물"이 아니다)에 앉히는 데로 넘어간다.

자본주의의 경제적 기본법칙이 독점자본의 지배와 함께 겪는 변화는 독점이윤의 확보를 위해서, 지배계급으로 하여금 주로 숙련노동자로부터 이루어졌던 노동귀족의 유지를 더욱 더 포기하게 만든다. 다시 말해 자본의 존재를 확보하기 위해 이윤이 더 높아야 할수록, 그만큼 더 자본이 부패목적을 지지할 수 있었던 노동귀족의 탄탄한 토대는 작아진다.

그렇다, 최소한 독일, 영국, 프랑스, 이탈리아, 벨기에에 대하여, 노동귀족과 노동관료가 다시 더욱 더 동일시되고, 그러나 이제는 노동귀족이 더욱 더 오직 노동관료(와 장인, 직공장 그리고 유사한 지위의 노동자의 얇은 층)로부터 구성된다고 주장하는 것은 아마 잘못이 아닐 것이다. 숙련노동자는 더욱 더 (그렇지만 당연히 완전히는 아니고) 궁핍화를 통해서 노동귀족으로부터 분리된다. 미국은 물론 1차세계대전에서 중립에 머물렀던 나라들인 노르웨이, 스웨덴, 덴마크, 네덜란드, 스위스에서는 그러나 이러한 주장이 아직 사실로서가 아닌, 단지 경향으로서 나타난다.

이러한 평가는 내가 이전에 제시했던 것과 완전히 일치한다. 그러나 제2차세계대전 이후의 발전을 어떻게 판단할 것인가? 1955년에 나는 예를 들어 이렇게 언급했다:

노동귀족의 절대적 궁핍화 과정은 과거의 의미에서, 숙련 공장노동자에서, 자본주의의 일반적 위기의 두 번째 단계에서는 가속화되었다. 이러한 사실의 훌륭한 사례는, 우리에게 숫자를 제시해주고 있는 영국의 몇몇 중요한 산업의 숙련노동자의 임금에 대비한 비숙련노동자의 임금의 관계에 관한 상세한 연구가 보여준다.[79]

1차세계대전 이전에는— 1880년에서 1914년까지— 동일한 산업 내부에서 숙련노동자와 비숙련노동자의 임금이 비슷해지는 경향이 없었다. (그러나 아마 1900년부터 한편의 인쇄공과 건설노동자 일반의 임금이, 다른 한편의 섬유노동자의 임금과 다른, 일반적으로 낮은 임금을 받는 산업의 종사자의 임금이 비슷해졌다.)

그렇지만 자본주의의 일반적 위기가 공공연하게 터지면서 그러한 접근경향이 일어났다.

그래서 자본주의의 일반적 위기의 두 번째 단계에서 임금의 접근이, 차이가 절반 이상으로 되고 숙련노동자와 비숙련노동자의 임금이 이 과정에서 더 이상 큰 역할을 하지 못하게 될 정도에 도달하게 되었다.

다시 말해 숙련노동자의 절대적 궁핍화가 특별한 속도로 진행되었고, 차별화의 객관적 토대 자체가 (궁핍화의 예외라는 의미에서의 특권화에 관해 이미 더 이상 말할 수 없게 되었다) 더욱 줄어들기 시작

---

[79] 이에 대해서는 이 책 『노동자상태의 역사』 제25권 참고.

했다.

동시에 우리가 이미 제2차 세계대전 이전에 관해 고찰한 경향이 강화될 수 있었다: 컨베이어벨트와 비슷한 작업방법의 도입으로 독점자본의 지배 하에서 또한 기술적 측면에서도 이전의 노동귀족은 붕괴되었으며, 숙련노동자는 부분적으로 반숙련 혹은 비숙련노동자로 전화되었다.

그럼에도 불구하고 우리는 노동자층의 차별화가 완전히 해소되었다고 결론 내려서는 안 된다. 일단 일련의 숙련노동자의 직업이 더 유지된다. 그러면 숙련노동자를 포함한 노동자계급의 전반적인 절대적 궁핍화에도 불구하고, 일시적인 그리고 특별히 군수산업에서 무시할 수 없는 숙련노동자와 비숙련노동자의 임금의 차이는 물론, 일반적으로 자국 노동자와 외국인 노동자의 임금의 차이(프랑스에서와 같이), 그리고 백인과 유색인의 임금의 차이(미국에서와 같이)가 유지된다.

지불에 대한 차별화는 또한 노동자계급 내부에서도 유지된다. 그렇다, 이러한 차별화는—숙련노동자와 비숙련노동자의 임금관계의 발전에 관한 우리의 구체적인 확정에도 불구하고—부분적으로 여전히 강화된다: 예를 들어 서독에서는 "자국인"과 "동쪽에서 이주한 사람들"을 통해, 미국에서는 강력한 이주민과 멕시코인을 통해 강화된다. 그러나 무엇이 차별화의 강화를 위해 그렇게 만드는가? 그것은 아주 특별하게 지불받는 노동자층을 창출함으로써 "아래로부터의" 차별화이다! 여기서 차별화는 이전의 노동귀족의 창출과는 정반대의 방향에서 이루어진다. 상층 대신에 하층을 창출하는 것이다! (당연히 우리는 이미 독점자본주의 이전부터 "하층"에 대해 알고 있었다— 예를 들어 미국의 흑인과 이주민, 프랑스와 독일의 외국인 노동자 - 그러나 노동귀족의 "보충"으로서 새로운 하층의 창출은 독점자본에게는 무엇보다 자본주의의 일반적 위기의 두 번째 단계에서 유보되었다.)

동시에 대행자 매수가 더 큰 정도로 증가했고 노동관료가 성장하였다.

노동관료의 성장은 영국과 미국, 그리고 몇몇 다른 나라에서는 부분적으로 개량주의적·기회주의적으로 지배되고, 배신자들이 이끄는 가령 노동당, 노조회의Trade Union Congress, 미국노조연맹AFL 등과 같은 노동자조직의 양적 성장에 기반하고 있다. 이것은 나아가 "노동자대표자들"의 강력한 보충을 언제나 국가기구에서 가능하게 해주는 전반적인 사회보장의 광범한 발전이라는 사실에 기초한다. 착취의 채찍이 더욱 잔인해질수록, 당연히 빵부스러기가 떨어지는 설탕 바른 빵조각도 커지지만, 그러나 착취강도의 증가를 통한 굶주림의 증가에 따라서만 굶주림이 안정될 수 있다. 그러나 설탕 바른 빵의 도움은, 바로 이른바 사회보장에서의 노동자대표는 나쁘지 않게 지불받고, 이러한 방식으로 부분적으로 매수된다.

나아가 노동관료의 성장은 국가독점자본주의의 강화에 기초한다. 영국에서 "자본주의적 국가화"는 국영화된 석탄광산 등의 지도에서 수많은 노조-기능인과 노동당-기능인의 보충으로 귀결되었다. 미국에서는 노조관료가 수많은 정부위원회에서 이른바 노동자대표나 소비자 대표로서 자리를 잡았다. 또한 국가독점자본주의의 수많은 국제기구에서 우리는 노동자조직의 대표들을 발견한다.

그래서 그들은 도처에서 많은 돈을 받으며, 특권화되고 소부르주아적인 위치에서 (생계에 따라) 국가독점자본주의적 자리까지 떠맡는다.

  노동관료에게는 독점자본이 오늘날 뒷받침하는 대행자 무리와 한패가 되고 그들과 하나가 된다. 많은 경우에 노동관료와 대행자 사이를 구분하는 것이 더 이상 가능하지 않다. "순수한 기회주의"로부터 파업에 반대하는 노조 기능자는 독점자본의 대행자가 아니다(비록 그가 그렇게 행동하더라도). 그러나 동일한 기능자가 일어난 파업을 깨부수라는 명령에 따라 행동한다면, 우리는 그를 정당하게 대행자로서, 노동자계급의 적을 위해 의식적으로 봉사하는 행동을 한, 이러한 적의 수단으로서 특징지을 수 있다. 반대로 그가 수십만 마르크의 돈을 "합법적으로" 착복하고, 자산을 주식으로 유치하고 자신의 소득의 일부를 이윤의 형태로 받는, "광산노조"의 서독 노조대표자 혹은 국영화된 산업을 지도하는 영국의 노조대표를, 우리가 여전히 대행자로서, 독점자본을 위해 봉사하는 행동을 하는 대행자로서 특징지을 수 있는지는 의심스럽다; 그는 오히려 이미 소수의 지배적 상층의 일부가 되어버린 것이 아닌가?

  독점자본이 노조운동과 노동운동으로부터 충원하고 그 틀에서 먹여 살리는 첩자조직 혹은 스파이조직의 구성원은 당연히 대행자로서 아주 분명히 특징지을 수 있다. (이 모든 것은 노동관료 대행자의 지도 아래 인구의 모든 계층으로부터 충원된 룸펜과 탈 계급화된 사람들이 일하고 있다는 사실을 배제하지 않는다.) 그러한 순수한 대행자조직은 예를 들어 독일사회민주당의 "동방사무소Ostbüro", 미국노조연맹의 "외국인사무소", 노동당 등의 외국사무소인데, 여기서 지배계급의 일반적 외교정책에 봉사하는, 특히 "저개발" 국가에서, 첩자활

동과 스파이활동이 이루어질 수 있다.80)

우리는 그래서 자본주의의 일반적 위기의 두 번째 단계에서 기회주의와 배신자의 경제적 토대의 문제를, 마르크스와 엥겔스가 저술했던 시대보다 약간 다르게 대답해야 한다. 기회주의, 개량주의,

---

80) 이미 공산주의 인터내셔널 제6차대회에서 바르가Varga는, 오래된 개념 "특권화된 노동자층"으로의 새로운 연합을 다음과 같이 개괄해서 말했다.

"네 번째 계기는 숙련노동자의 토대 위에서보다는 다른 토대 위에서, 그리고 과거 레닌의 말의 의미에서 노동귀족보다는 다른 토대 위에서 특권화된 노동자층의 형성이다. 우리는 실업의 결과 노동자의 새로운 계층이 대기업에서 형성되고 있음을 본다. 이들은 직장을 확보하고, 전체적으로 노동자층에 반대하여 자본가를 위해 체계적으로 봉사한다. 나는 여기서 컨베이어벨트시스템의 직공장과 같이, 속도를 부여하는 계기를 생각한다. 이들은 다른 노동자보다 더 높은 임금을 받는 것은 아니지만, 결코 해고되지도 않는다! 나는 기술적 긴급구제의 구성원, 미국 공장에 있는 많은 수의 첩자, 파업파괴자, 정탐꾼 등에 대해 생각한다.

이들 사이의 일정한 관계가 부분적으로 노동자계급의 부패한 기초를, 즉 개량적 정당의 노조에서 그 신뢰자의 일정한 계층과 파업파괴자를 형성한다는 것은 흥미롭다. 혁명적 노조가 존재하는 곳에서, 강력한 공산주의 운동이 존재하는 곳에서, 개량주의적이고 노동자에 적이 되는 노조의 신뢰를 받는 자는 언제나 자신의 자리가 실업에 의해서도 위협 받지 않게 된다. 왜냐하면 이들은 노동자층의 신뢰자로부터 자본가의 신뢰자로 더욱 변하게 되기 때문이다! 그래서 매우 위협적인 실업 속에서도 자신의 자리를 가진, 부패하고 특권화된 노동자의 새로운 계층이 형성된다."
(공산주의 인터내셔널 제6차대회 의사록, 모스크바 1928년 7월 17일-8월 1일, 제1권, 함부르크와 베를린, 1928, 206쪽부터).

배신자의 경제적 토대는 오늘날:

첫째, 일반적으로 노동자층의 지불에서 차별화(상태가 절대적으로 개선된 "보호받는 일부"의 우선적 창출이 더 이상 아니라, 무엇보다 상태가 절대적으로 아주 특별히 악화된 "특별히 보호받지 못하는 계층"의 형성을 통해).

둘째, 구 노동귀족의 잔여자의 생계를 위해 독점이윤으로부터 일정한 할당(물질적으로 정치적으로 항상 그 의미가 커지고 있는 군수산업에서 특별히)과, 일반적으로는 강력하다면 "동업조합적으로" 조직되는 숙련노동자의 아주 얇은 계층의 생계를 위해, 또 아직 절대적 궁핍화에 처하지 않은 가령 소수의 장인과 직공장 그리고 비슷한 부류의 생계를 위해 독점이윤으로부터 일정한 할당.

셋째, 지배계급에 의해 사회보장이나 세금의 기여금 형태로 압류되고 부패의 목적을 위해 사용되는 노동자의 작은 돈.

넷째, 노조와 노동자정당의 테두리에서 조직되는 첩자조직 및 스파이조직의 생계를 위해 독점이윤으로부터의 일정한 할당.

또한 기회주의와 개량주의 그리고 배신자의 주요 충원계층의 문제는 오늘날 그에 상응하여 이전보다는 약간 다르게 대답되어야 한다. 주요 충원계층은:

첫째, 노동자의 아주 제한된 계층만이 결코 아니다. 이들의 생계가 계속 악화되고 있지만, 그러나 여전히 존재하는 지불에서의 차별화와 소부르주아 이데올로기의 외면적 빵부스러기("이윤에 참여"하고 지속적인 궁핍화에서는 비슷한)를 근거로, 이들은 "뭔가 개선되었다고 느끼는" 동시에 안주하며, 그래서 일반적으로 부르주아 이데올로기를 받아들인다. 이러한 계층의 경제적 상태에 대하여 특징적인 것은 이들이 어떤 오토바이나 라디오 등을 간단히 장만할 수는 없지만, 그러나 이들은 풍족한 영양이나 옷가지를 포기한다면 그것들을 "할부로" 구입할 수 있고, 나아가 경기순환의 위기에 비로소 (대부분 지불된) 대상들에 대한 "권리"를 잃는다.

둘째, 대부분 "과거 방식으로" 매수되고 부패화되며 무엇보다 군수산업에 속하는 "진정한 노동귀족"의 아주 협소한 계층.

셋째, 의미 있게 성장한 노동관료의 계층.

넷째, 무엇보다 노동관료로부터 나온 순수한 대행자의 증가하는 룸펜 계층(과 이들과 한패가 되는 인구의 모든 계층에서 충원되는 룸펜과 탈 계급화된 사람들).

내가 과거에 책을 쓴 지 10년이 더 지난 이후인, 오늘 우리는 2차 세계대전 이후의 관계를 어떻게 봐야 하는가?

우선 오늘날 내가 보기에, 1955년에는 노동귀족의 문제와 숙련노동자 및 비숙련노동자의 임금관계의 문제를 크게 혼동하는 단순함이 남아 있었다는 것이다.

숙련노동자는 자본주의 역사에서 우선 기계를 통해 구축되었다. 자본주의의 두 번째 단계가 진행되면서, 기계와 전체 생산과정의 복잡화와 함께, 산업혁명 이후에는, 생산 및 착취방식의 강화로 주요 특징으로서 손노동작업의 탈자격화과정이 해소되었고, 그것은 더 이상 특징적인 것이 아니었다. 그래서 숙련노동자의 비율과 기계적 생산과정의 의미가 현대 산업에서 증가하였다. 영국에서는 이러한 발전이 식민지독점과 세계시장독점의 형성과 함께 일어났고, 또 숙련노동자와 노동귀족의 광범한 계층의 형성이 일어났다. 그러나 독일과 프랑스에서도 19세기 중엽 이래, 우리가 여기서 즉각 노동귀족의 형성에 관해 말하는 것이 정당화되기도 전에, 숙련노동자의 계층이 확대되었다.

세기의 전환과 함께, 즉 제국주의의 단계 이래, 산업생산과정 내부에서 숙련노동자의 의미는 다시 줄어들었다. 우선 1차세계대전 이후 특히 컨베이어벨트생산의 보급으로, 아주 빠르지는 않지만, 가속화된 속도로.

다시 말해 우리는 발전의 단계를 다음과 같이 구분할 수 있다:
자본주의의 첫 번째 단계(산업혁명): 손노동의 탈자격화.

자본주의의 두 번째 단계(강화된 생산 및 착취 방식의 단계): 손노동의 부분적인 자격화와 숙련노동자의 광범한 계층의 창출(노동귀족이 형성되는 곳에서 모두가 노동귀족에 속하는 것은 아니다).

자본주의의 세 번째 단계(제국주의의 단계, 독점의 지배 단계): 손노동의 새로운 탈자격화.

자본주의의 세 번째 단계에서 탈자격화 과정은 그러나 첫 번째 단계에서와는 다르다.

첫 번째 단계에서는 무엇보다 방적기와 같은 가장 단순한 "기계"와 일하거나 혹은 기계 없이 일하는 모든 숙련노동자, 남성들이 증기로 돌리는 기계와 함께 일하는 비숙련노동자, 무엇보다 여성과 아동을 통해 대체된다.

자본주의의 세 번째 단계에서는 기계와 일하는 숙련노동자가 기계와 일하는 비숙련노동자를 통해 대체되는데, 이때 기계에 고용된 여성의 비율은 전체 산업에서 약간 증가하지만, 기계와 일하는 아동의 노동은 공장에서 사실상 끝난다.

동시에 자본주의의 세 번째 단계에서는 다음을 주목해야 한다:

비숙련노동자의 반-자격화와 유사-자격화가 일어난다는 것이다.

반-자격화는 사람들이 의존적인 활동이나 반 숙련된 활동이라고 부르는 활동, 다시 말해 어떤 필요한 교육이나 전문노동자교육을 요구하지 않는 활동으로서, 숙련된 활동과 구분되지만 노동능력의 일정한 자격화를 요구하는 데 있다.

유사-자격화는 진정한 자격화는 아니다― 여기서 문제가 되는 것은 "정상노동자"가 8주를 요하는 능력의 획득이다. 그렇지만 이러한 노동자를 사람들은 임금협상의 전문체계에서 의존노동자 Angelernte라고 부른다.

유사-자격화는, 반-자격화가 언제나 그러한 것과 마찬가지로, 임금을 비숙련노동자의 임금 수준을 넘게 만든다. 유사-자격화는, 이것이 반-자격화와 반대로 의존노동자에 대한 승진으로 귀결되지 않기 때문에, 노동자의 매수를 위해 이용된다. 비숙련노동자에게 던져지는 이러한 종류의 빵조각은 자본 일반에게는 비용이 전혀 들지 않는다. 왜냐하면 자본은 어떤 추가비용도 지불하지 않는데, 즉 노동력 상품의 단순재생산비용 이상의 어떤 임금도 부담하지 않기 때문이다. 또한 자본은 독점이윤으로부터 아무 것도 부담하지 않는다. 비숙련노동자는 재생산비용 이하로 지불받기 때문이다.

그러나 동시에 우리는 노동자계급의 구조에서 변화를 관찰한다. 숙련노동자의 탈자격화의 일반적 과정에 대해서는 매우 강력한, 그렇지만 포괄적인 숙련노동자의 단지 소수 계층만이 자격화과정과 대립된다. 숙련노동자의 작은 부분은 생산과정의 자동화와 현대 제어기술의 적용과 함께, 우리가 그렇게 부르는, 의존노동자가 된다. 이러한 2차세계대전 이후에 형성된 의존적 기술자의 계층은 분명히 노동귀족의 새로운 구성부분이다. 다시 말해 노동귀족은 2차 세계대전 이후에는 이렇게 요약될 수 있다.

첫째, 숙련노동자 중 이전보다 본질적으로 더 적은 부분이 노동귀족에 속한다. 숙련노동자의 다수는(100년 전 영국에서처럼, 1900년경 다른 발전된 자본주의 나라들의 경우와 같이) 노동귀족에 속하지 않으며, 숙련노동자는 노동귀족의 다수를 형성하지 않는다.

둘째, "의존노동자"는 숙련노동자로부터 왔다기보다는 아래로부터 성장한 것으로 고찰될 수 있는 층이다.

셋째, 광범한 노동관료, 즉 구 노동관료는, 그러나 높은 자리에 있는 관료를 배제하면 노동귀족 일반과 더 이상 관계없다.

그러나 이러한 사실들이 노동자계급의 절대적 궁핍화와는 어떤 관계에 서 있는가? 1955년 우리는 노동자계급의 절대적 궁핍화에 관해 말했다. 오늘날에도 역시 그렇게 말할 수 있는가?

분명히 전체 노동자계급의 물질적 생활수준은 60년대 초에는 그 전보다 높아졌다. 미국에서, 서독에서, 영국과 일련의 발전된 자본주의 국가에서 그렇다.

마찬가지로 분명히 자본주의의 역사에서, 발전된 자본주의 나라들의 평균에서 1955년 이후 만큼 노동자의 물질적 상태가 때로는 짧은 지속적인 개선이 그렇게 오래 이루어진 시기는 한 번도 없었다.

대부분의 마르크스주의 경제학자들은 이러한 발전을 국가독점자본주의로 환원시켰다.

국가독점자본주의는 자본주의의 독점단계의 아주 중요한 현상이기 때문에, 그리고 이 책『노동자상태의 역사』의 제14권과 제16권이 한 나라의 국가독점자본주의의 역사 전체를 처음으로 서술하고, 동시에 국가독점자본주의에 관한 레닌의 정의에 비로소 기초하여 개별적으로는 스탈린의 정의와 대립시켰기 때문에, 노동자상태의 이론을 대상으로 하는 이 책에서는 단지 국가독점자본주의의 이론과 노동자상태의 이론에 관해 원칙적인 논평만을 제시할 것이다.

노동자상태의 이론은 당연히 두 가지 과제를 갖고 있다:

첫째는 노동자상태의 발전의 일반적 법칙을 궁구하고, 둘째는 자본주의의 다양한 단계에서 그 특별한 현상 형태가 무엇인지를 연구하는 것이다.

국가독점자본주의의 이론은 다음을 과제로 한다:

첫째는 국가독점자본주의 현상의 법칙적 연관을 해명하고, 둘째는 자본주의의 일반적 법칙성 속에 그것을 배열하는 것이다.

이론적 과제는 또한 정반대이기도 하다: 우선 이것은 첫째 일반 이론을 문제 삼으며, 둘째 특별한 역사적 변형을 문제 삼는다— 다음으로는 역사적-특수한 이론을 파악하고, 그 다음 그것을 일반 이론 속에 배열하는 것이다.

국가독점자본주의는 당연히 노동자상태에 대해 수많은 변형을 가져올 수 있고, 그래서 당연히 노동자상태의 이론은 이러한 변형을 함께 추가해야 한다.

독점의 국가독점적 지배의 시대에 우리는 이제까지 다음과 같은 경험을 했다:

1차세계대전 이후부터 2차세계대전 이후 첫 시기까지는 거의 모든 측면에서 노동자계급의 절대적 궁핍화 속도가 매우 증가하였다.

1955년부터는 제국주의 나라들에서 노동자상태의 의미 있는 물질적 개선이 이루어졌다— 동시에 노동자상태의 다른 영역에서는 열악해지는 측면도 있지만.

물질적 개선의 의미는 무엇인가? 제국주의 나라들에서 오늘날, 1965년에 노동자의 실질임금이 2차세계대전 이전의 가장 좋았던 5년의 평균보다 절반 이상 높아졌다면, 독점에 의해 지배되는 이러한 나라들의 전체 노동자계급이 외면상 노동귀족이 된 것처럼 보인다면 절대적 궁핍화의 이론은 어떻게 되는가?

다시 말해 우리는 이 장의 두 번째 부분("절대적 궁핍화의 형태")의 마지막에서 제시했던 문제에 대해 약간 다른 측면 하에서 다시 한 번 되돌아가면, 우리는 이제 국가독점자본주의가 절대적 궁핍화의 법칙의 작용에서 변화를 가져왔다고 대답해야 할 것이다.

확실히 어떤 마르크스주의자도 국가독점자본주의가 1914년에서 1954년까지 40년 동안 이룩한 노동자상태의 개선에 대하여, 우리가 1894/1914년에 대해 생각했던 것처럼, 생각하지 않는다. 다시 말해 "개선의 변화"를 가져온 것은 일반적으로 국가독점자본주의일 수가 없다는 것이다. 그에 대해 국가독점자본주의가 최근에 자신의 "제어기술"을 완성시켜, 순환적 위기(주기적 경제공황)를 극복할 수 있었고 따라서 그에 상응하는 산업예비군과 또한 그래서 절대적 궁핍화를 없앨 수 있었다고 이의를 제기한다. 이러한 "제어기술"의 비밀은 그러나 이미 엥겔스가 『자본』 제3권의 한 주석에서 밝혀냈다.[81] 그는 기업결합Trust을 통한 생산의 조절에 관해 이렇게

---

81) 칼 마르크스, 위의 책, 142쪽.

썼다. "엄청나게 발전하고 있는 현대 생산력이 자본주의 내에서 운동해야만 하는 상품교환의 법칙을 매일 더욱 더 크게 성장하게 한다는 사실, 이 사실은 오늘날 또한 자본가 자신의 의식을 더욱 더 강제한다. 이것은 다시 말해 두 가지 징후를 보여준다... 둘째 전체 거대한 생산영역의 공장주들의 카르텔(기업연합)에서 생산의 조절로, 그래서 가격과 이윤의 조절로 이끈다. 이러한 실험이 단지 상대적으로 유리한 경제적 기상도에서만 관철될 수 있다는 것은 자명하다. 첫 번째 흐름은 그것을 허사가 될 수밖에 없게 만들고, 그래서 조절의 생산이 필요하지만 그것을 위해 소환되는 것은 자본가계급이 확실히 아님을 증명한다. 그러는 사이에 이러한 카르텔은 작은 기업이 거대 기업에 의해 이전보다 더 급속히 잡아먹히는 것을 걱정해야 하는 목적만을 가진다."

다시 말하자면 순환적 위기를 제거하는 것이 "제어기술"이 아니라, 조절을 허용하는 것은 "상대적으로 유리한 경제적 기상도"이다.

국가독점자본주의는 수많은 부차적인 운동을 설명할 수 있지만, 그러나 절대적 궁핍화가 거기에 속하지만, 한편 반대경향의 상응하는 강화를 통해 절대적 궁핍화가 힘을 잃거나 작용하지 않는 경향으로 전화하기도 하는, 자본주의의 주요한 법칙을 결코 해명할 수 없다. 착취와 무정부, 궁핍화는 자본주의가 자본주의인 한에서, 그것에 고유한 자본주의의 속성들이다.

그러면 지난 10년간 이루어진 노동자의 물질적 상태의 상대적으로 강력한 개선은? 예를 들어 서독에서 강력한 순환적 위기 없이 그러한 개선이 오래 지속된 것은?[82]

이것은 당연히 설명되어야 하지만 그러나 가령 1866년부터 1893

년까지 27년간 영국에서 진정한 순환적 위기가 없었던 것과 마찬가지로 주목할 만한 현상이고, 또 마찬가지로 자본의 재생산과정이나 자본축적의 주요 법칙을 벗어나는 것으로 우리가 거론할 수 있는 현상이다.

지난 10년간 생산의 엄청난 증가를 설명하기 위해 국가독점자본주의의 특별한 변호이론을 발전시킨 사람들을 반박하기 위해, 아르주마니안Arsumanjan은 이렇게 진술했다:

"마르크스-레닌주의자는 자본주의 경제에서 완성되는 과정을 과학적으로 분석할 책임이 있다. 사실상 자본주의는 오늘날 경제적 순환의 호경기를 겪고 있다. 더욱이 자본주의 세계에서 산업생산의 성장은 더 가속화되고 있다. 현재 자본주의 산업생산은 전쟁 전 상태와 비교하면 전체적으로 세 배로 높아졌다.

미국과 캐나다 그리고 영국의 경제적 발전이 전쟁 후에 느린 속도로 계속 진행되고 있는 반면, 몇몇 나라에서는— 서독과 일본, 이탈리아와 프랑스— 생산이 장기간 매우 빠르게 증가하였다.

아주 일반적으로 말해 자본주의 나라들에서 생산의 증가는 마르크스주의자에게는 전혀 놀랄 만한 것이 아니다. 재생산과 사회적 생산의 조절에 관한 마르크스-레닌주의 이론은 이러한 현상을 충분히 잘 설명할 수 있다."[83]

---

82) 이러한 모든 진술은 1965년에 쓰였음을 공개적으로 밝힌다. 1966년에는 많은 나라에서 주기적인 과잉생산공황이 다시 시작되었다.

83) A. Arsumanjan, "국제 혁명운동의 구체적 문제", 『세계경제와 국제관계』, 1964년 제11-12호, 모스크바 - 인용은 번역판으로부터, 『소비에트 과학, 사회과학논집』, 1965년 제4호, 베를린, 350쪽.

그리고 이것은, 다시 말해, 지난 10년간의 발전과 절대적 궁핍화의 이론에 그대로 정확히 해당된다는 것이다. 또한 이것은 30년 전이나 130년 전과 같이 오늘날에도 해당되고, 여전히 작용을 한다. 우리가 다음의 진정한 순환적 위기에 대해, 보통의 절대적 궁핍화의 단계의 경우와 같이, 노동자의 물질적 상태 발전의 순환평균을 계산한다면, 1960/64년의 노동자의 물질적 상태의 평균에 완전히 사로잡혀 있는 사람들이 가진 그림은 완전히 변화될 것이다.84)

차별화의 질문에서는 이와 관련하여 아직 하나의 문제가 지적되어야 한다. "모국"과 식민지에서의 노동자들에 대한 차별화 문제, 즉 오늘날 발전된 자본주의 나라들과 이들 나라에 의해 여전히 경제적으로 종속된(비록 정치적으로는 다소간 독립되었지만) 나라들은 물론 또한 여전히 공식적으로 존재하는 식민지에서의 노동자에 대한 차별화로서 제기된 문제.

이 질문에서 나는 절대적 궁핍화의 일반적 문제와 관련하여 내 입장을 여러 측면에서 바꾸었다.

나의 『노동자상태의 이론』 초판에는 다음과 같은 문장이 들어 있었다. "절대적 궁핍화의 법칙은 한 나라의 자본과 노동자에 해당하지 않고, 오히려 한편으로는 지배하는 모든 곳에서의 한 나라의 금융자본에, 가령 영국 금융자본에 관련되고, 다른 한편으로는 당연히 영국을 포함하여 언제나 영국의 금융자본이 착취하거나 수탈하는 세계 도처에서의 노동자와 농민 그리고 수공업자에 관련된

---

84) 이에 대해서는 이 책 『노동자상태의 역사』 제37권 참고.

다." 제3판에는 다음과 같이 보충하였다: "그러나 이것은 당연히, 영국과 미국 등에서 식민지의 포함 없이 절대적 궁핍화를 주장할 수 없다는 것을 의미하지는 않는다!"

오늘날 나는 이 보충된 문장이 과도하고 때로 오류가 있다고 본다. 때로 "모국"에서의 한 순환에서 또 다른 순환으로의 진행이 어떤 궁핍화도 일어나게 하지 않고, 절대적 궁핍화의 법칙이 오히려 "국가화된" 자본에 의해 착취되는 프롤레타리아 전체에 대해서만 관철되는 것은 매우 좋은 것일 수 있다.

오늘날 독점자본이 여전히 경제적으로 자리 잡고 있는 식민지와 과거 식민지에서 착취되는 프롤레타리아가 전쟁 전보다 최소한 두 배 이상이라고 생각한다면(개별 영역에서는 네 배나 그 이상인), 그러면 노동자상태의 연구와 절대적 궁핍화 이론의 검증을 위해서는 당연히 "모국"에 대한 분석만으로는 충분치 못하다는 것은 명백하다.85)

6. 노동자상태의 요소

우리는 절대적 궁핍화의 이론에 관한 우리의 논의를 마무리하기 전에, 어떤 물질적 요인들을 마르크스와 엥겔스가 노동자상태의 실천적 이론적 연구에서 고려했는지 확정하는 게 필요하다. 가장 중

---

85) 이에 대해서는 또한 이 책 『노동자상태의 역사』 제37권 참고.

요한 요인들을 작성하여 열거하는 것이 그들 연구의 넓이와 깊이가 보여주는 호소력이 될 것이다.[86]

1. 노동보호입법;
2. 실업과 단축노동, 계절노동;
3. 노동관계(강제노동, 해고기한 등);
4. 노동시간(길이, 야간노동, 초과노동, 휴식, 노동을 위한 출퇴근시간 등);
5. 구성과 관련한 노동자의 수입(농사 등 부수입과 임대료 등을 통한 보충);
6. 음식물 관계(영양 관련, 영양의 질);
7. 교육(학교관계, 전문 직업훈련 등);
8. 가족관계(특히 여성노동과 아동노동의 영향 하에서);
9. 노동의 강도;
10. 질병과 사망률;
11. 범죄;
12. 임금(정상임금은 물론 임금의 구매력, 시간임금과 성과급, 현물임금제도, 차별, 임금공제, 처벌, "이익분배" 등);
13. 생계비;
14. 직장에서의 위생관계;
15. 사회보장(또한 빈곤입법);

---

[86] 이에 대해서는 또한 마르크스가 프랑스 노동자의 상태를 연구하기 위해 초안으로 작성한 질문지 참고, 『전집』 제19권, 베를린, 1962, 230쪽부터.

16. 사고빈도;
17. 주거관계(주택의 상태, 임대료, 공장주택 등);
18. 파업과 다른 형태의 저항;
19. 노동자와 자본의 조직.

모든 이러한 요인들은 전체로서의 나라와 개별 산업에 대해, 직업과 노동자범주(숙련 및 비숙련 노동자, 남성과 여성 등)에 대해, 농업과 무역, 산업과 같은 다양한 경제 분야에 대해, 다양한 나라들과 식민지에 대해 연구되어야 한다. 왜냐하면 그러한 실제적으로 포괄적인 연구만이 노동자상태의 변화와 변동에 대해 조망할 수 있기 때문이다.

그리고 그러한 포괄적인 연구만이, 어떤 다양하고 변동하는 노동자착취의 수단과 함께, 어떤 다양한 궁핍화과정의 방식 위에서 진행되는지 보여줄 수 있기 때문이다. 이것이 순환에서 순환으로 규칙적으로 진행되지만, 그러나 여기에 각각 개입되는 요인들이 부분적으로는 노동자상태에 대한 영향의 강도에서 또 부분적으로는 그 영향의 종류에서 변동한다는 사실이 궁핍화과정의 고유한 특징의 하나이다. 우리는 예를 들어 실질임금이 올라가지만 그러나 동시에 노동의 강도가 증가하고, 그래서 노동자가 자신의 노동력의 재생산을 위해 더 많은 생활수단을 필요로 하게 되는 시기가 있다는 사실을 알고 있다. 우리는 수십 년에 걸쳐 노동시간이 짧아졌다는 사실을 알고 있으며, 동시에 노동자가 줄어든 노동시간 후에 집으로 가면 노동 강도가 증가했기 때문에 예전보다 훨씬 더 심하게 피곤해졌다는 사실도 알고 있다. 우리는 수십 년 동안 사고보호조치가 크게 확대되고 개선되었지만, 그러나 동시에 사고위험이 증가했고, 사고율 자체가 보호조치에도 불구하고 그대로이거나 아니면 오히려 증가했다는 사실을 알고 있다. 우리는 노동자가 젊은 나이에 사망하는 비율이 많이 줄어들었고, 그래서 그들의 평균 수명이 증가했다는 사실을 알고 있다. 그러나 동시에 건강관계는 자주 악화되었으며, 따라서 더 많은 노동자가 상대적으로 이른 나이에 죽음 앞에서 보호받지만, 그러나 건강한 노동자는 상대적으로 더 적어졌다. 우리는 사회보장제도가 많은 나라에서 도입되었지만, 그러나 진정제가 되지 못하고 오히려 실업과 질병, 그리고 다른 재해가 증가되었다는 사실을 알고 있다.

그래서 우리는 노동자상태가 노동자의 물질적 관계에서 때로는 이러한 변화의 근거 위에서, 때로는 저러한 변화의 근거 위에서 어떻게 악화되었는지 보게 된다. 노동자상태에서의 변화를 확인하기 위해 가장 중요한 요인들 중 하나 혹은 둘을 연구하는 것으로 충분하지 않다. 모든 요인들을 고려하는 것이 필요하다. 왜냐하면 우리는 그럴 때만이, 노동자상태의 변화에 관해 가령 단지 하나의 충분한 상이 아니라 비로소 올바른 상을 얻게 되기 때문이다. 올바른 상이 우리에게 노동자상태의 이론을 제공할 뿐만 아니라, 실천적 연구를 통해서, 우리가 실재에 관한 상을 만들어야 하듯이, 우리가 노동자상태의 역사와 현재를 연구해야 하듯이, 보여줄 것이다. 그러면 그것은 우리에게, 노동자상태를 변화시키기 위해 노동자가 행동해야 하듯이, 보여줄 것이다.

궁핍화 형태의 다양성이 바로 방금 지적했던 그리고 추가된, 개량주의와 기회주의의 중요한 토대를 표현한다.

사회민주주의자와 노조의 우익 지도부는 거의 백 년 전부터 그들의 선동과 선전을 노동자상태의 개선이 의미하는 개별적 사실에 기초하였다— 때로는 증가된 실질임금에, 때로는 줄어든 노동시간에, 때로는 이러저러한 노동보호나 사회보장 영역에서의 개선에.

그들 중 교활한 자들은 노동자가 이러한 개선을 위해 투쟁해야 한다는 사실을 전혀 부정하지 않는다.

그러나 그들이 그러한 개선으로부터 기업가의 "사회적 심성"을 이끌어내는 (독점)자본의 원초적인 변호자인지의 여부, 혹은 그들이 자본주의 사회의 혁명적 전복의 목표로부터 노동자를 떼어놓기 위해 일상투쟁의 성공에 노동자의 주의를 한정시키는 교활한 배신자들인지의 여부는 언제나 그들의 속임수다. 노동자상태의 전체적인 악화를 숨기기 위해 개별적인 개선을 강조하는 속임수다.

그들을 위한 객관적 도움은, 주관적으로는 바리케이트의 올바른 측면에 서지만 그러나 노동자상태의 가능한 전면적 악화를 "얻어내기" 위해 개별적 개선을 부정하는 속류 급진주의자를 표현한다.

지속적으로 실질임금이 상승한 반면, 동시에 노동 강도가 크게 심해져 신경성 심장 및 위의 질병이 빠르게 증가했다면, 우리는 실제적으로는 궁핍화과정이 증가했다고 받아들인다. 노동자, 남성, 여성과 아동이, 실질임금이 내려갔는데도 단지 공공의 잘못된 통계만이 실질임금의 상승을 보여준다고 그들에게 설명하는 선동가와 선전가를 믿지 않을 것은 분명하다. 그들은 스스로 더 많은 고기를 먹고 더 자주 맥주를 마시고 혹은 담배를 즐길 수 있다는 사실을 너무나 잘 알고 있다. 그러나 더 진정한 사실은 이것이다. 그러한 임금관계의 잘못된 서술에서는, 노동자가 덜 공개적이지만 진정한 진리를 말한다면 선동가나 선전가를 믿지 않는다는 위험이 생긴다는 것이다. 즉 진리란 엄청난 노동 강도의 결과로 그들의 건강상태가 악화되고, 더욱이 일정한 실질임금의 상승이 경제위기 때 우울한 실질임금하락으로 귀결된다는 사실이다. 그러면 그들은 오히려 그들 중의 배신자가 퍼뜨리는 혼란과 개량주의의 희생양이 된다.

궁핍화과정의 전체 변증법과 모순성을 구체적으로 이해하는 사람만이, 노동자상태를 정확히 서술하고 분석할 수 있게 되고, 그래서 그 서술과 분석이 자본에 대한, 독점자본에 대한 투쟁에서 현실적인 날카로운 무기가 되고, 개량주의와 배신자에 대한 현실적인 날카로운 무기가 되고, 우리에게 승리를 안겨줄 권력을 둘러싼 투쟁에서 현실적인 날카로운 무기가 된다.

7. 상대적 궁핍화

때로 우리는 마르크스주의자들 중에서, 마르크스가 "자신의 궁핍화이론"으로써 단지 노동자상태가 지속적으로 상대적으로, 그렇지만 절대적으로는 아니고, 악화될 수밖에 없다고 생각했다거나, 혹은 절대적 궁핍화의 이론은 단지 때로만, 그렇지만 상대적 궁핍화의 이론은 언제나 자본주의에 적용된다고 파악하는 사람을 만난다. 이러한 생각은 이제 분명히 올바르지 않다. 또 마르크스는 사실상 노동자상태가 일반적으로 자본주의에서 절대적으로 악화되었고 그리고 이것은 또한 증명되었으며, 나아가 이에 대하여 실재가 바로 올바르게 실증해 주었다고 설명하였다. 어쨌든 마르크스가 노동자계급의 절대적 궁핍화에 관한 자신의 이론 외에 상대적 궁핍화에 관한 이론 역시 발전시켰다는 것도 사실이다.

상대적 궁핍화의 이론은, 노동자의 상태가 자본가의 상태에 비해 더욱 악화된다는 것이다.

상대적 궁핍화에 관한 이러한 이론은 절대적 궁핍화의 이론으로부터 아주 쉽게 이끌어 낼 수 있다. 노동자의 상태가 부가 증가하는 (그리고 바로 부의 증가에 기초하여) 사회에서 절대적으로 악화되었다면, 노동자의 상대적 상태도 악화될 수밖에 없음은 당연하다. 혹은 또 이렇게: 자본가의 손에 자본이 축적되는 것은 노동자의 착취를 전제로 한다. 부는 자본주의하에서 굶주림과 빈곤이 다른 측면에서 창출되지 않고는, 한 측면에서 창출될 수 없다. 혹은 이미 마르크스의 인용문에서 얘기되었듯이: "한 편에서의 부의 축적은 동시에 다른 편에서의 빈곤과 노동의 고통의 축적이다!" 노동자계급의 절대적 궁핍화는, 부가 어쨌든 줄어들지 않고 상승하는 사회에서 진행된다. 절대적 궁핍화는 다른 측면의 절대적 부유함의 토대 위에서 진행된다. 그러나 우리가 한 측면의 절대적 부유함과 다른 측면의 절대적 궁핍화를 가진다면, 또한 필연적으로 한편의 상대적인 부유함과 다른 한편의 상대적인 궁핍화가 주어진다. 부자는 단지 절대적으로만이 아니라 또한 가난한 사람에 비해 더욱 부유해지고, 가난한 사람은 단지 절대적으로만이 아니라 또한 부자에 비해 더욱 가난해진다. 상대적 궁핍화의 이론은 그래서 자본주의 사회의 일반적 관계로부터 어떤 특수한 것을 이끌어낼 필요가 없다; 상대적 궁핍화의 이론은, 마르크스가 발전시켰던 것처럼, 절대적 궁핍화의 이론으로부터 나오는 필연적인 논리적 귀결이다. 그렇지만 상대적 궁핍화의 기본원인은, 그 경제적 근거는 당연히 자본의 축적에서, 다시 말해 작은 소수의 손에 착취수단이 축적된 것에서 발견된다.

상대적 궁핍화의 속도는 일반적으로 절대적 궁핍화의 속도보다 훨씬 빠르다. 이것은 마찬가지로 노동자의 절대적 궁핍화를 통해서 그리고 자본가의 절대적 부유함을 통해서 규정되며, 이것은 다시 서로 규정된다.

노동자의 상대적 궁핍화의 의미에 관해 로자 룩셈부르크는 이렇게 썼다. "모든 사람과 모든 계급의 생계는 그러나, 우리가 이것을 주어진 시대의 관계에 관해 그리고 동일한 사회의 다른 계층의 관계에 관해 평가할 때만 올바로 판단할 수 있다. 아프리카의 원시적이고 반 야생적인, 혹은 야만적인 흑인종족의 추장은 독일의 평균적 공장노동자들보다 더 낮은 생계수단을, 즉 단순한 집과 열악한 옷가지, 야생의 음식을 갖고 있다. 그러나 이 추장은 자신의 종족의 수단과 요구물에 비교하면 '군주적'으로 살고 있는 반면, 독일의 공장노동자는 부유한 부르주아지의 사치품이나 오늘날의 시대의 필요물에 비하면 아주 가난하게 살고 있다. 다시 말해 노동자의 위치를 오늘날의 사회에서 올바르게 판단하기 위해서는, 절대적 임금, 즉 노임의 크기 자체만이 아니라 또한 상대적 임금, 즉 노동자의 노임이 자신의 전체 노동생산물에서 차지하는 비율을 연구해야 한다."[87]

---

87) R. Luxemburg, "국민경제학 입문", 『글과 연설 선집』 제1권, 베를린, 1951, 714쪽.

독점자본주의의 조건 하에서, 생산과 자본의 강력한 집중의 조건 하에서, 상대적 궁핍화가 아주 특별히 크다는 것은 분명하다. 다시 말해 자본주의의 최근 단계에서 절대적 궁핍화는 물론 상대적 궁핍화도 최고 수준에 이르렀다.

더욱이— 이것은 최고 수준에 도달한 것만이 아니다. 우리는 여기에 다음을 추가해야 한다: 자본주의의 일반적 위기의 시대는, 절대적 그리고 상대적 궁핍화가 그 이전보다 더욱 **빠르게** 증가하고 있는 시대이다. 그리고 자본주의의 일반적 위기의 시대에는 노동자계급이 아주 특별히 **빠른** 속도로 절대적, 상대적으로 궁핍화된다.

제 2 장

임금이론

 우리는 이제 다음에 노동자의 상태를 규정하는 중요한 개별 요인을 연구한다면, 가장 큰 의미를 가지는 요인, 즉 임금으로부터 시작해보자. 왜냐하면 임금이 노동자상태를 구성하는 결정적 요인의 모든 것은 아니라고 말하는 것도 필요하지만, 다른 한편에서는 일반적으로 어떤 개별적 요인도 노동자임금만큼 노동자상태에 대하여 결정적인 의미를 가지는 것도 없다는 것은 분명하기 때문이다.

1. 노동력의 가치와 잉여가치 생산

 자본주의에서 노동자는 자신의 노동력을 상품으로서 팔아야 한다. 원시적 축적은 수십만, 수백만의 사람들로부터 봉건제 하에서 제한된 크기로 점유했던 생산수단을 빼앗았다. 그들은 살기 위해 이제 그들에게 남아 있는 유일한 것, 즉 노동력을 팔아야 했다. 그들은 이중의 의미에서 자유로워졌다— 봉건제가 그들을 구속했던 인격적 족쇄로부터 자유로워졌고, 생산수단으로부터 자유로워졌다.

엥겔스는 생산수단이 자본가의 수중에 있는 반면 노동자는 생산수단에 대해 아무런 처분권이 없다는 사실에 근거하여 자본주의의 장기적 과정에서 자본주의적 임금법칙이 관철된다는 것을 자세히 설명하였다. 엥겔스는 "임금 수준"이라는 글에서 "임금체계"에 관해 이렇게 언급했다: "사회가 두 적대적인 계급으로 분열되어 있는 한, 한편에서는 땅과 토지, 원재료와 기계 등 생산수단의 전체를 독점하는 자본가와, 다른 한편에서는 생산수단에 대한 각자의 소유를 빼앗기고 노동력 이외에 아무 것도 소유하지 않은 일하는 인민인 노동자로서, 이러한 사회조직이 존재하는 한, 임금법칙은 점차 타당하게 되고, 매일 새롭게 노동자를 자신이 생산하지만 자본가에 의해 독점되는 노동생산물의 노예로 만드는 사슬에 묶는다."[1]

마르크스도 이미 매뉴팩처에 대해 임금법칙이 작용하는 조건을 묘사했다. "노동자가 한 상품의 생산을 위한 물질적 수단이 결여되어 있기 때문에 자신의 노동력을 원래부터 자본에 판다면, 이제 그의 개인적 노동력 자체는 자본에게 팔리지 않게 되면 그에게 봉사하기를 그친다. 노동력은 비로소 판매 후에, 자본가의 공장에서 존재하는 관계 속에서만 기능한다. 매뉴팩처노동자는 그의 자연적인 소질에 따라 자율적인 어떤 것을 만드는 것은 불가능하고, 오직 자

---

[1] 칼 마르크스/ 프리드리히 엥겔스, 『경제적 저작집』, 위의 책, 418쪽부터.

본가의 공장을 위한 부속물로서만 생산적 활동을 발전시킨다."[2] 그리고 기업주는 이러한 상황을 이용한다. "생산의 발전을 위한 모든 수단은 생산자에 대한 지배수단과 착취수단으로 전화된다."[3]

임금은 자신의 노동력의 판매에 대하여 노동자가 가지는 가격일 뿐이다. 노동력의 가격은 그 가치에 언제나 정확히 상응하지 않으며, 그 가치를 둘러싸고 변동한다.

노동력 상품의 가치는 어떻게 결정되는가? 마르크스는 말한다: "다른 모든 상품과 마찬가지로 노동력의 가치도 그것의 생산을 위해 필요한 노동량을 통해 결정된다. 한 인간의 노동력은 그의 살아 있는 육체적 실체 속에서만 존재한다. 인간은 성장하고 생명을 유지하기 위해서 일정한 양의 생활수단을 소비해야 한다. 인간은 그러나 기계와 같이 소모되고, 또 다른 인간에 의해 대체되어야 한다. 자신만의 생계에 필요한 생활수단의 양 이외에도, 노동시장에서 그를 보충할 그리고 노동자의 종족을 영구화할 일정한 수의 아이들을 기르기 위해 인간은 또 다른 생활수단의 양을 필요로 한다. 더욱이 자신의 노동력을 발전시키고 주어진 숙명을 받아들이기 위해 인간은 더 많은 양의 가치를 지출해야 한다. 우리의 목적을 위해서는 양육비와 교육비로 지출된 작은 크기인 평균노동만을 고찰하는 것으로 충분하다... 이미 설명된 것에 의하면, 노동력의 가치는 노동력의 생산과 발전, 유지와 영속화를 위해 필요한 생활수단의 가치를 통해서 결정된다는 사실은 분명하다."[4] 혹은 간단히 말하면:

---

2) 칼 마르크스, 『자본』 제1권, 위의 책, 378쪽부터.
3) 위의 책, 680쪽.

"단순한 노동력의 생산비는 노동자의 생존비용과 양육비용에 달한다."5)

마르크스가 우리에게 제시한 노동자임금의 정의에서 근본적으로 새로운 것은 무엇인가? 마르크스 이전에도 진보적인 정치경제학자들은 임금을 노동의 가치의 가격 혹은 반영으로서 규정했다. 마르크스는 이제 노동자가 자신의 노동이 아니라 노동력을 판다고 설명하고, 따라서 노동자는 노동에 대한 임금이 아니라 지출된 노동력에 대한 임금을 받는다고 설명한다.

노동과 노동력의 이러한 차이는 왜 그렇게 커다란 의미를 가지는가? 이러한 차이만이 가치법칙을 일반 타당한 것으로서 인식하고 노동자에 대한 착취를 설명할 수 있게 해준다는 단순한 이유 때문이다.

그래서 페티에서 스미스와 리카도까지 많은 정치경제학자들이 상품의 가치는 그것에 포함된 노동을 통해 결정된다고 주장한 것이다. 다시 말해 노동자가 탁자를 만들기 위해 사회적 평균인 12시간 동안 일했다면, 탁자 안에는 12시간의 노동이 들어가 있는 것이고, 그래서 탁자의 가치는 12시간의 노동의 가치에 준하는 것이다. 이것은 논리적이다. 노동자가 받는 임금이 단지 12시간 노동의 가치에, 즉 탁자의 가치에 상응한다면(한 노동자만이 탁자의 생산에 참여했다고 아주 단순하게 가정하자), 노동은 다른 모든 상품과 같이 그 가치에 따라 지불된 것이다—그러면 노동자는 당연히 착취되지 않

---

4) 칼 마르크스, 『임금, 가격과 이윤』 제7장.

5) 칼 마르크스, 『임금노동과 자본』, 베를린, 1950, 26쪽.

았다. 가치법칙은 상품 탁자에 대해서는 물론 상품 노동에 대해서도 타당하다. 그러나 노동자가 그 노동의 가치보다 적게 받았다면, 가치법칙은 상품 노동 이외의 다른 모든 상품에 대해서만 타당한 반면, 다른 측면에서 착취가 설명된다. 그래서 우리는 자본가에게 노동자가 자신의 노동을 판다고 가정하면서, 한편으로는 "일반적" 가치법칙을 인식할 수 있고, 그래서 착취의 설명에 대해 무시하거나 착취의 존재를 부정해야만 하거나— 당연히 수많은 마르크스 이전의 정치경제학자들은 그렇지 않았다— 아니면 다른 한편으로 우리는 일반적 가치법칙의 인정에 대해 무시해야 하고 착취를 "설명" 할 수 있게 된다.

그러나 우리가 노동자가 기업주에게 자신의 노동이 아니라 노동력을 판다는 사실을 인식한다면, 가치법칙의 일반적 영향은 물론 착취를 설명할 수 있게 된다. 노동자는 자신의 노동력을 팔고, 그것에 대해 일반적으로 완전히 지불 받는다. 가치법칙은 노동력 상품은 물론 다른 모든 상품에 대해서도 타당하다. 노동력 상품의 재생산비용은 노동자에게 지불된다. 착취는 가치법칙의 지양 속에 있지 않고, 노동력 상품의 과소평가에도 있지 않다(혹은 그러한 과소평가가 일어난다면, 그것은 초과–착취이지 "정상적인" 자본주의 착취를 표현하지 못한다). 다시 말해 노동력 상품의 지불은 다른 모든 상품의 지불과 마찬가지로 동일한 자본주의 법칙에 따른다.

다른 모든 상품과 마찬가지로! 마르크스가 더 없이 큰 가치를 부여하는 주장이다. 마르크스는 『임금, 가격과 이윤』에 관한 자신의 글의 제8편에서 자세하게 말한다: "노동력이 한편으로 상품으로서 다루어지고 다른 한편으로 그렇게 요구된다는 것은 불합리하며, 노동력은 상품가격을 규제하는 법칙으로부터 제외되어야 할 것이다."

그러면 이제 착취는 어떻게 설명되는가? 자본가가 노동력 상품을 완전히 지불하고, 그 가치에 따라 노임을 주는데, 여기서 어떻게 노동자가 착취될 수 있는가? 노동력 상품의 완전한 지불과 노동자에 대한 강력한 착취가 어떻게 하나가 될 수 있는가?

기업주가 하루 동안, 한 주 동안 혹은 다른 정해진 시간 동안 제한 없는 사용을 위해 구입한 노동력 상품은, 일단 운동에 들어가면 노동의 형태로 그 재생산에 필요한 것보다 더 많은 성과를 낸다는 고유한 특징을 갖고 있다. "즉 이것은 특별한 특징을 갖고 있는데, 바로 가치를 창조하는 능력, 가치의 원천이고, 더욱이 적절한 경우라면 스스로 갖고 있는 것보다 더 많은 가치의 원천이다."6) 노동자는 자신의 노동력의 유지를 위해 요구되는 것보다 더 많은 것을 생산할 수 있다. 이것이 모든 착취의 기초이다. 인간이 단지 생활에 필요한 만큼만 생산할 수 있다면, 그는 다른 사람을 위해 일할 수 없을 것이다. 모든 사람은 일하도록 강제된다. 이런 상황에서 한 사람은 다른 사람에게 노예가 된다. 노예나 "자유로운" 노동자가 된다는 것은 의미 없는 존재일 것이다, 자신의 노동생산물로부터 일정한 양을 빼앗긴다는 것은 단지 짧은 시간 동안 굶주림을 통한 죽음을 그에게 선고하는 것을 의미할 뿐이다— 또한 스스로 노동을 거부하는 것도 불가능할 것이다. 왜냐하면 이것은 생명에 대한 주인으로서 남기 위해서 인간은 노동자로부터 그의 생산물의 100%를 빼앗을 수밖에 없음을 의미하기 때문이다. 그리고 이것은 며칠

---

6) 프리드리히 엥겔스, 칼 마르크스의 『임금노동과 자본』에 대한 서문.

안에 그렇게 진행될 것이다. 마르크스는 말한다: "노동자가 자신과 자신의 종족의 유지에 필요한 생활수단을 생산하기 위해 자신의 모든 시간을 필요로 한다면, 그에게는 제삼자를 위해 무상으로 일할 시간은 없게 된다. 일정한 노동의 생산성 정도가 없이는 노동자를 위해 처분할 그러한 시간도 없는 것이며, 그러한 초과 시간이 없이는 잉여노동도 없고, 따라서 자본가도, 또한 노예소유주도, 봉건영주도, 한마디로 대소유계급도 없는 것이다."7) 비로소 잉여노동, 비로소 개별 노동자가 자신의 재생산에 필요한 것보다 더 많은 것을 이루어낼 수 있다는 사실이 착취의 장치를 가능하게 만들고, 노예제와 농노제 그리고 20세기에는 자유로운 노동자에 대한 자본주의적 착취를 가능하게 만든다. 그렇지만 이제 자본가는 노동자의 노동력을 구입함으로써, 또한 노동자의 노동의 전체생산물도 그에게 속한다. "생산물은 자본가의 소유이지, 직접적 생산자인 노동자의 것이 아니다. 자본가는 예를 들어 노동력의 하루 가치를 지불한다. 다른 모든 상품과 마찬가지로 노동력의 사용은, 예를 들어 하루 사용하기 위해 빌린 말과 같이 하루 동안 자본가에게 속한다."8) "우리의 노동자는 생산과정에 들어갔을 때와 다르게 생산과정으로부터 나온다. 시장에서 노동자는 '노동력' 상품의 소유자로서 다른 상품소유자와, 즉 상품소유자에 대한 상품소유자로서 마주 선다. 이것을 통해 그가 자본가에게 자신의 노동력을 파는 만남은, 말하자면 그가 자유롭게 스스로의 뜻에 따라 처분한 백색에 대한 흑색을

---

7) 칼 마르크스,『자본』제1권, 위의 책, 536쪽/『전집』제23권, 534쪽/ 강신준 번역판(도서출판 길), 703쪽 참고.

8) 위의 책, 193쪽.

증명한다. 계약이 체결된 후에 그는 자신이 '자유로운 행위자'가 전혀 아니라는 사실, 또 노동력을 팔기 위해 자유롭게 맡겨져 있던 자신의 시간은 팔아야만 하는 시간이라는 사실, 하나의 근육까지 한 방울의 피까지 착취하더라도 사실상 마다할 수 없다는 사실을 발견하게 된다."9)

그럼에도 불구하고: "비록 노동력은 하루 종일 작용하고 일할 수 있지만 노동력의 매일의 유지는 단지 반-노동일의 비용만을 지불 받는 상황, 따라서 하루 동안 노동력의 사용으로 창출한 가치가 노동력의 하루 가치보다 두 배로 커졌다는 상황은 구매자에게는 특별한 행운이지만, 판매자에게는 철저히 불공정한 것이다."10) 따라서 엥겔스는 임금체계에 관한 자신의 글에서 이렇게 말한다. "현재의 사회관계하에서 가장 정당한 하루임금은, 노동자에 의해 창출된 생산물의 더 없이 불공정한 분배와 피할 수 없는 동등한 의미이다."

그래서 엥겔스는 자본가가 노동력 상품의 가치를 완전히 지불하고도, 동시에 노동자를 착취할 수 있다고 설명한다. 가치법칙이 노동력 상품에 대해 완전히 타당하게 적용되는 동안, 자본가는 노동자에 의해 창출된 잉여가치를 자기화하면서 노동자를 착취한다. 그리고 자신의 노동력을 팔아야 하는 강제와 마찬가지로— 이것은 역사적으로 규정되고 사회 발전의 생산물이다— 따라서 노동력에 대한 가치법칙의 작용이 노동력이 팔 수 있는 상품으로 되는 것에 역사적으로 의존하는 것과 마찬가지로, 잉여노동과 나중에는 잉여노

---

9) 위의 책, 316쪽.
10) 위의 책, 202쪽.

동의 사적인 자기화(전유), 그리고 한참 후에는 잉여노동의 자본주의적 자기화 역시 역사적인 현상이다.

왜 이러한 연관은 그렇게 오랫동안 숨겨져 있었던가? 왜 이것을 꿰뚫어 보는 것이 그렇게 어려운가? 이것은 부분적으로 임금지불의 형태와 연관된다.

즉 노동자가 하루 동안 생산한 생산물이, 자신의 재생산에 필요한 상품부분과(혹은 그가 소비해야 하는 생활수단의 가치 속의 상품) 잉여가치, 즉 기업주를 위해 추가적으로 어떤 제한 없이 생산되어야 하는 상품이라는 두 부분으로 확실히 분리되는 반면, 그에게 임금은 "전체 노동일을 위해" 지불된다. 다시 말해 노동자가 잉여가치를 생산해야 하는 사실을 숨기는 형식으로 지불되는 것이다. 마르크스는 이전 사회형태에서의 이러한 사실과 잉여생산물 성과의 형태를 다음과 같이 묘사하였다: "따라서 노임의 형태는 노동일이 필요노동과 잉여노동으로, 지불노동과 미지불노동으로 분할되는 모든 흔적을 지운다. 모든 노동은 지불노동으로서 나타난다. 부역노동의 경우 공간적 시간적으로 쉽게 알아볼 수 있게, 자신을 위한 부역자의 노동과 지주를 위한 강제노동으로 분리된다. 노예노동의 경우 노동일의 부분 자체는, 노예가 그의 주인을 위한 노동보다는 사실상 자신을 위해 일하는, 자신의 생활수단의 가치만을 보전하는 것처럼 나타난다. 모든 노예노동은 미지불노동으로서 나타난다. 임금노동의 경우에는 반대로 잉여노동 혹은 미지불노동 자체가 지불노동으로서 나타난다. 거기서는 소유관계가 노예의 자신을 위한 노동을 감추었지만, 여기서는 화폐관계가 임금노동자의 공짜노동을 감춘다."11)

우리는 여기서 임금이론의 이해에 필요한 한에서만 마르크스의 잉여노동이론과 이윤이론에 대해 좀 더 들어갈 수 있다. 그렇지만 지금까지 본 것으로부터 이미 다음의 사실이 분명해졌다. 노동자는 자신을 위한 하루의 일부를 노동하고, 매우 많은 상품을 생산하는데, 주어진 역사적·사회적 관계하에서 "노동자"로서 자신의 재생산을 위해 오늘과 다음 세대(나중에 착취되어야 하는 아이들 양육)에 필요한 상품과 또 그 외에 자본가를 위해 자유롭게 처분할 수 있는 가치, 상품을 생산한다. 노동자가 첫 번째 노동을 위해 6시간 필요하고 나아가 잉여노동을 위해 6시간이 필요했다면, 자본가가 노동자로부터 취하는 잉여가치율은 6시간 곱하기 6시간으로 100%가 된다. 이윤율은 잉여가치율과 달리, 필요노동(노동력 재생산에 필요한)에 대한 잉여노동의 관계에 따라서가 아니라, 전체 투하된 자본(c+v)에 대한 잉여가치의 관계에 따라, 다시 말해 한 번은 필요노동에 대해 그리고 재료나 생산과정에 필요한 기계 등으로 전체자본 속에 포함된 노동에 대해 계산한다.

  자본가는 당연히 단지 만들 수 있는 것보다 더 많은 이윤을 원하고, 단지 높일 수 있는 것보다 더 높은 이윤율을 원한다. 다시 말해 자본가는 잉여가치와 투하자본 사이의 관계를 자신을 위해 가능한 한 가장 유리하게 배치하려고 한다. 자본가는 이것을 두 가지 방식으로 시도한다. 한편으로 자본가는 잉여노동을 높일 수 있는데, 즉 예를 들어 6시간의 "필요노동시간"의 경우에 6시간의 잉여노동시간을 7, 8시간으로 혹은 그 이상으로 연장하는 것이다. 다른 한편으로 자본가는 "필요노동시간"을 줄이는 시도를 할 수 있다. "필요노

---

11) 위의 책, 565쪽.

동시간"은 다시 두 가지 종류로 줄일 수 있다. 하나는 노동자로 하여금 자신의 노동력을 완전히 재생산 할 수 없도록 만드는 것이다; 이것은 개별 노동자가 오래 유지할 수 없도록 만드는 방법이다. 이러한 방법은 가령 대량실업의 경우와 같이 지치고 노동능력이 없는 노동자를 쉽게 발견할 때, 그리고 값싼 보충노동력을 어디서든지 찾을 수 있는 기회를 가졌을 때, 정당한 시간을 넘어 적용될 수 있다; 식민지에서는 거의 모든 인구를 소모한다; 또 예를 들어 파시즘 하에서는 노예로서 외국인노동자를 대량으로 수입함으로써 그런 방법을 적용했다. "필요노동시간"을 줄이는 또 다른 방법은 노동생산성을 높이는 방법이다— 이 방법은 가령 지난 19세기 중엽부터 아주 특별한 역할을 했던 것이다. 즉 증가된 생산성이 노동자의 생계를 위해 6시간 대신 5시간에 필요한 생활수단을 생산할 수 있도록 한다면, 기업주는 노동일의 연장 없이도 노동자로 하여금 잉여노동을 할 수 있고 추가적으로 잉여가치를 생산할 수 있는 충분한 시간을 획득하는 것이다.

어쨌든 노동자는 자신의 생계비를 내리려고 모든 것을 시도하는 기업주의 지속적인 압력 하에 서 있다. 이러한 압력은 자본주의하에서는 이전 사회보다 훨씬 더 강력하다. 봉건제 하에서는 제한된 상품범위와 상대적으로 좁은 생산형태로 인해 잉여노동에 대한 압력이 더 적었다. 봉건제는 무엇보다 토지경제에 기초하였고, 그 시장은 일반적으로 지역적이었다(우리가 이미 봉건제 경제단계에서 볼 수 있는 수공업적인 경제와 매뉴팩처, 그리고 어떤 중요한 역할도 하지 못한 원격지 무역이, 농업 이외에 결정적인 비중을 갖기에는 전체적인 틀에서 봉건 경제가 너무 작았다). 더 이상의 잉여노동에 대한 의미를 잃은 한계는 상대적으로 금방 봉착했다. 봉건제는 시장이 좁았고 생산물이 금방 부패했기 때문에, 농노들을 먹여 살리는 제한 없는 생계수단과 음식물을 소비하고 저장하고 교환할 수 없었으며, 또한 섬유와 옷감을 큰 규모에서 매년 획득하고 소비할 수 없었다. 자본주의하에서는 상황이 기본적으로 달라졌다. 생산된 상품의 대부분이 팔릴 수 있는 국내 및 국제 시장의 형성, 기술과 생산도구를 제한적으로 적용하고 경작할 수 있는 토지를 임의로 넓힐 수 없었던 봉건제와 반대로 기계와 공장, 원재료와 같은 결정적인 생산수단이 "거의 무제한의" 크기로 생산되고 소비될 수 있다는 사실—자본이 축적될 수 있는 특별한 형태, 즉 화폐형태는, 자연 형태와 달리, 모든 것을 가능하게 해주었고 기업주로 하여금 무제한으로 잉여노동의 생산물을 자기화할 수 있도록 획득하게 만들었다.

따라서 우리는 다음과 같이 말할 수 있다: 착취사회에서 상품이 단지 사용가치로서만 더 많이 생산될수록, 그 만큼 더 잉여노동의 생산에 대한 압력은 줄어든다. 잉여노동을 통해 생산된 상품의 적용가능성이 상대적으로 제한되기 때문이다. 그러나 상품이 시장을 위해 더 많이 생산될수록, 그 만큼 더 잉여생산에 대한 압력은 커진다. 그리고 또 하나. 한 사회에서 무엇보다 사용가치 그 자체, 그렇지만 또한 상품이 시장을 위해 생산된다면, 우리는 상품의 생산에서 잉여노동에 대한 압력이 아주 커지고, 보통의 생산과는 반대의 위치에 처하게 된다는 사실을 관찰하게 된다. 이 모든 것을 이미 상세히 통찰했고 해명했던 마르크스는 이에 관해 말한다. "자본이 잉여노동을 발명한 것은 아니다. 사회의 일부가 생산수단을 독점하고 있는 곳에서는 어디서나 노동자는, 자유롭든 자유롭지 않든, 자신을 유지하기 위해 필요한 노동시간 이외에 여분의 노동시간을 추가하여, 생산수단의 소유자를 위해 생활수단을 생산해야 한다. 이 소유자가 아테네의 귀족이든, 에스토리아의 신정관이든, 로마의 시민이든, 노르만의 남작이든, 미국의 노예소유자든, 왈라키아Walachia의 보이야르Bojar(러시아 및 발칸의 봉건대지주— 역자)이든, 근대적인 지주든, 자본가든 상관없다. 그렇지만 어떤 경제적 사회구성체에서 생산물의 교환가치보다 사용가치 쪽이 더 큰 중요성을 띠는 경우에는 잉여노동이 넓건 좁건 욕망의 어떤 범위에 의해 제한받듯이, 잉여노동에 대한 무제한적인 욕망이 생산 그 자체의 성격으로부터 발생하지 않는다는 것은 분명하다. 그러므로 고대에도 교환가치를 그 독립된 화폐형태로 획득하려는, 즉 금과 은을 생산하려는 경우에는 놀랄 만한 초과노동Überarbeit이 나타났다. 이러한 경우에는 치사노동Todarbeit의 강제가 초과노동의 공인된 형태였다."12)

현대 자본주의 사회에서는 그 성격으로 인해 생산이 지배적이고 (대부분의 상품이 시장을 위해 생산된다), 그리고 생산이 더욱 증가된 이윤을 위한 목적으로 더 확대된 상품생산을 목적으로 생산수단의 축적 속에서 경제의 주요 목표를 보기 때문에, 또한 자본가는 마침내 이윤율의 저하경향의 압력 하에서 보기 때문에, 잉여가치의 생산에 대한 제한 없는 욕망이 지배적이다. 따라서 노임을 저하시키려는, 더욱이 노동자에게 필요한 생활수단을 위한 노동시간의 단축은 물론 노동력 가치 이하로 임금의 저하를 통한 제한 없는 욕망이 지배적이다. 자본가의 이상은 바로 0%로 임금을 지불하는 것이다

---

12) 위의 책, 243쪽부터/『전집』제23권 259-250쪽/ 강신준 번역판, 334-335쪽 참고.

―즉 노동자는 임금이 전혀 필요 없고, 또 노동자가 임금 없이 살 수 있다면 당연히 노동자를 일반적으로 일하게 강제하는 것은 불가능할 것이다. "노동자가 공기 중에서 살 수 있다면, 어떤 가격으로도 노동자를 살 수 없을 것이다." 그래서 0%는 도달할 수 없는 "이상"일 뿐만 아니라, 자본주의 사회형태는 물론 다른 모든 착취에 기초한 사회형태를 지양하게 될 것이다.13) 마르크스는 이와 관련하여 말한다: "그래서 임금으로 아무 것도 지불하지 않는 것은, 언제나 도달할 수 없지만 그럼에도 불구하고 비록 언제나 근접할 수 있는, 수학적 의미에서의 한계이다. 이것은 이러한 허무적인 입장으로 자본을 내려누르는 자본의 지속적인 경향이다." 더욱이 "노임을 그 가치 이하로 강력하게 내림"으로써. 이러한 강력한 저하를 매개로 기업주는 노동자에게 생활에 필요한 생산물의 일부를 자신을 위해 자기화하고, 마르크스가 말했듯이, "일정한 한계 내에서지만 노동자의 필요한 소비기금을 자본의 축적기금으로 사실상 전화시킨다."14) 레닌도 노동자의 궁핍화에 관한 글에서 이렇게 언급한다: "노동자의 임금은 집요할 정도로 거의 오르지 않으며, 최대한 성공적인 파업투쟁의 경우에도 노동력의 유지를 위해 필요한 조건이 오르는 것보다 훨씬 천천히 오른다."

---

13) 하지만 로봇에 의한 무인공장시스템으로 자본주의는 이러한 "이상"을 실현해가고 있다. "노동자 없는 공장" 말이다. 이것을 자본주의라고 해야 하는가, 아니면 자본주의를 넘어설 수 있는 '생산의 사회화'를 위한 새로운 물질적 조건이라고 해야 하는가? 마르크스는 무엇이라고 분석할까? (역자).

14) 위의 책, 630쪽.

2. 그 가치 이하로 노동력의 가격(임금)의 인하

그렇지만 왜 기업주가 임금을 내릴 수 있는지 하는 문제가 제기된다. 자본주의하의 특별한 생산조건의 결과, 노임 혹은 필요노동시간의 축소에 대한 기업주의 이해관심은 생산수단 소유자의 이해관심보, 농민에게 남은 생산물의 축소에 대한 이전 사회시기의 착취자들보다 더 크다. 그러나 자본가는 노동자를 그런 강도로 착취할 수 있는 특별한 힘을 무엇으로부터 가지는가?

여기서 특별히 두 가지 요인을 지적할 수 있을 것이다. 하나는 이미 절대적 궁핍화의 일반 법칙과 관련해서 언급하였다. 그리고 산업예비군의 요인과 관련된다. 산업예비군은 생산수단의 무소유의 토대 위에서, 예를 들어 노동자의 일부가 실업상태이고, 동시에 계속 생존하기 위해 노동을 위임하고 무엇보다 아직 고용되어 있는 사람들의 비용에 위임한다는 사실, 즉 일자리를 둘러싼 노동자들의 경쟁으로서 반영되는 이러한 사실, 노동자의 위치가 기업주에 비해 매우 허약하다는 사실, 노동자들이 부분적으로는 자신에 반해 적응해야 하는 사실, 착취될 기회를 위해 일자리를 둘러싸고 노동자가 서로 투쟁해야 하는 이러한 사실— 이 모든 것이 기업주로 하여금 임금을 내리도록, 더욱이 노동력 가치의 수준 이하로 내리도록 해 준다. 실업자는 임금 없이 실업상태로 있는 것보다, 비록 배고플지라도 자신과 가족을 부양하고 굶어죽지 않기 위해 이전 임금의 작은 부분이라도 일을 선택할 것이다. 산업예비군의 존재는 또한 기업주로 하여금 노임을 자주 오랜 시간 노동력의 가치 이하로 유지하도록 하는 데 성공할 수 있게 만드는 결정적 요인이다.

따라서 다시 한 번 강조해도 좋을 것이다. 모든 착취되는 사람들이 자본주의하에서 만큼 생산수단으로부터 그렇게 급격하게 분리된 시대는 결코 없었다. 노예소유주의 자유로운 노동자(자유민)는 나중의 수공업자와 같이 다양한 작업도구를 갖고 있었다. 농노(농민)는 토지에 대한 소유를 느낄 수 있었으며, 이것은 지주의 경제외적 강제라는 관계 하에서 역시 경제적으로 의존하게 만들었다; 그렇지만 그들은 풍부한 생산수단을 가지고 있었다. 이것은 자본주의하 노동자가 더욱 더 자신의 작업도구(생산수단)를 빼앗기고, 더욱 더 기계의 단순한 부속물이 되고 기업주에게 완전히 넘겨주게 되는 자본주의하에서는 달라진다. 기업주의 소유로 나타나는 생산수단 없이는, 노동자는 자신의 생계를 버는 데 완전히 절망적이고 따라서 완전히 기업주에게 의존하게 된다.

이러한 예외적인 기업주의 강력한 위치와 착취되는 사람들의 매우 특별히 약한 위치 차이의 결과, 자본주의는 노동력의 가격을 계속 그 가치 이하로 내리게 하고, 다시 말해 자신의 노동력을 재생산하는 데 더욱 더 어렵게 만드는 임금을 노동자에게 지불할 수 있도록 한다. 이러한 사실의 결과는 바로 노동자계급 내의 급속한 세대교체이다. "면직산업은 90년이 지났다... 면직산업은 영국 인종의 세 세대에서 면직노동자의 새로운 세대를 먹어치웠다."[15] 그러나

---

15) Feffand가 1863년 4월 27일 하원에서 한 연설 – 마르크스의 독일어 번역.

그러한 노동자의 남용은 무제한으로 지속될 수 없었으며, 그래서 사람들은 외국인노동자를 노예로서 도입하는 가령 파시즘의 수단을 이용했다. 자본가가 체제의 기능을 유지하기 위해 이미 아주 오래 전부터 그리고 아주 일반적으로 파시즘의 수단을 적용하였다는 사실은 어떤가?

여기에는 두 가지 이유가 있다. 하나는 자본가로 하여금 자신의 나라의 노동자계급을 전멸하지 않고도 희생시킬 수 있는 새로운 노동자를 무엇보다 식민지에서 언제나 발견할 수 있도록 해주었다. 다시 말해 자본가는 노동력의 가격을 그 가치 이하로 내릴 수 있는 정책을, 그러나 모든 노동자에 대하여 노임을 그 가치 이하로 내리는 것이 아니라 대부분 특정 집단에 대해서만 내리는 방식으로 관철하였고, 그래서 평균가격이 평균가치 이하로 더욱 내려갔지만, 다른 측면에서는 노동자의 주목할 계층이 노동력의 완전한 가치를 유지하고 충분히 재생산할 수 있게 되었다. 그래서 예를 들어 영국의 금융자본에 의해 착취되는 노동자의 평균세대가 비록 그 평균수명에서는 저하되었지만, 그러나 영국 자체의 노동자의 평균세대는 차라리 수명을 늘이게 되었다— 제국주의와 특별히 자본주의의 일반적 위기에서 증가된 실업과 함께 영국 노동자의 노동생활의 평균 지속기간이 다시 줄어들 때까지: 40살이 되면 노동자는 다시 늙어 확실한 노동을 수행할 수 없었다. 그렇지만 40살의 노동자는 100년 전에는 대부분 죽었지만, 20세기에는 건강한 생활을 위해 충분하지는 않지만 아직 수입을 갖고 생존할 수 있다.

노동력의 가격이 그 가치 이하로 내려가는 조건 하에서도 노동자계급이 계속 생존한 두 번째 이유는, 동시에 일정한 반대경향이 어쨌든 관철되었다는 데 있다; 이것은 노동의 가치성격의 특별히 고유한 특징과 연관된다. 마르크스는 이에 관해 말한다. "그러나 노동력의 가치 혹은 노동의 가치를 다른 상품의 가치와 구분해주는 몇 가지 특징이 있다. 노동력의 가치는 두 가지 요소로 이루어져 있다— 하나는 순전히 육체적인 것이고, 다른 하나는 역사적 혹은 사회적인 것이다. 노동력의 가치의 궁극적 한계는 육체적 요소에 의해 결정된다. 다시 말해 노동자계급은 자신을 유지하고 재생산하기 위해, 자신의 육체적 존재를 영속화하기 위해 생활과 번식에 절대적으로 필요한 생활수단을 받지 않으면 안 된다. 따라서 이 반드시 필요한 생활수단의 가치가 노동가치의 궁극적 한계를 형성한다... 이와 같은 순전히 육체적인 요소 이외에도 노동의 가치는 각 나라의 전통적인 생활수준에 의해 결정된다. 이것은 단순한 육체적 생활인 것이 아니라 사람들이 놓여 있고 양육되는 사회적 조건들로부터 생기는 특정한 욕망을 충족시키는 생활이기도 하다... 노동의 가치 속에 들어가는 이러한 역사적 혹은 사회적 요소는 확장될 수도 있고 축소될 수도 있다. 아니면 완전히 없어져서 육체적 한계 이외에는 아무것도 남지 않게 될 수도 있다... 서로 다른 나라의 표준임금, 요컨대 노동의 가치를 서로 비교해보면, 그리고 한 나라의 서로 다른 역사적 시기에 따라 그것을 비교해보면, 우리는 비록 다른 모든 상품의 가치가 그대로라고 가정하더라도, 노동의 가치 자체는 고정된 규모가 아니라 가변적 규모임을 알게 될 것이다."16)

우리가 지난 150년간의 자본주의의 역사를 고찰해보면, 노동가

---

16) 칼 마르크스, 『임금, 가격과 이윤』 제14절/ 박종철 출판사, 선집 제3권, 113-114쪽 참고.

치의 역사적 요소는 노동자 측에 의해 계속 더 잘 조직화된 계급투쟁의 조건 하에서 증가하는 경향을 갖는다고 말할 수 있을 것이다. 우리가 말할 수 있듯이, 노동자생계의 사회적 부분의 이러한 증가, 이러한 상승은 또한 육체적 건강상태에 대한 일정한 영향을 갖는다. 육체적 수준과 사회적 수준의 분리는 범주적으로는 실행될 수 있을지 몰라도, 그러나 노동자에 대한 영향에서는 그 둘은 일정한 방식으로 융합되고, 따라서 예를 들어 육체적 수준에서의 저하가 사회적 수준의 상승의 결과 충분히 작용하지 못할 수도 있다.

그래서 우리는 우선 임금은 최소생계 주변을 움직이고, 이러한 최소수준 아래로 노동자의 육체적 건강상태를 저하시키는 하나의 경향이 있고, 동시에 계급투쟁의 결과로 그에 상응한 역사적·사회적 요소의 상승이 확대되는 또 다른 경향이 있다고 일반적으로 주장할 수 있다.

3. 지속적인 절대적 궁핍화에도 불구하고 실질임금 상승의 의미

그렇지만 실질임금이 그 동안 때로 상승했는지, 그럼에도 불구하고 절대적 궁핍화가 지속되었는지 정당하게 묻는다면 어떨까? 이 질문에 대답하기 전에 우리는 두 종류의 실질임금상승을 구별해야 한다. 첫 번째는 몇 년간 지속되는 것이고, 두 번째는 일련의 수십 년간 지속되는 것이다. 먼저 첫 번째 종류부터 고찰해보자. 여기서는 경기순환의 상승기에 실질임금의 상승과 관련된다. 이러한 상승은 자연스런 것으로 보인다. 절대적 궁핍화가 노동자상태가 날마다 해마다 악화되는 것이 아니라 단지 한 순환평균의 다른 순환평균에 대한 악화를 의미하는 것과 마찬가지로, 실질임금도 최소생계비를 둘러싸고 매일 매주 수렴하는 것이 아니라 경기순환의 평균 속에서 수렴하는 경향이 있다. 마르크스는 여기에 대해 이렇게 말한다.

"우리 모두는 여기서 설명할 필요가 없는 이유들로 인해 자본주의 생산이 일정한 주기적 순환을 경과한다는 사실을 알고 있다. 그것은 평온, 활력 증대, 호황, 과잉생산, 공황, 침체 등의 상태를 경과한다. 상품의 시장가격과 시장이윤율은 이러한 국면들을 따라 때로는 그 평균수준 이하로 내려가고 때로는 평균수준 이상으로 올라간다. 순환과정 전체를 보면, 우리는 시장가격이 어느 한 쪽으로 치우치면 다음에는 다른 쪽으로 치우쳐서 계속 보상되고 있으며, 그 순환과정을 평균해보면 상품의 시장가격은 그 가치에 의해 규제된다는 것을 알게 된다. 그렇지! 시장가격의 하강국면과 공황 및 침체국면에서는, 노동자가 완전히 실직하지는 않았다 하더라도 그의 임금은 분명히 인하된다. 사취당하지 않으려면 비록 시장가격이 하락하더라도 노동자는 어느 정도의 임금하락이 필요해졌는지를 자본가에게 따져야 한다. 만일 초과이윤이 생기는 호황국면인데도 그가 임금인상을 위해 투쟁을 벌이지 않는다면, 한 산업의 순환과정을 평균해볼 때 그는 자기의 평균임금조차, 즉 자기 노동의 가치조차 받지 못하는 꼴이 된다. 순환의 불리한 국면에서는 노동자의 임금도 반드시 불리한 영향을 받게 되는데도 순환의 호황국면에서 그것에 대한 보상을 단념하도록 요구하는 것은 아주 어리석은 일이다.

일반적으로 표현하면 다음과 같다: 모든 상품의 가치는 수요와 공급의 끊임없는 변동으로부터 생기는 시장가격의 끊임없는 변화가 서로 보상됨으로써만 실현된다. 현재 제도의 토대 위에서는 노동 또한 다른 것들과 마찬가지로 하나의 상품에 불과하다. 그러므로 노동도 마찬가지의 변동을 거쳐야만 그 가치에 상응하는 평균가격으로 판매될 수 있다. 한편으로는 노동을 상품으로 다루면서도 다른 한편으로는 그것을 상품가격을 규제하는 법칙들 밖에 두려는 것은 합리적이지 못한 일이다. 노예는 영원히 고정된 액수의 생계비를 받는다; 임금노동자는 그렇지 않다. 그는 어떤 경우에는, 다른 경우의 임금하락을 보상하기 위해서라도 임금상승을 이루려고 애써야 한다. 만일 노동자가 자본가의 의지와 자본가의 명령을 영구적인 경제법칙으로 순순히 받아들인다면, 그는 노예가 받는 보장조차 받지 못하면서 노예의 모든 불행을 함께 나누게 될 것이다."17) (경기순환 내부의 다양한 운동에 관한 마르크스의 이러한 상론은 통계적 방법론을 위해 커다란 의미를 가진다. 만일 순환 내부에서, 순환 전체에 비로소 평균에 차이가 없는(평균을 완화하는) 다양한 측면의 초과가 일어나면, 우리가 전체적인 경제과정을 잘해야 순환평균으로서 서술하는 것이 분명해질 것이다. 마르크스주의 통계학자들이 이러한 마르크스이론의 결과를 이끌어내고 5년 내지 10년 평균 대신에 순환평균을 도입하기까지 거의 60년이 필요했다 - 그리고 많은 마르크스주의 통계학자들이 오늘날 여전히 과거의 방법으로 작업하고 있다; 순환평균이 아직도 통계학에 전혀 동화되지 못하였다.)

---

17) 칼 마르크스, 『임금, 가격과 이윤』 제13절/ 박종철 출판사, 선집 제3권, 111쪽 참고.

다시 말해 경기순환의 호경기에 임금상승은 단지 위기 동안의 임금저하를 보상하는 데 필요할 뿐이다. 호경기에 노동력 가치보다 더 높이 임금을 상승시키고 위기 동안에는 그 가치 이하로 임금을 저하시키는 것으로부터, 노동력의 가격과 가치의 균형을 낳는 평균이 주어진다―노동력의 가격을 그 가치 이하로 영구히 저하시켜야 하는 위에서 말한 경향이 유지되지 않는다면.

임금의 상승과 한편으로 순환이 전혀 다른 경우도 있다. 여기서 문제가 되는 것은 다양한 운동의 평균으로의 수렴이 아니다. 여기서 문제가 되는 것은 근본적으로 다른 과정이다. 더욱이 노동자가 더 많이 지불받는다거나 노동력 상품의 가격이 그 가치 이상으로 올라간다고 말할 수 없는 과정과 관련된다. 그렇다, 많은 경우에 임금(실질임금)이 올라가지만 노동력 상품의 가격이 그 가치 이하로 떨어지는 것도 충분히 가능하다.

19세기 후반기의 경우와 같이, 가족 내에서 버는 사람의 수가 줄어들었지만 가족 내에서 노동력의 재생산비용이 당연히 그대로일 때, 그러한 경우가 주어졌다.

19세기 전반기에 가족의 실질소득이 자동적으로 그에(개별 노동자의 실질임금 하락) 상응하여 하락하지는 않았지만 개별 노동자의 실질임금은 자주 하락하였는데, 이것은 더 많은 아동들이 공장에 투입되었기 때문이다. 그래서 19세기 후반기에는 강력한 계급투쟁의 결과로 가족소득의 유지를 위해, 미래 노동자의 양육보장을 위해 노동자의 실질임금의 상승 필요성이 객관적으로 주어졌다. 그리고 이것은 증가된 기계의 보충과 국가의 군사력 약화로 인해, 아동노동을 통해 지속적으로 악화된 충원인원을 공장에서 배제하고 일반적으로는 더 이상 아동노동을 허용하지 않게 되었기 때문이다.

다시 말해: 이 경우에 실질임금의 상승은 가족소득의 상승을 의미하는 것이 아니라, 일반적으로 말해 기껏해야 가족소득의 정체 혹은 노동력 상품의 가격에서의 상승을 의미한다.

나아가, 19세기 후반기에는 자주 그런 경우가 있는데, 노동력의 가치가 상승한다면, 증가된 실질임금이 가치로 계산하면 노동력의 저하된 지불을 의미할 수도 있다. 생산성이 증가한다면, 노동자가 필요한 생활수단의 생산을 위해 더 많은 시간을 필요로 한다면, 노동력의 가치는 상승해야 한다. 예를 들어 생산성의 저하로 생활수단의 생산을 위해 필요한 노동시간이 하루에 6시간에서 7시간으로 증가했다면, 노동자는 자신의 노동력을 재생산할 수 있기 위해 더 높은 임금을 받아야 한다. 그러나 우리가 지난 20세기의 인류역사를 고찰하면, 그런 경우를 발견할 수 없을 것이다. 반대로 우리는 아주 일반적으로 생산성의 향상과 함께 노동력 가치의 하락을 발견하게 된다. 그리고 비록 생산성이 저하하는 경우가 있다 하더라도, 그것이 실질임금상승의 경우보다 훨씬 드물고, 또한 더 많은 순환을 넘어서는 것이라고 우리는 최소한 말할 수 있다. 다시 말해 생산성의 저하는 노동력의 초과지불과 일치하지 않는 증가된 실질임금을 위해 일반적으로 충분한 설명이 결코 아니다. (그러나 소비재의 생산에서 떨어진 생산성의 경우는 우리가 생각하는 만큼 적지 않다. 예를 들어 상응하는 가격하락 없이는, 더욱이 드물지 않게 생산을 위해 필요한 노동시간의 상응하는 단축 없이는, 겨울외투의 질이 너무나 열악해져서 이것은 두 배로 빨리 보충되어야 하고, 그러면 이것은 생산성 저하와 일치하게 된다.)

두 번째 노동력가치의 상승가능성은, 가치가 노동 측에서의 변화를 통해서 커지는 경우이다. 정확히 이것은 실질임금이 상승을 위한 경향을 제시하는 자본주의의 단계에서의 경우이다. 일방적으로 노동력의 재생산비용이 증가하는 시기가 있다. 그러나 노동력의 재생산비용이 왜 증가하는가— 동시에 생활수단의 재생산비용이 증가하지 않고 오히려 같거나 낮아진다면? 노동력의 재생산비용은, 노동력이 더 강하게 활용되기 때문에 증가한다. 이러한 강력한 활용은 이론적으로, 노동자가 더 오래 일하도록 강제되거나, 아니면 더 강도 높게 일하도록 강제되는 경우에 일어날 수 있다. 실제로 자주, 장시간노동은 노동력의 더 강력한 활용으로 도입되지 않는 경우가 많다. 왜냐하면 이 방법이 자본가에 의해 한 시기 적용되었는데, 시간당 노동 강화의 "장점"을 올바르게 이해하지 못했고, 그리고 노동자가 연장된 노동시간에 시간당 상응하는 성과를 내지 못했고, 나아가 고유한 노동력에 상응하는 생산을 더 이상 이루지 못했기 때문이다. 틀림없이 산업자본주의의 초기에는 하루 노동시간의 연장과 함께 또한 자주 노동력의 양도가, 그 재생산에 필요한 것보다 더 많다는 의미에서 증가되었다. 그러나 추가 노동력의 실제적인 커다란 양도는, 노동자로부터 훨씬 더 많은 것을 뽑아낼 수 있다는 의미에서 이루어졌는데, 그렇지만 사실상 본질적으로 더 많은 것을 다시 노동자에게 넣어주어야 한다— 이것이 기업주가 어떻게 하면 노동 강도를 더욱 증가시킬 수 있을까 하는 방법에 관해 계속 궁리했던 자본주의의 두 번째 단계의 첫 번째 현상이다. 이러한 그가 궁리한 의미에서 자본가는 성공적이었다. 왜냐하면 기술적 진보는 그로 하여금 노동자를 더욱 더 빨리 돌아가는 기계에 결합시키도록 할 수 있었기 때문이다— 이러한 발전의 정점을 컨베이어벨트의 노동이라고 표현하는데, 이것은 노동 강화의 마지막까지 진행된 조절을 허용하였다. 노동자는 이제 실제로 컨베이어벨트와 분리할 수 없게 결합되었기 때문이다. 이러한 방식으로 노동자로부터 더 많은 것을 가져오면서 노동력 상품의 가치도 증가하였다. 즉 노동자의 노동력을 다시 재생하기 위해서는 더 많은 것을 노동자에게 보상해주어야 하기 때문이다. 이러한 사고과정은 마르크스와 엥겔스가 죽은 뒤에 마르크스주의 문헌에서 우선 어쨌든 완전히 무시되었다. 여기에는 통계를 통해 증가된 실질임금을 증명하고 노동자가 더 잘 살게 되었다고 증명하려는 수정주의자와 개량주의자에 대한 대답이 당연히 아주 분명하게 포함되어 있다. 마르크스는 이 문제에 대해 『자본』에서는 물론이고 『임금, 가격과 이윤』에 관한 글에서 상세하게 다루었다. 먼저 후자의 저술에서 인용해보자: "공장법이 실시되고 있는 모든 산업분야에서 현재 존재하고 있는 것처럼 노동일에 어떤 한계가 주어져 있는 경우라도, 예전 수준의 노동의 가치를 유지하기 위해서라면 임금상승이 필요해질 수 있다. 노동강도를 높임으로써 예전에는 두 시간에 지출하던 생명력을 한 시간에 지출하도록 할 수도 있다. 이것은 공장법이 실시되고 있는 산업분야에서는, 기계의 작동속도가 빨라지고 한 사람이 맡아야 하는 작업기의 수가 많아짐에 따라 어느 정도 달성되었다. 만일 노동강도, 즉 한 시간에 지출되는 노동의 크기의 증가가 그에 상응하는 노동일의 범위의 감소를 가져온다면, 노동자는 여전히 얻는 것이 있다. 그러나 만일 이 한계를 넘는다면 그는 어떤 형태로 얻은 것을 다른 형태로 잃는 셈이 되고, 그렇게 되면 10시간의 노동이 이전의 12시간 노동만큼이나 파괴적인 것이 될 수 있다. 상승하는 노동강도에 상응하는 임금인상을 위해 투쟁함으로써 자본의 그런 경향을 막으려는 것은 노동자가 자기 노동의 가치저하와 자기 종족의 쇠퇴에 저항하는 것일 뿐이다."18)

19세기 마지막 1/3에 그리고 제1차세계대전이 지나간 20세기까지에도 증가된 노동강도에 대한 논의가 노동운동에서, 특히 노조운동에서 거의 역할을 하지 못하고, 그래서 노동자계급이 증가된 실질임금이라는 반박할 수 없는 사실과 연관되어 있는 오류가 많은 논의와 잘못된 이론이 등장한 것은 아주 슬픈 일이다. 노동과정의 강화가 노동자의 궁핍화에 대해 갖는 매우 중요한 의미를 레닌이 비로소 다시 명쾌하게 분석하였다.

이 과정의 경우에 기본적으로 두 가지 진행이 관계된다. 하나는 마르크스에 의해 다음과 같이 묘사되었다: "주어진 시기 안에 응축된 이와 같은 더 커다란 양의 노동은 이제 있던 그대로의 노동량으로서, 즉 더 커다란 노동량으로서 계산된다. '외연적 크기'로서의 노동시간이라는 척도 이외에 이제는 그 밀도라는 척도가 나타난다. 10시간노동일에서 높은 강도의 1시간은 이제 12시간노동일에서 낮은 강도의 1시간에 비해 같든가 아니면 그보다도 많은 노동, 즉 지출된 노동량을 포함한다."19) 이러한 강화형태는 실질시간임금의 상승을 통해 보상된다. 하루당 줄어든 노동시간의 경우 실질하루임금과 동일하게 되고, 실질시간임금은 상승하여 노동자는 하루당 같

---

18) 위의 책/ 박종철 출판사, 선집 제3권 110쪽 참고.

19) 칼 마르크스, 『자본』 제1권, 위의 책, 430쪽/『전집』 제23권, 432-433쪽/ 강신준 번역판, 554쪽 참고.

은 양의 생활수단을 그 전과 같이 살 수 있게 된다. 노동자는 짧은 시간에 소진되지만, 그러나 하루에 지출되는 전체 노동력은 같고 단지 짧은 시간에 지출되고, 노동력 상품의 재생산비용도 거의 같으며, 그리고 동일한 하루실질임금(상승한 시간실질임금의 경우에)도 그 재생산을 위해 충분하다.

그렇지만 이러한 과정 이외에, 시간이 가면서 더 큰 의미를 갖게 되는 두 번째 과정에 들어간다. 이것을 마르크스는 다음과 같이 묘사했다: "조금도 의심할 여지가 없이, 법률이 자본에 대하여 노동일의 연장을 일시에 금지하자마자, 노동의 강도를 조직적으로 높임으로써 그 손실을 메우고 모든 기계를 더 많은 노동력을 착취하기 위한 수단으로 변화시키고 말았던 자본의 경향은 결국 또 다른 전환점을 향해 나아갈 수밖에 없게 된다..."[20] 다시 말해 자본가는 밀도 있는, 덜 투명하지만 강화된 형태의 단축에 상응하여 줄어든 노동일을 구성하는 데 만족하지 않고, 단축의 범위를 넘어 그것을 강화하려고 시도한다. 그러한 과정은 노동력의 재생산을 위해 안정된 하루임금에서 단지 증가된 시간실질임금만을 요구하는 것이 아니라, 노동력을 재생산하기 위해 증가된 하루실질임금을 요구한다. 지난 백 년의 발전이 보여주었고, 정당하게 이 시대를 강화된 착취방법의 시대로서 특징지을 수 있게 한 것은— 당연히 강화된intensive 내포적 생산방법과 착취방법이 적용되었지만 동시에 확대된extensive 외연적 방법도 중요한 역할을 했던 산업자본주의의 초기시대와는 반대로 – 원래 바로 이 후자의 과정이다.

---

20) 위의 책, 438쪽/『전집』 제23권, 440쪽/ 강신준 번역판, 564쪽 참고.

노동과정의 더 큰 강화 이외에, 노동력 상품의 가치를 높일 수밖에 없는 또 다른 요인이 있다: 예를 들어 19세기 후반부에 숙련노동자의 거대한 군대의 창출 필요는 높은 교육비용과 혹은 부분적으로는, 가족의 생계를 위해 아버지의 임금에 상응하는 높이를 필요로 했던 아동노동의 창출과 결합되었다. 이것은 부분적으로는 광산에서와 같이 개별 직업에서 여성노동이 사라진 것과 마찬가지의 경우이다. 마찬가지로 미국에서는 자동차트러스트의 독점이윤을 촉진하기 위해 의식적으로 열악하게 유지되는 교통편과 함께, 자동차가 오늘날 필요한, 그 가치가 상승된, 노동력 상품의 재생산비용에 속한다.

이것을 위해 노동력 상품의 가치가 갖고 있는 사회적 요소의 상승을 통한 가치상승이 일어난다. 그 의미에 관해 우리가 이미 말했지만, 그러나 여기서 다시 한 번 다른 시점 하에서 다루어야 할 것이다. 로스차일드는 이들 요소가 "최저생활비-이론"이고, 말해자면 노동자가 "그들의 성실한 단순성의 상당 부분"을 빼앗기면 그는 생활에 필요한 것보다 더 많은 것을 유지하지 않는다고 주장하였다.[21] 동시에 그는 마찬가지로, 이미 1815년에 토렌스Torrens가 외국과의 옥수수거래에 관한 논문에서 최저생활비는 "보통의 생활수준"을 포함한다고 설명했다고 올바르게 언급했다. 또한 마르크스도 "역사적·도덕적 요소"에 대한 토렌스의 논문과 관련하여 그를 언급하였다: "그(노동)의 자연가격은… 노동자를 유지하기 위해, 또 시장에서 노동공급이 감소되지 않도록 보증할 만큼의 가족을 그가

---

21) Rothschild, 『임금이론』, 옥스퍼드, 1954, 8쪽.

부양할 수 있도록 하기 위해, 한 국가의 기후나 습관에 따라 필요한 생활수단과 향락수단의 양이다(토렌스, 『곡물무역론』, 런던, 1815, 62쪽; 여기에는 노동이라는 말이 노동력 대신에 잘못 쓰이고 있다.)"[22]

당연히 "최저생활비"는 "성실한 단순성"이 결코 아니다. 그러나 그것이 처음에는, 이미 페티Petty의 경우... 최소한 아이들의 "양육비용"이 함께 포함되기 때문에, 단순했을 것이다.

우리는 다음을 고려해야 한다: 단지 매우 유치하게 논의하자면, 자신의 육체의 힘을 유지하기 위해 필요한 칼로리를 섭취하는 노동자는 일반적으로 현대의 도시생활을 견딜 수 있을까? 아주 결정적인 부분, 즉 생계의 사회적 요소의 전체는, 노동자로 하여금 현대 도시생활의 조건과 요구 아래 생존하도록 할 수 있는 최소생활비의 일부가 아닐까? 라디오와 텔레비전은 틀림없이 "해소가능성"을 제공한다. 그러나 과도한 해소가능성? 음악이 젖소를 동반한다면 암소 역시 더 많은 우유를 제공해야 하지 않는가? 젖소를 위한 음악은 암소에게 당연히 "공짜로" 제공된다. 라디오와 텔레비전은 그렇지만 노동자에게 그렇지 않다!

그러므로 많은 이유에서 실질임금의 상승은 노동력 상품에 대한 그 가치대로의 높은 지불과 동일시할 필요가 전혀 없다.

그러나 무엇보다 이것이 노동강도의 증가를 위해 필요한 전제조건이었기 때문에 19세기 후반기에 실질임금이 상승했다고 주장한다면, 그리고 이것이 노동강도의 상승을 통해 (다른 방식 위에서) 상

---

22) 칼 마르크스, 『자본』 제1권, 위의 책, 179쪽/『전집』 제23권 186쪽/ 강신준 번역판, 256쪽 주) 참고.

승되었기 때문에 이 시대의 실질임금의 상승에도 불구하고 노동력은 계속 그 가치 이하로 지불되었다고 우리가 말한다면—그러면 제국주의 단계에서 실질임금이 정체되고 자본주의의 일반적 위기의 공개적 발발과 함께 오히려 줄어든 반면, 이 시기에 노동강도가 더욱 증가하고 그래서 노동력의 가치가 이것을 통해 더욱 낮아진 사실은 어떻게 설명할 것인가?

우리는 자본이 노동력 상품의 가격을 자본주의 역사의 과정에서 더욱 더 그 가치 이하로 내리려고 하고, 그래서 개별 계층에 대하여 노동력 상품 자체가 경기순환의 평균에서 그 가치 이하로 팔리거나 지불되도록 관철되는 경향이 존재한다고 주장하였다.

제국주의의 단계에서, 특히 자본주의의 일반적 위기의 시대에, 이것은 모든 독점자본주의 나라에 해당되는 일반적인 현상이 되고, 그래서 노동력 상품은 그 가치 이하로 지불되고, 노동력 상품의 가격은 순환의 평균 속에서 그 가치 이하로 운동하고, 그 가격은 한 순환에서 다른 순환으로 더욱 그 가치 이하로 내려가고, 그에 상응하여 궁핍화는 증가한다.

이것이 어떻게 이론적으로 설명될 수 있는가?

우선 그러한 사실은 노동자계급이 전체로서 더 이상 노동을 할 수 없다고 분명히 확증되어야 한다. 자본가의 지배계급이 단지 노동자의 일부만 생산과정에 투입할 가능성은, 기업의 만성적인 낮은 고용에서, 즉 생산도구의 일부를 지속적으로 사용하지 못하고 그에 상응하여 "거대한 노동이 공급되는" 과정 속에서 조건 지어졌다. 영구적인 높은 실업은(이러한 높은 실업은 다만 전쟁기나 때로 전쟁을 준비하는 시기에는 일시적, 부분적으로 실제로 사라지기도 했다) 이미 노동자계급의 일부의 희생을 의미했다. 그러면 우리는 독점자본주의 나라의 생산의 남는 일부가 식민지와 반식민지로 이전되고, 거기서 자본은 모든 인구를 가차 없이 희생시키고, 그들의 재생산에 대한 가치가 전혀 없어지는 경향을 관찰한다. 마침내 우리는 독일의 파시즘 하에서와 같이, 독점적 "모국"으로 노동자를 강제로 수입하고 이러한 강제노동자가 궁극적으로 가차 없이 희생되는 것을 보게 된다.

그렇다면 노동력 상품에 대한 지속적인 낮은 지불의 확실한 "기술적·생물학적" 가능성이 있는 것이다. 이것은 무엇보다, 자본주의의 기본모순이 심화되었고, 한편으로 지배계급이 생산력의 일부를 더 이상 충분히 투입하지 못하고 그것을 "보충"으로서만 투입하고 가차 없이 희생시킨다는 사실에 기초하며, 다른 한편으로 지배계급이 기본모순의 극단적인 심화의 결과를 유례없는 잔인함으로 대응하려는 사실에 기초한다. 이것은 결국 자본주의의 경제적 기본법칙이 독점자본의 지배의 조건 하에서 작용하는 형태에 기초한다.

그래서 이것을 통해 가치법칙이 지양되는가?

가치법칙은 지양되지 않지만, 확실히 변형된다. 독점자본주의하에서 경기순환의 평균에서 가격의 총액은 가치의 총액에 더욱 상응한다. 그러나 자유경쟁의 자본주의하에서 모든 개별 상품종류의 가격 총액(생산가격)이 순환평균에서 가치 총액에 상응하는 동시에 일반적으로 임금, 즉 노동력 상품의 가격은 순환 내부에서 차이가 없어지기 때문에, 임금은 노동력 상품의 가치와 같게 되고, 이제 독점자본의 지배 하에서 가치법칙은 노동력 상품을 포함한 모든 상품에 타당하게 되지만, 더 이상 개별 상품종류에 대해서는 타당하지 않으며 따라서 노동력 상품에 대해서도 타당하지 않은 것으로 고찰된다. 다시 말해 독점가격이 매우 강력하게 오르기 때문에, 노동력 상품을 배제하면 모든 상품의 평균가격은 노동력 상품을 배제할 때의 모든 상품의 평균가치 이상으로 올라가고, 노동력 상품은 평균적으로 그 가치 이하로 지불되며, 모든 가격의 즉 철, 자전거, 음식물 등과 게다가 노동력 상품 가격의 평균만이 순환에서 모든 가치의 평균에, 즉 철, 자전거, 음식물 등의 가치와 노동력 가치의 평균에 총괄해서 상응한다.

이것은 제국주의와 특히 자본주의의 일반적 위기의 시대에서는 정상적인 현상이다. 마르크스 역시 개별 시대, 개별 경우에 대해서 이미 그것을 언급하였다. 다시 말해 자본가는 노동자의 소비기금의 일부를 몰수하고, 자본가에 의해 몰수된 노동자의 이러한 소비기금의 크기에 상응하여 노동력 상품을 배제한 모든 상품의 가격 전체가 경기순환 내부에서 노동력 상품을 배제한 모든 상품의 가치 이상으로 올라간다. 여기서 우리는 가치법칙의 매우 중요한 변형을 보게 된다 - 전체 노동자계급에 대해 새로운, 끊임없는 빈곤을 의미하는 변형.

당연히 이것은 노동자계급의 소비기금에 대한 증가된 몰수에까지, 노동과정에서 대량의 취업불능에까지 - 자주 죽음에 이르기까지의 취업불능— 엄청난 착취를 통해 자본주의 독점이윤의 확보를 포함하는 독점자본주의의 경제적 기본법칙의 변형의 결과이다.

노동자의 실질임금이 실제로 크게 상승한 1956년에서 1965년까지 10년간 이러한 관계는 어떻게 되었는가? 이 문제에 대해 우리는 이미 여러 번 대답하였다.

4. 가족임금, 가족착취, 여성임금

임금이 노동력의 가치 이하로 떨어지는 모든 경향이 강화되는 이러한 착취의 방법 이외에, 또 하나의 다른 방법을 생각해 볼 수 있다. 즉 이것을 통해 수십 년간 노동력의 가격을 그 가치 이하로 떨어뜨리는 데 기여하는 또 다른 방법이다. 우리는 임금이 높이 접근할 수 있고, 그래서 임금이 동시에 생물학적으로 "양육적으로", 다시 말해 노동자의 사회적 재생산을 확실한 방식으로 보장하고 또한 다음 노동자세대의 양육비를 문제삼으면서, 임금이 노동력의 재생산을 위해 풍족할 뿐만 아니라 이것을 넘어 노동력의 재생산을 "모두를 위해 영원히" 보장해 줄 수도 있다고 주장하였다. 기업주는 공개적인 이유 때문에 그러한 "양보"에 대해 기꺼이 설명할 수밖에 없는 반면, 다른 측면에서 기업주는 이러한 "양보"의 비용을 가능한 한 낮게 유지하고, 더욱이 여기서 이득을 챙기려고 한다. 기업주는 양육비를 위해 가능한 한 노동자가족의 대부분을 일하도록 추구하면서 이것을 실행한다. 아동과 여성이, 이들의 양육비와 교육비는 원래 남성의 임금 속에 포함되어 있었는데, 더욱 증가된 정도로 노동하도록 강제되고, 그래서 같은 시기에 남성 노동자의 임금은 내려가고, 따라서 일정한 시간이 지나면 일하는 아동과 여성의 부가된 임금양은 남성에, 즉 이전에는 남성 혼자서 벌었던 임금에, 전체 가족의 임금에 비슷해진다. 여기서 일어나는 일은, 두 아이를 가진 가족의 경우에 "한 노동자가족의 생계를 얻기 위해 이전보다 네 배나 많은 노동생활을 지출하게" 되는 것이다(칼 마르크스, 『임금노동과 자본』).

여기서 사실상, 여성과 아동을 노동으로 끌어들이도록 강제하거나 가능하게 만드는 일련의 전체 경향과 발전과정을 마주하게 되는 것이다. 우선 이것은 미래 노동자의 양육을 위해 무조건 필요한 임금의 부분을 위해 여성과 아동을 일하도록 만드는 방금 위에서 말한 기업주의 노력 때문이다. 이러한 노력은 자본가의 제한 없는 "확장욕구"가 더욱 많은 노동자를 요구하는 것보다 더 강력하다. 그리고 자본가는 이러한 두 가지 "경향"을 추구할 수 있다. 노동과정에 기계의 도입은 육체적으로 떨어지는 사람들을 고용할 수 있게 만들기 때문이다. "기계는 근력을 필요 없게 만드는 한, 근력이 없는 노동자나 육체발달이 미성숙한 노동자를, 그렇지만 구성 고리의 더 큰 유연함을 적용하는 수단이 된다. 그래서 여성노동과 아동노동은 기계의 자본주의적 적용의 첫 번째 단어였다! 이러한 노동과 노동자의 강력한 보충수단은 그래서 바로, 성과 나이에 상관없이 자본의 직접적 종속 아래 노동자가족의 모든 구성원을 배치함으로써 임금노동자의 수를 증가시키는 수단으로 전화하였다. 자본가를 위한 강제노동은 아동놀이의 자리뿐만 아니라 가정 범위의, 관습적인 한계 내부의, 가족 자체를 위한 자유로운 노동 역시 빼앗는다."[23]

그리고 그에 대한 마르크스의 고전적 주석이 있다. 이것은 우리

---

23) 칼 마르크스, 『자본』, 위의 책, 413쪽/『전집』제23권, 416쪽/ 강신준 번역판, 534쪽 참고.

정치경제학 문헌의 보물이다: "에드워드 스미스 박사Dr. Edward Smith 는 미국의 남북전쟁에 이어 면업공황이 발생했을 당시 면업노동자의 건강상태가 어떤지에 대해 보고하라는 영국 정부의 명령을 받고 랭카서, 체셔 등지에 파견되었다. 그는 다음과 같이 보고하였다: 노동자가 공장이라는 세계로부터 추방당하는 것은 제쳐두고서라도 공황에는 위생상 여러 가지 이점이 있다. 여성노동자들은 이제 자기네 아이들에게 고드프리 강장제Godfrey's Cordial(아편제의 하나)로 해독을 끼치는 대신에 젖을 먹이는 데 필요한 여가를 얻게 되었다. 그들은 요리를 배울 시간을 갖게 되었다. 불행히도 이 요리기술은 그들에게 먹을 것이 다 떨어진 순간에 생겨났다. 그러나 이것으로부터 우리는 소비에 필요한 가족노동을 자본이 자기증식을 위해 얼마나 약탈하였는지를 알 수 있다. 또 공황은 특수학교에서 노동자의 딸들에게 재봉하는 법을 가르치는 데 이용되었다. 온 세계를 위해서 방적하고 있는 소녀노동자들이 재봉을 배우는 데는 미국의 혁명과 세계공황이 필요했던 것이다!"24)

우리는 노동자계급의 재생산비용의 지불과 동시에 그 착취를, 이미 어린 나이와 또한 어머니와 주부로서 결합시키는 동시에 이른바 가족임금의 판단을 위한 기초를 제시하기 위해, 일단 기업주의 노력의 결과를 보여주기 위해, 이 두 인용문을 자세히 제시하였다. 당연히 가족임금은 중요한 사실의 내용이다. 노동자가 이전보다 더 적은 임금을 벌고 동일한 시기에 아내와 궁극적으로는 아이들까지 고용된다면, 가족소득은 증가하고, 개별 노동자는 줄어든 임금에도

---

24) 칼 마르크스, 위의 책, 413쪽부터/『전집』제23권, 416-417쪽/ 강신준 번역판, 534쪽 주) 참고.

불구하고 더 잘 살고, 그의 노동력은 더 잘 재생산될 것이다. 그러나 다른 측면에서 우리는 가족구성원이 같이 일하는 것이 일상화될수록, 그 만큼 더 개별 노동자의 임금이 줄어들고, 나아가 첫째 가족노동이 노동력의 재생산(가족 범위에서)을 그에 상응하여 위협하지 않고도 개별노동자의 줄어든 노임지불을 허용하기 때문에, 둘째 남성의 줄어든 노임이 부인과 아이들을 공장으로 보내도록 강제하기 때문에, 기존 노동력의 수가 증가함으로써 산업예비군이 증가하는 동시에 값싼 노동이 (더 많은 잉여노동이) 동반되는 경향을 관찰할 수 있다. 따라서 우리는 가족임금을 연구하게 되면 다음의 사실을 아주 충분하게 주장할 수 없다: 가족은 올해에 어쨌든 많이 벌었고, 결과적으로 그들의 경제 상태는 개선되었거나 악화되었다. 왜냐하면 가족의 행복을 위해서, 노동력의 재생산과 생활력(아동의 경우)의 촉진을 위해서 가족임금만으로는 결정적이지 않고, 동시에 가족을 위해 일하는 가족구성원의 수와, 예를 들어 어머니를 포기할 수 있는지 혹은 큰딸이 가족임금을 위해 고용을 통해 기여할 수 있는지의 역할행사에 따른 중요한 가족기능이 결정적이기 때문이다.

  이와 관련하여 또 다른 중요한 측면이 언급되어야 한다. 농업을 제외하면 산업자본주의 이전에는 집 밖에서의 여성노동은 정상적이지 않았다. 또 집에서도 여성 자체는 수공업에서 일반적으로 생산자로서 일하지 않았다. 여성은 공장산업에서 우선 보충적인 가족 소득자로서 등장했다. 자영업자로서, "스스로를 위한" 소득자로서 자신의 노임에 할당된 것이 아니라, 남편과 아버지의 공동소득자로서 할당되었다. 남성들은 여성을 충분히 받아들이지 않았고 따라서 충분히 지불하지 않았다. 여성이 남성만큼의 성과를 냈는지의 문제는 기본적으로 토론거리가 아니었다. 여성이 더 많은 성과를 냈다고 남성이 주장하더라도, 여성은 남성의 임금을 받을 수 없었다. 왜냐하면 여성의 노동은 가족을 위한 보충적인 벌이를 창출하는 수단으로 간주되었기 때문이다. 이러한 이유에서 기업주는 무엇보다 여성의 임금을 남성의 임금보다 훨씬 낮게 책정한다.25)

우리가 한편으로 여성임금이 남성임금보다 적다고 주장한다면, 그리고 동시에 고용된 여성의 비율이 자본주의하에서 증가하는 경향을 갖는다고 주장한다면, 적은 임금을 받는 노동자의 비율이 증가하고, 이러한 이유에서 일반적 임금발전이 아래로 내려가는 방향으로 운동하는 경향을 보인다는 사실을 우리는 발견한다. 따라서 여기서 문제가 되는 것은, 한편의 노동력의 가격 및 가치와 다른 한편의 노동력의 재생산비용 사이의 직접적 관계가 매우 복잡해지기 시작하는 발전이다. 언제나 그랬듯이, 노동력의 가격(가치)은 재생산비용을 통해 결정되었다. 재생산비용에는 아이들의 양육비용과 아이를 잘 낳은 여자(부인)의 생계비가 포함되어 있었다— 자본가도 상황을 이렇게 보았다. 그래서 기업주는, 자신의 이론에 따르면 원래 아이들과 출산에만 헌신해야 하는 여성들 또한 스스로 노동력을 양도할 수밖에 없고, 더욱이 남성이 최소한 아내와 아이들의 재생산비용의 일부를 자신의 임금 속에 받기 때문에 여성의 재생산비용 속에 이전될 수밖에 없는 것으로 조정한다. 남성의 임금이 나중에 내려가더라도, 그는 여전히 여성노동과 아동노동, 그리

---

25) 이것에 대해서는 이 책 『노동자상태의 역사』 제18권 참고.

고 후에 아동노동이 제한적이 될 때 무엇보다 여성노동이 그 재생산비용 이하로 지불되는 "관례"가 유지된다. 따라서 여성노동은 기업주의 가장 강력한 잉여가치 원천이었다. 여성노동은 그러나 동시에 일반적으로 임금이 더욱 더 노동력 상품 이하로 내려가는 데 작용하는 가장 강력한 원인이었다.

다시 말해 전체 노동자계급이 언제나 자신의 노동력을 더욱 더 적게 재생산할 수 있다는 사실은 무조건적이지는 않다. 우리는 자본주의 사회에서 노동하는 여성이 자신의 노동력의 재생산비용을 단지 임금노동을 통해서만 충당할 수 있는 또 다른 가능성을 활용하도록 강제되는 과정을 알고 있다. 우리는 자본주의 사회에서 매춘이 얼마나 큰 역할을 하는지 알고 있다. 이것은 마르크스가 노동자계급의 절대적 궁핍화에 대해 서술하면서 노동자계급의 도덕적 타락이라고 지적한 하나의 사례이다.

우리는 여성임금의 발전을 남성임금과 비교하여 연구해보면, 시간이 지나면서 여성임금이 천천히 증가했음을 발견한다. 노동하는 여성의 군대가 커질수록 그리고 자영 여성의 수가 더 많아질수록, 그 만큼 더 발전된 계급투쟁의 조건 하에서 "동일 노동에 대한 동일 임금"을 위한 투쟁도 강력해지고, 그 만큼 더 남성임금과 여성임금의 차이도 줄어든다. 그러나 이러한 차이가 줄어들었지만, 오늘날 여전히 그 차이는 크다— 오늘날에도 여전히 여성임금의 높은 비율이 노동력의 재생산에 충분치 못하다. 그렇다, 한편의 여성임금과 남성임금 간 차이의 축소와 다른 편의 노동력을 위해 계속 불충분한 재생산가능성 사이의 대립을 이해하는 것이 언제나 필요하지는 않다. 우리는 130년 전에 남성임금이 노동력을 재생산하는 데

100% 충분했고, 여성임금은 50%였다고 예를 들어보자. 시간이 지나면서 남성임금은 거의 90%로 줄어든 반면, 여성임금은 더욱 더 자신의 소득을 증명해야 하는 여성의 의심스런 상황의 결과 그리고 노동자의 점증하는 저항 위에서 남성임금의 60%로 높아진다. 이 경우 남성임금과 여성임금 사이의 접근이 일어나는 반면, 전체 노동자계급의 평균임금은 주어진 노동력의 재생산을 위해 이전보다 줄어들었다. 왜냐하면 남성이 여성보다 더 많이 고용되어 있기 때문에, 100%에서 90%로의 저하는 결손액보다 더 큰 의미가 있고, 추가된 여성 부분, 즉 50%에서 54%(남성 90%에 대한 여성 60%)로의 상승보다 더 큰 의미가 있기 때문이다. 그리고 더 시간이 지나면서 남성임금은 재생산비용의 85%로 줄어든 반면, 여성임금은 변화가 없었다고 가정하면, 우리는 여성과 전체 노동자계급의 재생산비용이 더 높은 정도로 지불받지 못한 채 남성임금과 여성임금의 접근을 보게 된다; 반대로 전체적으로 노동자계급에 대해서 그러한 접근은 낮아진 비율로 보상된다. 그리고 마찬가지로 그러한 발전은 특히 제국주의 단계에서도 계속된다.

그러므로 우리는 여성이 자신의 재생산비용보다 훨씬 낮게 지불받는 노동자의 범주에 불과하다는 사실을 주목해야 한다. 또 다른 범주는 더 열악하게 혹은 더 좋지 않게 진행된다. 우리는 단지 식민지의 인민들이나 미국의 흑인만을 생각해봐도 알 수 있을 것이다. 또한 여기서 가령 백인 노동자와 식민지 및 반식민지 노동자의 상대적인 임금높이가 접근되더라도, 이것이 결코 필연적으로 전체노동력의 더 좋아진 재생산을 의미하는 것은 아니라는 사실을 명심해야 한다. 게다가 여기서 또한 식민지와 반식민지에서 착취되는 노동자 수가, 특히 제2차세계대전 이후에, 엄청나게 증가되었다는 사실을 주목해야 한다. 예를 들어 백인 노동자가 재생산비율의 90%를 유지하고 식민지 노동자가 재생산비율에서 이전의 70%에서 80%로 증가되었더라도, 전체 노동자층 내부에서 식민지 및 반식민지 노동자 비중의 강력한 증대로, 노동력의 평균재생산비용의 지속적인 저하로 이끌며 또한 자주 그렇게 귀결된다.

5. 시간임금, 성과급, 민족임금

우리는 이제 임금이 지불되는 특수한 형태를 자세히 관찰하면 두 가지 거대한 집단으로 나눌 수 있다: 시간임금과 성과급.

시간임금은 다시 일반적 시간임금과 특별한 시간임금으로 나눌 수 있다. 일반적 시간임금은, 실제로 노동한 시간의 양에 대한 고려 없이, 노동자가 자신의 노동력을 파는, 거대하고 시간에 따라 규정되지 않는 통일체에 의거해 확정되는 임금이다. 기업주는 노동자에게 예를 들어 일급이나 주급으로 지불할 수 있고, 그러면 노동자를 비록 의견에 따른 것은 아니지만, 시간의 과정에서 계속 더 오래, 예를 들어 하루에 12시간 혹은 18시간까지, 일주일에 6일이나 7일까지 등등 고용할 수 있다. 기업주가 무엇보다 확대된 착취의 수단으로, 여기에는 노동일의 더욱 새로운 연장도 포함되는데, 일을 하는 한, 기업주는 일반적으로 일급이나 주급으로 지불하는 데 관심을 갖게 되고, 따라서 노동일의 연장은 "임금토론"으로 무조건 귀결되지는 않는다.

　시간이 지나면서 노동자는, 이러한 정상 노동일을 넘는 노동시간이 정상 노동시간보다 더 많이 지불되어야 한다는 규정과 함께 "정상" 노동일의 확정에 도달하게 된다. 그러한 경우에 기업주는 우선 자주 정상 노동일에 대한 일급과 초과시간에 대한 시간임금을 지불한다. 정상 노동일에 대한 임금이 확정되면 기업주는 그 다음에는 최소한, 이러한 임금이 노동력을 단지 어느 정도 재생산하기 위해 충분하지 않은 만큼만 고려하고, 그래서 노동자는 초과시간을 일하도록 강제된다. 기업주가 노동자에게 노동력의 재생산에 불충분한 임금을 지불하고 그래서 노동자의 아내와 아이들도 공장에 보내도록 강제하고 이러한 공장노동을 통해 노동자의 불충분한 임금을 보충하도록 만든다면, 여기서 문제가 되는 것은 또한 기업주가 적용하는 유사한 속임수다.

　기업주가 착취의 외연적(확대된) 수단에서 착취의 내포적(강화된) 수단으로 더 많이 전환할 때는, 기업주가 노동일의 길이를 줄일 수밖에 없고 노동자당, 시간당 더 많이 임금을 지불할 때이다. 기업주는 우선 시급지불을 위해 이행하고, 후에는 더욱 더 성과급이나 청부급으로 이행하기 때문이다. 시급지불은 기업가에게 다음과 같은 장점을 가졌다. 즉 노동일의 단축은 임금축소로 귀결될 수밖에 없다는 위협으로 기업주는 노동일단축을 가능한 한 매우 오래 연기할 수 있었으며, 따라서 기업주는 사실상 자주 노동력의 가격을, 최소한 때로, 노동일단축과 연관해서 끌어내릴 수 있었다.

　시간이 지나면서 자본가는 더욱 더 시급을 성과급으로, 청부급으로 전환하게 되었다. 더 많은 산업영역이 노동시간입법에 따르게 될수록, 그 만큼 더 일반적으로 노동자는 노동시간단축을 관철하게 되었고, 그 만큼 더 기업주는 "황금이윤알을 낳는 암컷인 노동자계급으로 하여금 그냥 지나치지 않도록 하게 하기 위해" 노동의 강화를 통해 노동시간을 줄일 수밖에 없게 되었고,26) 그 만큼 더 성과급체계가 보급되었다. "공장입법에 따르게 된 공장들에서(즉 노동일의 길이를 제한한 입법— 필자) 성과급제는 일반적 규칙이 되었다. 자본은 거기서 노동일을 단지 밀도 있게(내포적으로 착취의 강화— 역자) 늘일 수 있을 뿐이었기 때문이다."27)

"성과급은 자본가에게 노동의 강화를 위한 아주 특별한 정도를 제공했다...28) 노동의 질과 강도가 여기서 노임 자체의 형태를 통해 통제되기 때문에, 그것은 대부분의 노동감독을 과도하게 만든다... 성과급이 주어지면 노동자의 개인적 이해는 당연히 자신의 노동력을 가능한 한 강하게 긴장시키는 것이고, 자본가에게는 강도의 정상정도를 쉽게 높이게 된다. 왜냐하면 그렇게 해서 일급이나 주급이 오르기 때문이다."29) "이제까지의 서술로부터 자본주의 생산양식에 상응하는 노임의 형태는 성과급이라는 사실이 주어진다."30)

더 이후에, 우리 시대에는, 기업주는 "노동과학"의 진보를 활용하여 시급이 더욱 더 성과를 낼 수 있도록 규정하고, 그래서 시급

---

26) 여기에 대해서는 이 책 뒤에서 이어지는 노동시간에 대한 장을 참고.

27) 칼 마르크스,『자본』제1권, 위의 책, 584쪽/ *MEW* 제23권, 582쪽/ 강신준 번역판, 763쪽 참고.

28) 위의 책, 579쪽. 강신준 번역판, 758쪽 참고.

29) 위의 책, 579쪽부터. 강신준 번역판, 759쪽 참고

30) 위의 책, 582쪽. 강신준 번역판, 761쪽 참고

Stundenlohn이 청부급Akkordlohn과 마찬가지로 확실히 시간에 따른 성과급Stücklohn으로서 나타나고, 또한 증가하는 생산성과 함께 정기적으로 새롭게 확립된다.

사실상 자본가는 20세기에 임금체계를 매우 "단순화"해서 이것을 더욱 더 노동성과를 높이기 위한 보조수단으로 만들고 이윤을 증가시키는 데 매우 정신적인 노력을 기울인다. 기술과 임금지불 사이의 관계는 더욱 밀접해진다ㅡ노동과정의 합리화에 관한 길 위에서.

그래서 여기서 문제가 되는 과정은, 생산력의 발전에서의 모든 진보와 같이ㅡ생산력 인간 역시ㅡ두 가지 측면을 가진다: 하나는 사회의 특수한 성격을 통해 규정되는 순수히 사회적인 것이고, 다른 하나는 객관적·기술적인 것이다. 이것은 특히 최초의 현대적 임금체계인 테일러시스템을ㅡ레닌을 통해 명료해진ㅡ다룰 때 분명해질 것이다.

정치경제학 교과서는 테일러시스템을 다음과 같이 서술하고 있다: "테일러시스템(원조인 미국의 엔지니어 출신 F. Taylor의 이름에 따라 그 체계의 관계가 유지된다)의 본질은 다음에 있다: 즉 주어진 기업에서는 가장 정력적이고 가장 능력 있는 노동자들이 고용된다. 이들은 최대한의 노력으로 노동하도록 강제된다. 모든 개별업무의 시간진행은 초단위로 확립된다. 정지된 시간의 기초 아래 생산체계와 시간규범이 노동자 전체에 대해 확립된다.

자본가가 일단 노동자계급에 대해 강화한 착취를 적용하게 되면, 성과급지불의 장점은 자본가를 위한 것이 된다. 규범ㅡ'과제'ㅡ을 초과로 채우더라도 노동자계급은 일급에 대한 작은 할증, 수당을 받는다; 노동자는 규범을 채우지 못하면, 크게 인하된 규칙에 따라 지불된다."31)

　1913년 3월 13일자 『프라우다』에 레닌은 테일러시스템에 관한 기고문을 썼는데, 우리는 이것을 테일러시스템을 혹평한 또 다른 연관에서 다루었다. 그리고 이것은 아주 정당하다— 왜냐하면 이것은 러시아를 포함한 전체 자본주의적 착취세계의 노동자들에게 끔찍하면서도, 세련되게 고안된 노동을 사주하기 때문이다.

　레닌은 1918년에는 테일러시스템을 전혀 다르게 고찰하였다. 자본주의하에서 필연적인 분노한 급진적 판단이 더 이상 아니라— 자본주의 착취와 함께 사회주의를 건설하려고 나아가고 있는 한 나라가 존재하는 하나의 세계의 입장에서 검토된 판단: "러시아 사람들은 발전된 나라와 비교하면 열악한 노동자들이다. 그리고 이것은 짜르체제 하에서 그리고 농노제의 생생한 잔재와 관련해서도 다르지 않을 것이다. 노동자들은 배운다— 소비에트 권력은 이러한 과제를 인민에게 전체적인 규모에서 제시한다. 자본주의의 마지막 단어는 이와 관련하여 테일러시스템인데, 이것은 모든 자본주의의 진보와 같이, 부르주아 착취의 세련된 잔혹함과 노동의 경우에 기계적 운동의 분석에서 일련의 가장 가치 있는 과학적 성과를 결합하고, 또한 과도하거나 미숙한 운동을 배제하고 가장 올바른 작업방법을 채용하고 계산과 통제 등에서 최적화된 체계를 도입하는 것과 결합시킨다. 소비에트공화국은 과학과 기술이 이러한 영역에서 이룬 가치 있는 모든 성과를 무조건 받아들여야 한다. 사회주의의 실

---

　31) 위의 책, 제3판, 베를린, 1959, 121쪽부터.

현가능성은 소비에트권력과 소비에트 행정조직이 자본주의의 새로운 진보와 결합하는 데서 우리가 성공하느냐의 여부에 달려 있다. 우리는 러시아에서 테일러시스템의 연구를, 그것을 체계적으로 검토하고 평가에 착수하는 데 가르침을 두어야 한다. 우리는 노동생산성의 증가를 시작하면서, 동시에 자본주의에서 사회주의로의 이행기의 특수성을 고려해야 한다. 이러한 이행기는 한편으로 경쟁의 사회주의적 조직화를 위한 기초가 창출되어야 하고, 다른 한편으로 강제의 적용을 필요로 한다. 그래야 프롤레타리아 독재의 구호가 프롤레타리아 권력의 죽 같은 상태의 실행을 통해 훼손되지 않을 것이다."32)

테일러시스템은 자본주의에서 가장 세련된 착취이다— 그렇지만 이것은 중립적·기술적 측면을 갖고 있으며, 사회주의를 강화하는 데도 적용될 수 있다.

착취를 위한 수단으로서 임금체계의 "세련화" 혹은 임금 몫의 인하를 위한 수단으로서 착취체계의 "세련화"를 위한 제국주의의 그 다음 체계에 관해 교과서는 이렇게 서술한다:

"미국의 '자동차 왕' 헨리 포드와 많은 다른 자본가에 의해 도입된 노동조직과 보수의 체계(포드-시스템)는 컨베이어벨트 속도의 더 높은 가속화와 착취-임금체계의 도입을 통해 노동강도를 최대한으로 증가시키고 있다. 여기서 노동의 강화는 노임의 증가나 노동일의 축소와 동반하지 않는다.

---

32) 레닌, "소비에트권력의 다음 과제", 『전집』 제27권, 베를린, 1960, 249쪽부터.

노동자에 대한 착취의 증대는 또한 테일러-시스템과 포드-시스템의 변종인 노동조직과 임금의 또 다른 체계를 통해서 이루어진다. 여기에는 예를 들어 갠트-체계Gantt-System(미국)가 해당된다. 테일러의 청부급과 달리 갠트의 체계는 수당-시급-체계이다. 한편으로 노동자에게는 일정한 '과제'가 주어지는 반면, 다른 한편으로는 모든 시간 내용의 기준충족을 통해 성과를 이룬 노동에 관계없이 단지 매우 적은 임금만 보장된다. '과제'가 충족되었을 때, 그에게는 보장된 최소임금에 대한 적은 증가분, 즉 '수당'만 지불된다. 핼시-체계Halsey-system(미국)에는 모든 노동시간의 '평균임금'에 대한 보충으로서 '절약된 시간'을 위한 보상을 지불하는 원리가 기본이다. 이러한 체계에 따르면 예를 들어 모든 '절약된' 시간에 대한 노동강도가 두 배가 된 경우, '수당'은 시간임금의 거의 3분의 1 정도만 지불된다. 노동의 강도가 커질수록, 그 만큼 더 여기서의 노동자의 임금은 그가 적용한 노동에 비해 내려간다. 로우언-체계Rowan-System(영국)도 같은 원리에 기초한다.

서유럽과 미국에서는 테일러의 지지자인 프랑스의 베독스Bedaux의 체계 또한 더욱 보급되는 것이 발견된다. 이 체계에서는 작업의 가속화와 노동긴장을 위한 복잡한 점수식 척도가 생산과정의 실행에서 높은 기준에 기초하고 있다. 이 체계는 노동시간을 분류하는 데서 사라질 수 있는 분초의 작은 파편조각까지 기대한다. 기준을 충족하면 노동자는 수당을 받지만, 충족하지 못하면 최소임금을 통해 처벌받는다. 베도Bedaux-체계는 노동강도를 거대하게 증가시키는 방식으로 작용한다.

테일러 및 포드-체계의 방법은 현재에도 역시 변형된 형태로 적용된다. 그래서 미국에서는 다양한 형태의 수당-시급이 적용되고, 시간계산과 노동수행 연구를 기초로 기계의 성과능력을 최대한 부과하면서 배치된 높은 기준과 결합된다. 높은 기준을 창출하지 못하는 노동자는 해고된다. 개별적인 작업과 노동수행이 우선적으로 기준이 되는 체계가 더 많이 보급되고 있다."33)

임금구성의 최신의 체계는 노동과정의 기술적·심리적 연구에만 기초한 것이 아니다. 이것은 "작업장 평가"를 지향하는 구체적 연구와 결합된다. 서독의 관계를 특별히 고려하면서 타머Tammer는 "분석적인 작업장 평가"를 다음과 같이 서술한다:

"작업장 평가체계의 발전은 독일에서 이미 제1차 세계대전 이후 합리화시기의 말에 시작되었다. 이것은 특히 제2차 세계대전이 시작될 때 서독의 금속공업에서 도입되었으며, 1941년의 금속공업을 위한 임금집단목록에서 발견된다.34) 그렇지만 이른바 작업장 평가가 특별히 보급된 것은 제2차 세계대전 이후에 비로소 발견된다. 이 체계를 좀 더 가까이 접근해보면:

우선 모든 개별 작업장의 정확한 분석이 시행되는데, 여기서 작업장은 실행될 수 있는 노동의 개별 측면과 특징으로 분해되고, 보통 다음의 주요 특징에 따라 분석된다:

1. 주어진 작업장은 어떤 지식과 능력을 요구하는가
2. 작업장은 노동자에게 어떤 부담을 의미하는가
3. 작업장은 어떤 책임을 요구하는가

---

33) 위의 책, 122쪽부터.
34) 이것에 대해서는 또한 이 책 『노동자상태의 역사』 제6권을 참고.

4. 작업장은 노동자에게 어떤 주변환경적인 특징을 보여주는가.
이들 4가지 주요 평가항목은 다시 각각 하위 항목으로 분할된다. 예를 들어 '책임'이라는 평가항목은 a) 경영자금 및 생산과 관련한 책임, b) 안전 등과 관련된 책임, c) 작업진행과정과 관련한 책임 등으로 분할된다. 주요항목 '부담'은 육체적·정신적 부담으로 나누어진다. 주요 평가항목 '주변환경적 영향'은 공간온도, 습도, 오염, 가스, 사고위험, 직사광선 혹은 어둠 등등의 요소로 분할된다. 모든 항목과 하위항목에 대해서는 점수표를 매길 수 있는 도표로 체계화되는데, 예를 들어 평가항목 '사고위험'의 경우에는 다음과 같이 나타난다.

위험정도	점수	특징
전혀 없거나 적음	0	위험은 정상 정도 이상으로 증가하지 않는다. 단지 후속적인 결과적 현상 없는 경미한 사고
중간	1	손이나 발의 부상, 가벼운 화상과 같은 경미한 정도에서 중간 정도까지의 부상
높은	2	평균 이상의 사고, 육체적으로 심각한 부상

표에서 제시된 이러한 시점에 근거하여 이제 모든 개별 작업장의 분석 결과가 이러저러하게 점수화되어 도표에 '평가'된다. 그러면 전체적 가치평가('가치점수')에 따라 임금항목이 등급으로 매겨진다. 당연히 모든 개별 작업장의 분석은 물론 그것에 대한 '평가'는 노동자에 의해서가 아니라 기업주 혹은 그 대리인에 의해 이루어진다. 작업장의 '평가'에서 노동자의 민주적 공동결정의 외관을 고무하기 위해서, 기업주는 통상 몇몇 노동자나 기업위원회의 구성

원을 작업장 '평가'를 위해 구성된 평가위원회에 받아들인다. 더욱이 이들 노동자는 '평가' 자체에 본질적 영향을 미치지 못하며, 단지 논란의 여지가 있다면 노동자 대표들이 '평가'에 동참할 것이라고 노동자들에게 설명할 가능성만을 기업주에게 청할 뿐이다.

언급한 평가항목 이외에도 많은 기업에는 노동자에 대한 주관적 '평가' 역시 준비되어 있다. 이러한 '평가'는 플러스 혹은 마이너스 점수로 표현된다. 그래서 예를 들어 '중립적 태도' 혹은 '정치적 토론에 미 참여'와 같은 그런 '평가'에 대해서는 플러스 점수로 '평가' 하는 반면, 원자력배치에 반대하는 투쟁에 적극적으로 참여하는 노동자는 그에 상응하여 마이너스 점수를 받는다. 그런 방식으로 분석적인 작업장평가의 도움으로 진보적 노동자에 대한 간접적 압력이 행사된다.

이러저러한 많은 점수로 표시되는 모든 개별 작업장의 '평가'에 따라 점수가치가 돈으로 표현된다. 동시에 모든 작업장에 대해 보통 레파Refa-시스템에35) 따라 산출되고 노동자에 의해 충족되어야 하는 일정한 기준이 정해진다. 노동자의 임금은 이제, 기준의 충족을 전제하고 이 생산영역의 정상 시간임금보다 더 적은, 일정한 기본임금('시간임금')으로부터 구성되고, 또한 돈으로 표현되는 작업장의 평가점수로부터 구성된다...

미국을 방문했던 레파Refa협회의 한 연구위원회의 보고에 따르면, 미국에는 부분적으로 27가지 평가항목을 고려한 약 300내지 400가지의 다양한 방식이 있다는 것이다.

---

35) Refa는 Reichsausschuß für Arbeitszeitermittlung의 약자로 "노동(시간) 문제연구협회"라고 한다(역자).

그러면 자본가를 위한 이러한 소위 작업장 평가체계의 장점은 어디에 있는 것인가? 분석적인 작업장평가의 가장 중요한 장점과 목표설정의 하나는 이 체계를 통해 형성되는 임금구조의 터무니없는 분할과 다양화에 있고, 수십 년간 투쟁해온 임금공동협의구조를 파괴하는 데 있다. 예를 들어 작업장평가의 도입 이전에, 가령 선반공이나 주물공, 대장장이 등과 같은 일정한 범주의 노동자에 대한 임금은 동일했지만(시급과 노동시간에서 동일), 작업장평가의 도입 이후에는 더 이상 그렇지 않았다. 지금은 같은 선반공이라도 서로 다른 작업장평가에 따라 다른 임금을 받는다. 결과적으로 지불에서의 통일성이 거의 완전히 파괴되었고, 모든 개별 노동자의 임금은 다른 모든 노동자로부터 구별되었다. 서독에는 500명의 종업원을 고용한 기업에서 400가지의 구별되는 임금을 지불하는 경우도 있다는 것이다.

임금구조의 이러한 분할을 통해 자본가는 노동자 이해의 전체성을 파괴하고 착취에 대한 통일적인 저항을 어렵게 만들려고 한다. 예전에 자본가는 예를 들어 모든 노동자범주에 대해 통일적으로 규정되었던 임금을 끌어내리려고 한다면, 노동자 모두에게 해당되는 사안이기 때문에, 노동자의 전체적인 저항에 부딪혀야 했다. 그러나 작업장평가의 도입 이후에 기업가는 예를 들어 이러저러한 작업장에 대한 새로운 평가를 통해, 규정된 교섭임금, 즉 기본임금을 건드리지 않고도 그리고 다른 노동자의 임금을 침해하지 않고도, 모든 노동자의 임금을 끌어내릴 수 있는 가능성을 갖게 되었다. 이러한 분할을 통해 노동자의 임금구조는, 자본가가 다양한 기만책을 사용할 수 있는 가능성에 대해 속수무책으로 당하게 되었다. 예를 들어 한 노동자가 기타 어떤 이유로 해고된다면, 자본가는 작업장을 새로 평가하고 결국 새로 고용되는 노동자에게 낮은 임금을 지불할 가능성을 갖게 된다. 동일한 가능성은 기업 내부의 이동의 경우에도 존재한다. 그렇지만 작업장평가의 도입 이전에도, 새로 고용된 노동자의 경우에 임금을 교섭임금보다 낮게 정할 가능성이 없지 않았다. 노동자는 기업주를 노동재판소에 고발할 가능성을 가졌었다. 이제 기업주는 자신의 이해에 따라 개별 작업장을 새롭게 평가하기 위한 구실, 즉 임금의 저하를 위한 구실을 위해 모든 임의의 기술적, 노동조직적 변화를 기업이나 개별 작업장에 이용할 수 있다. 이것은 모두 자본가가 모든 노동자의 즉각적이고 통일적인 저항을 두려워할 필요 없이, 다양한 노동자의 임금을 자기 맘대로 확정할 수 있는 가능성을 가진다는 사실을 의미한다. 예를 들어 작업장을 평가할 때 점수 때문에 노동자와 대립하게 된다면, 노동자는 위원회에 이의를 제기할 수 있지만, 당연히 위원회는 노동자에게는 불리하고 기업주에게는 유리한 판단을 할 것이다.

청부급과 마찬가지로 자본가의 작업장 평가 역시 노동자들의 경쟁투쟁을 유발하기 위해 노동자의 연대를 무너뜨리는 수단으로서 활용된다. 분석적인 작업장 평가를 근거로 한 임금구조의 거대한 분할은 노동조합의 영향력을, 특히 임금투쟁과 관련하여 어렵게 만드는 것을 의미한다. 이러한 모든 사실은 예를 들어, 가령 오펠Opel이나 만네스만Mannesmann, 두이스부르크Duisburg 구리제련소나 기타 등등의 특정 기업주로 하여금, 개별 기업의 노동자를 상응하는 산업영역의 다른 모든 노동자들로부터 고립시키고 일반적 임금교섭체계로부터 격리시키기 위해, 그리고 그런 방식으로 약탈과 핵무장

정책에 반대하는 모든 노동자의 통일된 투쟁당파를 어렵게 만들기 위해, 자신만의 기업교섭임금을 창출하도록 만든다."36)

과거의 성과급-체계 혹은 청부급-체계의 이러한 변종에 대해, 자주 이것과 어떤 식으로든 결합된, 이른바 이익배당 참여제도가 등장한다.

위에서 인용된 교과서는 이것에 대해 다음과 같이 서술한다. "노동자의 기만에 근거한 잉여가치 증식의 방법 중 하나는 이른바 노동자의 '이익배당참여'이다. 노동자도 기업의 이익증가에 관심이 있을 것이라는 구실 아래, 자본가는 노동자의 기본임금을 줄이고 유보된 돈으로 '노동자에 대한 이익배당'을 위한 기금을 만든다. 그러면 노동자는 연말에 '이익'의 형태로, 사실상 이전에 자신의 노임에서 떼어낸 일부를 지불받는다. 사실상 '이익배당에 참여하는 노동자'는 결국 통상적인 노임보다 더 적은 노임을 받게 된다. 주어진 기업에서 노동자에게 주식을 분배하는 방법도 동일한 목적에 기여한다."— 이것은 이익배당참여가 당연히 자본가의 이윤에 대한 사실상의 참여가 아니라는 사실을 표현하고 있다는 점에서 올바르지만, 그러나 이것은 이익배당참여를 수단으로 노동자가 경기순환의 호경기에 잘 나가는 기업에서, 노동자가 투쟁한다면, 자본가 이윤의 현실적 부스러기를 얻을 수 있다는 점에서 잘못이다.

우리는 지난 150년간의 임금지불체계에서의 변동을 고찰해보면, 다음과 같이 결론지을 수 있다:

우선 그 변동은 전적으로 증가하는 착취를 통해 이윤을 높이려

---

36) H. Tammer, 『자본주의에서의 노동임금』, 베를린, 1959, 26쪽부터.

는 데 목표로 하였다.

그러나 최근에는 이러한 동기 이외에 노동력을 분산시키려는 동기, 노동자 측에 대한 공개적이고 다소간 은폐된 임금저하에 반대하는 임금의 조직된 감시가능성과 조직된 저항가능성을 분산시키려는 동기, 그리고 자본을 통한 기만과 이데올로기적 혼란을 야기하려는 동기가 등장한다. 이런 상황 하에서 더욱 중요한 것은 노동조합의 계몽작업과 투쟁의 목표 확보이다.

* * *

우리는 이제 임금을 다양한 나라에서 국제적으로 비교해보면, 우리가 이제까지 일반적으로 시대순으로 고찰했던, 동시에 개별 나라들에서 나타났던 다양성을 발견한다. 자본주의가 불균형적으로 발전하기 때문이다. 개별 나라들에서 지불된 임금의 다양성은 자본주의 발전의 불균형에 대한 명확한 증거이다. 이것의 의미에 대해 레닌은 또 다른 시점에서 자신의 저작 속에서 계속 강조하였다. 마르크스는 개별 자본주의 나라들에서의 임금의 다양성에 관해 다음과 같이 언급한다. "국가적인 노임을 비교하려면, 또한 노동력의 가치 크기에서의 변화를 규정하는 모든 계기들, 즉 자연적·역사적으로 발전된 첫 번째 생활필요수단의 가격과 규모, 노동자의 교육비용, 부인 및 아동노동의 역할, 노동생산성, 노동의 외연적 및 내포적 크기가 검토되어야 한다."[37]

---

37) 칼 마르크스, 『자본』 제1권, 위의 책, 586쪽.

우리가 국가별 임금의 다양성을 규정하는 주요 요인을 거론하면, 무엇보다 다음과 같이 될 것이다:

첫째, 노동강도. 자본주의적 발전이 더욱 진행될수록, 그 만큼 더 노동은 일반적으로 강화된다. 따라서 노동력의 가치와 가격 역시, 예를 들어 거기에 상응하는 노동수단의 질과 양에서 계산해볼 때, 한 나라의 자본주의적 발전이 더욱 진행될수록 그 만큼 더 높아진다. 다시 말해 고용된 노동자가 1900년 경에는 1850년 경보다 더 잘 먹었다. 그러나 노동력 상품의 가치는, 우리가 이미 서술했던[38] 이유에서 생활수단의 가치에 비해 커지는 경향이 있기 때문에, 1850년과 1900년 사이의 혹은 프랑스에 대한 미국의 생활수단 소비의 증가는 노동의 상응하는 증가된 강도와 자주 동일한(종종 불충분하지만) 발전을 의미한다. 그리고 동시에 노동력의 가격은 잉여가치나 생산물의 가치에 비해 낮아진다. 노동자의 시간당 성과가 훨씬 높아지기 때문이고, 노동자가 자신의 노동력의 재생산을 위한 노동시간을 상대적으로 더 적게 가지기 때문이다. 자본주의 발전이 촉진되고 노동강도가 증가하는 것과 함께 개별 노동자가 소비해야 하는 생활수단의 양이 증가하는 것과 마찬가지로, 증가하는 노동생산성은 개별 노동자가 자신의 노동력의 재생산을 위해 지출해야 하는 노동시간의 양을 줄인다. 또한 국가적 임금의 다양성을 설명하기 위한 이러한 결정적인 관찰에 대해 마르크스는 이미 『자본』에서 서술하였다. 발전된 혹은 낙후된 자본주의 나라들의 상태를 비교하면서, 마르크스는 말한다. "우리는 자주 첫 번째 나라의 일급이나

---

[38] 이것에 대해서는 이미 설명한 증가된 궁핍화의 경우의 증가된 실질임금에 관한 부분을 참고.

시급 등 임금이 두 번째 나라보다 더 높은 반면, 상대적인 노동가격 즉 잉여가치나 생산물의 가치에 대한 관계에서 노동가격이 첫 번째 나라보다 두 번째 나라에서 더 높다는 사실을 발견한다."39) 여기서 다시 우리는 노동강도가 임금규정에 얼마나 커다란 의미를 가지는지 관찰할 수 있다. 다시 우리는 20세기 초에, 특히 실질임금의 증가를 지적하면서 마르크스를 반박하려고 했던 수정주의자와 개량주의자 그리고 부르주아 학파와의 투쟁에서, 임금고찰의 경우에 이러한 중요한 요인을 무시한 것에 대해 놀라움을 금치 못한다.

그리고 노동강도 이외에 도덕적·사회적 요소가 국가별 임금의 다양성을 기초하는 데 주목할 만한 역할을 한다. 다시 말해 우리가 알고 있듯이 한 민족의 일반 문화적 수준이 큰 역할을 하는데, 예를 들어 19세기 동안 위생관계의 상당한 개선(그렇지만 동시에 주택관계의 상당한 악화)이 이루어졌다. 이것은 그 범위에서 노동운동의 강화를 통해 결정적으로 규정된다. 왜냐하면 일정한 범위 내에서 이것은 노동자상태에 대해 의미 있는 영향을 행사하기 때문이다. 가령 "역사적으로" 동일한 발전수준에 있는, 노동의 강도와 생산성에서 동일한 두 나라에서도, 노동운동의 강화정도가 두 나라에서 차이가 난다면, 서로 다른 임금이 지불될 것이다.

그래서 우리는 국가별 임금의 비교분석이 매우 복잡한 작업이고, 임금 다양성의 근거가 개별 국가의 노동자상태에 대한 포괄적인 연구를 전제한다는 사실을 보게 된다.

그러한 임금의 비교연구가 개별 자본주의 나라에서의 노동자 임

---

39) 마르크스, 위의 책, 587쪽.

금의 발전에 관한 모든 역사적 작업의 최고봉이고, 그래서 단지 노동자상태의 마르크스주의 이론은 물론 사실에 대해 기본적으로 정통해야만 성공할 수 있는 연구이다.

6. 임금통계의 문제에 대한 몇 가지 논평

우리는 이제 임금통계의 몇 가지 문제에 대해 간단히 살펴보려고 하는데, 자본주의 통계가 우리에게 제시하는 진술의 형태에서는 자주 기업주의 착취의도가 숨겨져 있기 때문에, 그리고 우리가 잘 분류하고 수정한 임금통계와 함께 이미 노동조건의 악화에 반대하는 투쟁을 위해 몇 가지가 획득되었기 때문에, 우리는 이것을 수행한다.

일반적으로 우리는 먼저 명목임금과 실질임금을 구분한다. 명목임금은 그 "이름"의 임금, 그 화폐크기의 임금에 따른 것이다. 5마르크의 명목임금은 틀림없이 4마르크의 명목임금보다 크다. 그러나 5마르크의 명목임금으로 1년 전 4마르크의 명목임금을 가지고 구입했던 것보다 오늘 더 많은 생활수단을 구입할 수 있는 것은 아니다. 왜냐하면 우리는 자주 "화폐의 가치"가 변하는 것을 알고 있기 때문이다. 5마르크로 오늘 우리는 가격상승 때문에 1년 전의 4마르크보다 본질적으로 더 적은 생활수단을 살 수 있을지 모른다. 그러한 생활수단의 가격상승은 자주, 노동자가 살 수 있는 생활수단의 양을 줄이기 위해 기업주에 의해 관철되기도 한다. 여기서 문제가 되는 것은 착취를 증가시키기 위한 기업주의 또 다른 수단이다. 여기에 관해 마르크스는— 제1차세계대전 이후 심각한 인플레이션을 겪은 노동자계급의 경험보다 50년 전에— 이미 다음과 같이 말했다: "화폐의 그러한 가치하락이 일어나면 언제나 자본가는 노동자를 타격할 이러한 기회를 잃지 않았다는 사실을 이제까지의 역사가 증명한다."40)

이러한 이유로부터 우리에게는 일단 명목임금을 계산하고 나서 또한 실질임금, 즉 가격에서의 변화를 고려한 임금의 크기를 규정하는 것이 필요하게 된다. 따라서 우리는 명목임금의 발전을 측정할 수 있는 가격지수, 생계비지수가 또한 구성되어야 하고, 그러한 지수가 노동자가 구입하는 모든 상품의 가격 변화를 실제로 보여주어야 한다는 사실에 주목하게 된다. 잘못 산정된 생계비-계산을 통해 실질임금의 계산에서 노동자를 속이는 자본주의 통계의 방법은 너무나 많고 시간이 지나면서 더욱 세련되고 있다.41)

실질임금은 일반적으로 19세기 말이 되어서야, 그리고 제1차세

---

40) 칼 마르크스, 『임금, 가격과 이윤』, 제8장.

41) 생계비를 그렇게 계산하여 노동자계급의 이해에 반하는 방향에서의 결과를 가져오는 기업주와 국가 공무원의 몇 가지 속임수에 관해서는 예를 들어 위르겐 쿠친스키의 『영국과 독일 그리고 소련의 노동자상태 The condition of the workers in Great Britain, Germany and the Soviet Union, 1932-1938』, London 1939, 혹은 『최근 전쟁에서 미국의 노동통계국과 CIO 사이의 커다란 논쟁』 참고; 이에 반대되는 입장은 예를 들어 다음을 비교, 『Living costs in World War II, 1941-1944』, Philipp Murray and R. J. Thomas, Washington D. C. 1944; 그리고 Wesley Clair Mitchell의 자문과 노동통계국의 다양한 진술 등을 참고.

계대전이 지나면서 비로소 계산되기 시작하였고, 노동자조직이 실질임금에 대해 의식하였다. 다시 말해 높은 명목임금을 요구하기 위해, 과거에도 이미 원래 가령 일반적인 가격상승을 지적하는 관계에 임금과 가격을 놓지 않았던 것은 아니다.42) 그러나 우리는 이미 거의 백 년 전 영국의 석탄광산에서 노조의 협정을 통해 임금과 가격을 정기적으로 관련시켰음을 발견한다— 그렇지만 그 당시 생계비와 임금이 서로 관련된 것이 아니라, 이 경우에는 한편으로 석탄가격(그리고 다른 경우에는 해당 노동자가 생산하는 다른 생산물의 가격)과 다른 한편으로 상응하는 산업노동자의 임금이 관련되었다. 그러한 관계설정은 노동자의 이해에 상응하지 않았는데, 우연히 생산된 개별 상품의 발전이 생계 일반의 가격발전을 전혀 대표하지 않았기 때문이다. 그러한 협정을 통해 오히려 기업주는 개별 산업의 노동자로 하여금 어떤 방식으로든 그들의 계급이해를 소외시키도록 추구하는 한편, "자신의" 산업에서 가격이 오르는 데만 이해관심을 갖도록 추구하였다. 즉 "자신의" 산업에서 가격이 전체가격수준에 비해 상승할수록, 그 만큼 더 그들의 임금은 일반적 임금수준을 넘어 상승하는 반면, 기업주의 이윤도 더욱 증가하게 된다. 그러한 임금-가격-협정은 개별 산업 노동자의 이해를, 전체 노동자계급의 손해에도 불구하고 이 산업의 자본가의 이해와 결합시켰다. 그리고 이것을 넘어 이러한 초기의 그리고 수많은 나중의 임금-가격협정은, 생계비 일반의 발전을 고려했음에도 불구하고, 언제나

---

42) 『Tuder Economic Document』, (Hg) R. H. Tawney and E. Power, 제1권, 366쪽, 런던 1924에 따르면, 이미 1586년 엘리자베스 시대의 임금입법이 가격인상할증을 제안했다고 한다.

임금이 가격상승에 따라 조절되어야 하고, 또 가격이 상승하는 시기의 노동자도 협정에 따라 자신의 임금을 가격 아래로 내릴 수밖에 없게 만들었다. 나아가 그러한 협정은, 노동운동이 가격에 상응하여 오르는 임금을 위해, 즉 정체된 실질임금이 아니라 오르는 실질임금을 위해 투쟁할 수 없기 때문에, 노동자에게는 부정적인 것이다. 다시 말해 모든 임금-가격-협정은 기껏해야 실질임금의 증가가 아니라 정체를 준비한 것이다. 따라서 노동조건의 악화에 반대하는 투쟁을 위해서는 실질임금의 산정이 중요하기 때문에, 이러한 투쟁을 임금상승을 가격상승에 비교하는 기초 위로 가져가는 것은 오류일 것이다. 노동자상태가 매우 빈곤하기 때문에, 노동의 강도가 지속적으로 증가했기 때문에, 오른 실질임금이 노동력의 집중된 요구에 비해 종종 못 미치기 때문에, 실질임금은 상승해야 한다. 실질임금은 언제나 노동강도의 증가와 관련해서 고려되어야 한다.

실질임금의 산정과 함께 두 가지 다른 임금범주가 고려될 필요가 있다. 생활임금과 가족임금.

생활임금은 독점자본주의하에서 노동자가 과거보다 더 짧은 노동주기를 가지기 때문에 계산되어야 한다. 과거보다 더 젊은 나이의 많은 노동자가 "너무 늙은 40이기" 때문에 생산과정으로부터 배제되거나, 혹은 힘이 좋은 전성기에 이룰 수 있고 평균임금 이상을 버는 노동을 일찍 소진해버리고 열악하게 받는 노동으로 만족할 수밖에 없게 된다. 다시 말해 예를 들어 컨베이어벨트에서 일하는 한 노동자가 몇 년 동안 모든 노동자의 평균보다 상대적으로 더 잘 번다면 그는 이 임금을 10년 혹은 20년 벌 수 있는 것으로 생각하면 큰 오산일 것이다. 사실상 그는 컨베이어벨트에서의 임금을 아마

5년 정도 유지할 것이고, 그 다음에는 열악한 임금을 받게 될 것이다. 컨베이어벨트 노동은 그의 건강을 파괴할 것이기 때문이다; 그렇다, 그는 확실히 컨베이어벨트 앞에서 전혀 일하지 않았고, 그래서 컨베이어벨트에서 일한 노동자보다 건강을 심각하게 다치지 않은, 많은 노동자들보다 열악한 노동을 얻게 될 것이다. 그러한 생활임금은 아주 드물게 산정될 뿐이다 – 르네Rene 쿠친스키는[43] 20세기 초에 이미 그러한 산정을 시작했는데, 그렇지만 그는 계속 작업을 이어갈 수 없었다; 미국에서는 사회보장청Social Security Board이 때로 약간 포괄적인 노임통계를 만들었지만, 금방 다시 낡아버렸다; 공식적인 자본주의 통계가 산정을 위한 이해관심을 전혀 보여주지 못한 것은 당연하다. 노동자의 열악한 상태를 새로운 측면에서 보여주고, 무엇보다 많은 자본가들에 의해 얘기되는 개별 산업영역에서 지불되는 상대적으로 높은 임금에 관한 기만적인 언급을 밝혀주었어야 하는데 그렇지 못했다. 동시에 노동자가 언제나 단지 각각 일시적으로 이러한 높은 임금을 받을 수 있지만, 노동자는 건강을 해치게 되고 당장의 높은 임금은 결국 벌이의 더 높은 종말로 귀결되기 때문에, 그러나 이것을 제외하면 한 번도 노동자의 장점에 관해 관심도 없는 자본가의 의도를 증명했어야 하는데 그렇지 못했다.

생활임금 이외에 가족임금 역시 산정되어야 하고, 더욱이 두 가지 이유에서 그렇다. 하나는 가족임금만이 어떻게 노동자가 실제로

---

[43] 르네 쿠친스키는 위르겐 쿠친스키의 아버지로 그 당시 통계학에 정통했던 유명 학자이자 제국의회 의원(독일공산당KPD 소속)이었던 인물로, 위르겐 쿠친스키 역시 아버지의 영향을 많이 받았다(역자).

살 수 있는지를 우리에게 보여주기 때문이다. 가족임금은 평균임금소득을 전체가구원 당 계산되는 방식으로 산정되어야 한다. 노동자가족의 소비— 전체가구원Konsum-Vollperson 당 그러한 평균임금소득은, 우리에게 노동자의 실제 상태에 대한 개선된 인상을 제공하는 가족임금통계의 한 형태이다. 또 다른 형태는 궁극적으로 필요한 노동하는 사람의 수의 신고 하에 가족임금소득을 실제적으로 산정하는 것이다. 즉 예를 들어 다음과 같은 경우일 수 있다; 그러한 조사는 두 아이를 가진 가족의 소득이 한 아이를 가진 가족의 소득보다 높다는 사실을 보여준다. 왜냐하면 한 아이를 가진 많은 노동자가족은 엄마로 하여금 집에 머물도록 추구하는 반면, 두 아이를 가진 노동자가족은 어떤 식으로든 일을 추구할 수밖에 없고 그래서 추가적인 아이에 들어가는 비용보다 더 많은 소득을 집에 가져갈 수 있기 때문이다. 그러나 부인의 노동은 자본주의 관계 하에서는, 가족임금소득이 부인의 노동을 통해 증가함에도 불구하고, 아이들이 보호 없이 자랄 수 있기 때문에 아이의 생계가 열악해짐을 의미한다. 그러한 임금소득문제는 노동자가족의 소비— 전체가구원 당 평균임금의 산정의 도움으로 조사될 수 없다. 다른 측면에서 보면, 소비— 전체가구원 당 임금소득의 산정은, 성인은 물론 아이들의 지불받은 임금을 토대로 실제적 부양가능성에 관해 포괄적으로 조망할 수 있게 해준다. 다시 말해 이것은 마르크스가 노동력의 재생산과 그것의 영원화, 노동자와 그 자식들의 재생산이라고 불렀던 것이다. 따라서 가족임금은 노동자계급의 부양을 조사하기 위해 일단 산정되어야 한다. 동시에 이것은 임금지불이 성인 노동자뿐만 아니라 가능한 한 그의 전체 가족을 임금노예상태로 유지하고 그로부터 잉여가치를 짜내려고 하는 기업주의 모든 경향을 확정할 가능성을 제시할 수밖에 없다. 이러한 경향은 잘 알다시피 단지 자본주의의 초기 시기뿐만 아니라 독일의 최근 시기, 파시즘 하에서도 관찰할 수 있다. 여기서 확정해야 하는 것은 어느 정도의 임금소득이 가족에게 가는지가 아니라, 어느 정도의 가족구성원이 가족임금소득의 벌이에 기여해야 하는지다.

그러한 가족임금소득조사는 나아가, 가령 임대나 정원일 등과 같은 가족구성원의 또 다른 소득의 원천을 확인하면서, 일반적인 가족소득조사로 확장되어야 한다. 따라서 그러한 추가적인 소득원천이 다양한 시기에 대해서 매우 다양한 역할을 수행했다는 사실이 드러날 것이다. 임대수입이 예를 들어 수십 년간 주택난을 겪었던 19세기 후반기 독일에서 매우 광범한 소득 원천이었다— 그리고 이것은 다른 나라에서도 마찬가지이다. 정원일로부터의 수입도 자본주의 초기와 20세기에 중요한 역할을 하였다.

마지막으로 순Netto임금, 다시 말해 노동자가 사실상 집에 가져오는—총Brutto임금에 반대되는—임금총액을 산정하는 것이 중요하다. 순임금은 총임금으로부터 매우 다양하게 전개될 수 있다. 많은 요인이 순임금에 영향을 미치기 때문이다. 노동조합이 적극적인 자본주의 나라에서는, 총임금이 일반적으로 경기 상승기에는 노사공동 협상임금과 개별 기업에서의 일정한 임금상승으로, 경기 하강기에는 적은 임금상승 혹은 많은 경우 임금공제로 귀결된다.

이러한 총임금으로부터 일반적으로 다음과 같은 공제가 이루어진다:

실업을 통한 임금손실과 단축노동,   질병에 의한 임금손실,
세금,   사고에 의한 임금손실,
보험료 공제,   노조비,   파업기금.

총임금에 대한 추가공제는:
    실업과 단축노동의 경우 대비 지원비,
    질병의 경우 대비 지원비,
    사고의 경우 대비 지원비,
    파업의 경우 대비 지원비

총임금과 순임금의 구별이 가지는 커다란 의미를 제시하기 위해서는 두 가지 사례로 충분할 것이다. 영국의 통계학자 스노우Snow는[44] 영국 가죽수공업에서의 몇 년간 협상임금과 순임금을 다음과 같이 계산하였다.

가죽수공업에서의 협상임금과 순임금

해	협상임금	순임금
1924	100	100
1926	100	91
1929	100	97
1930	100	95
1932	95	85

---

[44] "E. Ramsbottom의 강연 '1921-1934년 영국에서 임금비율 과정'의 토론 – E. C. Snow의 토론논문", *Journal of Royal Statistical Society*, London, 1935.

우리는 여기서 즉각, 얼마나 순임금이 협상임금보다 더 변동이 심하고, 얼마나 순임금발전이 협상임금의 발전보다 더 불리한지를 알 수 있다.

더욱 인상적인 것은, 1933년 1월 독일 산업노동자를 위해 만든 다음과 같은 임금산정이다.45)

협상임금 주급	38.90 마르크
평균 급여규정 이상의 지불	+1.15 마르크
단축노동에 의한 임금손실	-2.40 마르크
실업에 의한 임금손실	-18.70 마르크
세금과 보험료	-2.65 마르크
실업지원비	+3.75 마르크
실질임금	20.05 마르크

비록 내 계산이 모든 임금손실과 그래서 모든 (상응하여 줄어든) 임금공제(사회적 보조금 지불)를 고찰하지는 못했지만, 1933년 1월에 순임금이 총임금의 절반이 약간 넘는 수준임을 알 수 있다. 총임금과 노동자가 평균적으로 사실상 집에 가져가는 임금 사이의 차이는 실제로 매우 크다.

이와 관련하여 세금에 관해 한 마디 해야겠다. 노동자에 대한 과세는 특별하고 확실히 추가적인 노동자의 착취를 표현한다. 조세수입은 국가적인 권력기구를 유지하거나 국가 혹은 지자체의 특정한 경제적 기업에 재정지원을 하는 데 사용된다.

첫 번째 경우에는 노동자계급이 자신에 반대하여 자본가에 의해

---

45) "노동자를 위한 경기," 『재정정책 서신』, 제14년도, 베를린, 1933, 제7/8호.

설치된 억압기구로 하여금 노동자수입에서 추가적으로 필요한 금액을 뽑아가도록 재정 지원하는 것이다. 이것은 다시 기업주가 임금약탈을 은폐하는 특별한 형태이다. 이러한 은폐된 임금약탈이 자본주의 역사에서 상당한 역할을 했다; 노동자에 대한 과세는 약 50년 혹은 100년 전보다 오늘날 훨씬 크다. 노동자에 대한 과세는 특히 제국주의의 단계에서, 특별히 국가독점자본주의하에서, 무엇보다 경제의 군사화와 연관해서 증가하고 있다. 예를 들어 국철의 적자를 메우기 위한 세금은 그 기업에 대한 노동자 지갑으로부터의 보조금일 뿐이다. 국철과 같은 기업은 자본주의적으로 이익이 나지 않기 때문에, 자본가가 차라리 국영기업이라는 형태로 공동의 자본주의적 기업으로서 운영하기 때문이다.

자본가도 세금을 낸다는 사실, 그리고 여기서 문제가 되는 것은 전 인민의 부담과 "민주적" 틀이라고 하는 부르주아 문헌의 지적에 대해서도 마찬가지로 진지하게 고려해야 한다. 기업주가 자신의 담배소비의 비용을 때로 지출하기 위해 임금공제를 한다면, 이것은 기업주가 이미 담배의 비용에 동참할 준비가 되어 있다는 사실과 마찬가지이다. 두 번째 경우에는 자본가의 개인적인 생활비 지출비용에 부담하는 것이다— 첫 번째 경우에는 전체로서의 자본가계급의 유지비용의 부담과 그들의 생산 및 착취기반의 확대와 관련된다. 따라서 자본가가 담배를 피우는 것으로부터 노동자는 어떤 직접적 손해도 보지 않는 반면, 국가기구의 유지나 생산 및 착취기반의 확대가 당연히 노동자계급에게 심각한 결과를 가져온다는 차이가 있다. 후자는 노동자계급에게 더욱 강력한 억압을 가능하게 만들기 때문이다. (노동자는 물론 자본가도 이익이 되는 목적을 위해 적용되는, 예를 들어 공중화장실이나 소방서와 같이, 세금의 비율은 최소한이다. 학교는 거기에 해당하지 않는다. 왜냐하면 노동자는 그들의 영리활동을 추구하기 위한 자본주의적 의미에서 교육되지 않으며, 이것은 노동자가 학교시험에 반대하게 된다는 의미는 아니다 - 그 반대이다. 왜냐하면 노동자 아이들은, 자본가의 모든 노력에도 불구하고, 집에서는 당연히 올바로 교육받고 학교의 입학으로 커다란 이익을 얻기 때문이다.)

그러면 누구를 위해 그러한 순임금을 산정해야 하는가? 우리는 다음과 같이 다양한 노동자범주에 대한 산정이 필요하다:

    청소년, 여성과 남성, 숙련 및 비숙련 노동자,
    백인과 흑인 등;
다양한 산업분야에 대해, 예를 들면:
    금속산업, 광업, 면직산업 등;
    나라의 다양한 부분;
"민족적" 금융자본의 지배영역 내부의 다양한 나라들에 대하여.

그러한 연구를 위해 최고의 결과를 제공하거나 혹은 다양한 속임수를 표현하는, 실제적 임금상태를 숨기기 위해 국가적, 민간적 자본주의 통계를 활용하는, 통계적 방법을 여기서 개별적으로 연구하는 것은 너무 앞서 나가는 것이다. 그러나 연구되어야 할 다양한 임금집단에 대해 위에서 이미 제시한 것만으로도 자본주의 통계에서 통상적인 것으로부터 많은 이탈을 볼 수 있고, 요구되는 것과 기존의 것을 비교해보면 얼마나 거대한 과학적 작업영역이 여전히 우리 앞에 남아 있는지를 알 수 있다.46)

여기서는 단지 그 유익한 결과가 마르크스주의 통계의 영역에서 아주 작은 진보만을 제공해줄 수 있다고 보이는 몇 가지 사례만을 제시할 것이다. 여기서는 내가 한 시도와 관련되는 것으로, 영국 자본에 의해 통제되는 기업에서 면직노동자의 평균임금을 연구하고, 그래서 개별 산업의 노동자에 대한 임금을 연구한 것이다— 그러나 개별 나라가 아니라, 개별적인 "민족적" 금융자본에 대한. 이러한 연구를 위해 영국의 금융자본 아래 작동하는 영국의 면직노동자의 임금 뿐 아니라 영국 외부의 면직노동자의 임금을 추출하였다. 영국의 금융자본 아래 전체적으로 작동하는 면직노동자에 대한 연구를 전 세계적으로 확대할 수 있는 충분한 자료는 주어져 있지 않다; 특히 1930년 이전 중국의 영국기업에 대한 상응하는 자료가 없다는 것이 유감이다. 그러나 영국과 영국 기업이 인도에서 포괄한 다음의 수치는 모든 결정적인 사실을 이끌어내는 데 충분하다:47)

완전 고용된 면직노동자의 평균임금 (1900 = 100)

연도	영국	인도	영국의 금융자본 (영국과 인도)
1880-1889	96	117	104
1890-1899	101	105	104
1900-1909	103	110	101
1910-1919	93	97	87
1920-1929	109	107	96

---

46) 노동자상태에 대한 마르크스주의적 통계연구에서의 상세한 입문에 대해서는 내 책을 참고. J. Kuczynski, 『서유럽의 노동자상태 1820-1935』, 런던, 1937.

47) 이것에 대해서는 J. Kuczynski, 『임금이론의 새로운 경향』, 런던, 1937, 제4장 참고.

첫 번째 두 열은 발전의 일정한 유사성을 보여주는 반면에, 세 번째 임금 열은 나머지 두 열과 크게 빗나간다. 이러한 이탈의 원인은 매우 좋은 상태일 수 있고 또한 실제로 자주 그렇게 진행되었다는 사실, 영국의 면직노동자는 물론 인도의 면직노동자의 실질임금이 상승한 반면 그들의 공통된 평균임금은 내려갔다는 사실에 있다. 다시 말해 이것은 매우 낮은 임금을 받는 인도의 면직노동자의 수가 상대적으로 크게 증가했다면 경우가 맞을 것이다. 가장 단순하게는 이것은 자본주의 착취에 대해 매우 중요한 과정을 다음과 같이 보여주는 것이다: 우리는 영국의 금융자본이 단 하나의 영국노동자와 하나의 인도 노동자를 고용했다고 가정하자; 영국노동자는 하루에 10마르크를 벌고, 인도노동자는 하루에 2마르크를 번다고 하자; 다음 해에 20%를 더 받는, 즉 12마르크를 받는 한 영국노동자를 다시 고용하고, 역시 20%를 더 받는, 즉 2.4마르크를 받는 인도노동자를 하나 더 고용했다; 따라서 이 해에는 하나가 아니라 두 명의 인도노동자가 고용되었다. 영국노동자와 인도노동자에 대한 임금인상은 분명히 20%이지만, 영국의 금융자본에 의해 고용된 노동자의 평균임금은 분명히 내려간다. 첫 번째 해에 금융자본은 10마르크와 2마르크를 더해 나누면 6마르크의 평균임금을 지불하였다; 다음 해에는 한 명의 영국노동자 12마르크에 두 명의 인도노동자 2.4+2.4 = 4.8마르크를 지불하여 셋을 나누면 평균임금은 5.6마르크가 된다. 여기서 중요한 것은 임금연구에서 매우 정확하게 고찰되어야 할 것은 과정이라는 것이다 – 즉 식민지제국의 거대한 인구를 산업적 생산과정에 급속히 배치하는 것이 금융자본에 의해 지불되는 평균임금에 대해 가지는 특별한 중요성과 관련된다. 여기서 주어진 수치가 우리로 하여금 마르크스주의 과학을 이끌게 하는 고찰의 포괄적 넓이를 보여주기 위해 자기 것이 되어야 한다고 나는 생각한다.

7. 요약, 상대임금

우리는 마르크스주의 임금이론의 고찰과 서술에서, 노동자가 잉여가치를 생산하다는 결정적 주장으로부터 출발하였다. 이것을 통해 처음부터 분명한 것은, 마르크스주의 임금이론의 경우 일단 고찰되어야 하는 계급사회에서 논쟁될 수 있는 계급이론이 문제라는 사실과, 둘째 영국의 부르주아 고전 정치경제학에 대립되는 출발점, 절대적 궁핍화와 산업예비군의 마르크스주의 이론과 동일한 의미와 정도에서 어떻게 대립되는지의 출발점이 문제라는 사실이었다.

우리가 확인한 것은, 부르주아 고전 정치경제학은 강력한 번식력을 매개로 한 노동자들의 경쟁을 통해 노동자들이 임금을 끌어내린다고 주장한 반면, 마르크스는 노동자들의 경쟁을 도입하고 부추기는 것은, 산업예비군을 창출하고 계속 유지시키는 것은 자본가라는 사실을 보여주면서 실상을 폭로하였다. 그리고 아주 비슷하게, 부르주아 고전 임금이론에 따르면, 자본가가 자본의 일부를 친절하게 노동자임금의 형태로 제공하는 자본기금이 있다. 마르크스는 실상은 정반대임을 보여주었다. 기업주가 노동자들에게 친절하게 자본의 일부를 임금의 형태로 제공하는 것이 아니라, 오히려 그 반대이다. 노동자는 기업주에게 생산물의 일부를 넘겨줄 수밖에 없고, 그러면 기업주는 이것으로 이들 노동자와 더 많은 노동자를 임금노예로 만들고 그들로부터 더 많은 잉여가치를, 즉 더 많은 비율의 자본을, 뽑아내기 위해 자본으로 전화한다. 그리고 부르주아 고전 정치경제학에 따르면 임금의 형태로 노동자에게 제공하는 자본의 일부는 확실히 자연이나 신의 일부 혹은 그 밖의 규정된 크기의 일부이고 따라서 자본기금에 대한 높은 몫을 둘러싸고 투쟁하는 것이 노동자에게는 가망 없는 것인 반면, 마르크스는 자본가가 자기화하는 잉여가치는 결코 확정된 크기가 아니라 그것을 확대하기 위해 기업주가 가능한 모든 것을 하는 확대 가능한 것임을 보여주었다.

그러므로 자본주의적 임금관계가 확실히 논박할 수 없고 철저히 이성적인 사회적 사실 이상을 논증한다는, 그래서 여기서는 아무것도 변하지 않고 또 우리는 아무것도 변화시킬 수 없다는, 부르주아 고전 임금이론 대신에, 새로운 임금이론, 즉 실재를 정확히 파악하고 그래서 계급관계를 드러내는 동시에 포함하는 새로운 임금이론이 등장한다; 그래서 이러한 계급관계는 철저히 변화될 수 있고, 자본가의 계급권력을 극복함으로써 또한 기존의 임금관계, 임금노예상태와 자본가에 대한 잉여가치의 증여를 없앨 수 있게 된다. 부르주아 고전 정치경제학의 정적인 절대적 임금이론으로부터 역동적, 변증법적, 계급적으로 규정된, 실재를 파악한 노동자계급의 임금이론이 등장한다. 노동자계급에게 전망 없는 임금이론으로부터 진보를 위한, 착취가 사라지는 새로운 사회에서의 노동자상태의 개선을 위한 최고의 전망을 가진 투쟁적인 임금이론이 등장한다. 경제적 자동장치 위에 건립된 수동적인 임금이론으로부터 계급투쟁과 진보를 향한 단호한 의지 위에 건설된 적극적인 임금이론이 등장한다.

* * *

마지막으로 상대임금에 관해 얘기해보자.

마르크스는 초기 저술인 『임금노동과 자본』에서 다양한 임금종류에 관해 다음과 같이 말한다. "노동의 화폐가격, 명목임금은 실질임금, 즉 임금과 교환하여 실제로 받는 상품의 양과 일치하지 않는다. 따라서 우리는 임금의 오르내림에 대해 논의할 때 노동의 화폐가격, 명목임금만을 주시해서는 안 된다. 그러나 명목임금, 즉 노동자가 자신을 자본가에게 파는 대가인 화폐액수도 실질임금, 즉 이 화폐를 가지고 그가 살 수 있는 상품의 양도, 임금 속에 포함된 관계들을 남김없이 다 설명하지는 못한다. 임금은 또한 무엇보다 자본가의 이익, 즉 이윤과 임금과의 관계에 의해 결정된다— 비교적, 상대적 임금. 실질임금이 노동의 가격을 나머지 상품들의 가격과의 관계 속에서 표현하는 반면에, 상대적 임금은 직업적 노동에 의해 산출된 가치 중에서 직접적인 노동이 받는 몫을 축적된 노동, 즉 자본이 차지하는 몫과의 관계 속에서 표현한다."[48]

실질임금은 노동자의 절대적인 구매력을 표현하고, 그가 구입할

---

[48] 칼 마르크스, 『임금노동과 자본』, 제2장 "무엇을 통해 상품의 가격이 결정되는가?"/ 박종철 출판사, 선집 제1권, 561쪽 참고.

수 있는 절대적인 양의 생활수단을 위한 정도이다. 상대임금은 노동자의 임금과 기업주의 이윤에 대한 상대적인 발전을 보여준다. 자본가를 통한 실질임금의 다양한 종류의 취급과 많은 순환을 거치는 실질임금의 상승과 하락은 기업주가 사용하는 착취수단의 모습을 우리에게 보여준다. 실질임금이 올라가면, 자본가는 노동자계급의 절대적 궁핍화를 실현하기 위한 또 다른 수단을 적용한다는 사실을 우리는 알고 있다. 그러나 상대임금은 자본가의 특별한 착취형태에 대한 표현이 아니라, 노동자계급과 자본가 사이의 전체적 사회관계에 대한 표현이다. 이것은 절대적 궁핍화의 법칙에 따라 언제나 부자는 더 부유해지고 노동자는 더 궁핍해진다는 사실 그 자체이기 때문에, 상대임금은 언제나 한 순환에서 다른 순환에 따라 언제나 내려간다. 더욱이 상대임금은 궁핍화에 대한 많은 표현 중 하나이다; 상대임금은 증가하는 노동의 고통을 의미하지도 않고, 증가하는 도덕적 타락을 의미하지도 않는다, 그러나 상대임금은 자본과 노동 사이의, 노동자상태의 발전과 자본가상태의 발전 사이의 기본 대립의 기능이고, 따라서 상대임금이 때로 상승하는 것도 불가능하고, 이러한 상승이 가령 증가하는 노동의 고통이나 증가하는 도덕적 타락을 통해 상승의 효과가 경감되는 것도 불가능하다. 따라서 상대임금은 언제나 한 경기순환에서 다른 경제순환에 따라 내려간다.

 일련의 경기순환에 따라 독일에서의 실질임금 및 상대임금을 아주 개략적으로 계산한 다음의 표는 실질임금 및 상대임금이 취할 수 있는 다양한 종류의 발전을 보여준다.

독일에서 실질임금 및 상대임금, 1860년에서 1932년

경기순환	실질임금	상대임금
1860-1866	75	520
1867-1875	76	430
1876-1886	83	250
1887-1893	92	190
1893-1902	98	130
1903-1909	98	80
1909-1914	96	65
1924-1932	86	60

여기서 관찰된 해에는 실질임금이 세기전환 때까지는 상승하다가, 그리고 정체하다가, 결국 내려간 반면, 상대임금은 계속적으로 떨어졌다. 실질임금이 때로는 상승하다가 때로는 내려가다가 때로는 정체한 반면, 상대임금은 계속 내려갔다.

그러나 경기순환 내부에서는 관계가 다르다. 경기순환 내부에서는 호황기에는, 증가하는 생산의 국면에서는 실질임금이 상승하곤 한다— 비록 여기서는, 파시즘 하 독일 노동자상태의 역사가 보여주듯이, 시급에 대한 일정한 예외가 있지만. 같은 국면에서 상대임금은 빠르게 내려가고, 생산물에 대한 노동자의 몫은 떨어진다. 반대로 공황기나 침체기에는 실질임금이 되돌아오는 반면, 상대임금은 올라간다.

상대임금은 공황기나 침체기에는 올라간다, 왜냐하면 과잉생산공황으로 가는 모순이, 노동자의 구매력과 소비재생산 사이의 관계를 규정하는 영역에서, 노동자의 구매력이 소비재생산물의 전체 가

격에 비해 높아짐으로써, 일시적으로 극복되기 때문이다. 그리고 소비재생산자의 구매력이 생산수단생산의 전체 가격에 비해 어쨌든 높아져야 하기 때문에, 노동자의 구매력이 국민적 산업생산물의 전체 가격에 비해, 따라서 당연히 기업주의 이윤에 비해 증가하게 된다. 당연히 공황기에는 노동자의 구매력이 사실상 내려간다. 노동자는 더욱 더 적은 상품을 구매할 수 있다. 노동자는 엄청난 규모에서 궁핍화된다. 그렇지만 전체 산업생산의 전체 가격은 노동자의 구매력보다 더욱 내려간다— 당연히 그렇다고 해서 거대 자본가들은 자신의 개인적 소비를 적은 규모로 한정하지는 않을 것이다! 노동자는 전체 생산의 증가된 부분을 구매할 수 있고, 전체 생산물에 대한 그들의 몫은 올라가고, 특히 생산수단의 생산과 비교하여 상대임금은 올라간다.

마르크스는 상대임금에 커다란 의미를 부여했다. 그러나 『자본』의 초판이 출간된 지 60년이 지나, 소책자 『임금노동과 자본』으로 요약된 저술이 나온 지 거의 80년이 지나 비로소 상대임금의 첫 번째 산정이 이루어졌다.

그리고 우리는 상대임금의 연구에 대한 무시를 일반적으로 오늘날까지 보고 있다. 비록 레닌이 마르크스의 사고과정을 다시 받아들여 1912년의 한 서술에서 상대적 궁핍화와 상대임금의 하락의 거대한 중요성을 지적했지만 말이다. 그렇다, 레닌은 더욱 나가 몇 가지 통계자료를 결합하여 상대적 궁핍화의 속도를 계산해 보여주었다.[49] 그는 이렇게 서술하였다:

---

49) 레닌, "자본주의 사회의 궁핍화", 『전집』 제18권, 429쪽.

"그렇지만 더욱 분명한 것은 노동자의 상대적 궁핍화, 즉 사회적 수입에 대한 노동자 몫이 줄어든 것이다. 자본주의 사회의 빠르게 증가하는 부에 대한 상대적인 노동자 몫은 더욱 적어진다. 왜냐하면 백만장자들이 더욱 빠르게 부유해지기 때문이다.

러시아에는 사회의 부유한 계급에 대하여 소득세도 없고, 부의 상속에 관한 보고도 없다. 우리의 지극히 슬픈 현실은 장막 뒤에 숨겨져 있다ㅡ무지와 침묵의 장막 뒤에.

독일에는 소유계급의 부에 대한 정확한 보고가 있다. 예를 들어 프로이센에는 1천만 마르크(5백만 루블) 이상의 자산을 소유하고 납세의 의무를 가진 사람이 1902년에 1,853명이 있었는데, 1908년에는 1,108명으로 줄어들었다.

대부호의 수가 줄어들었지만, 그들의 부는 증가하였다. 그들 각자는 1902년에는 평균적으로 5백만 마르크(2.5백만 루블)를 소유했지만, 1908년에는 9백만 마르크(4.5백만 루블)의 자산을 소유하였다!

우리는 '상위 1만 명'에 관해 말한다. 프로이센에는 '상위 21,000명'이 13.5백만 마르크의 자산을 갖고 있는 반면, 그 밖에 3백만 마르크 이상을 가진 납세의무를 진 자산의 소유자가 1,300,000명이 있다.

네 가지 거대 백만장자(군주와 후작, 백작, 남작)는 1907년에 149 백만 마르크의 자산을 갖고 있었지만, 1908년에는 481백만 마르크의 자산을 갖고 있었다.

부는 자본주의 사회에서 거대한 속도로 증가한다ㅡ동시에 노동자대중의 거대한 궁핍화도 함께."

제 3 장

노동시간, 생산성, 노동의 강도

  임금의 이론과 꼭 마찬가지로 노동시간의 이론 역시 잉여가치이론 위에서 세워진다. 노동자는 자신의 노동력을 재생산할 수 있기 위해 매일 일정한 양의 시간을 일하고, 자본가를 위한 잉여노동보다 더 많은 양의 시간을 일한다. 노동자로 하여금 자신의 노동력의 재생산을 위한 상품의 창출에 필요한 노동일의 해당 부분을 가능한 한 줄이도록 하고, 자본가를 위한 상품을 생산하는 하루의 해당 부분을 가능한 한 늘이도록 하는 것이, 잉여가치율을 높이는 이유에서 기업주의 이해 속에 자리할 수밖에 없다.

  육체적으로 보면 사태는 다음과 같다. "하루의 일부는 체력을 쉬게 하고 잠을 자야 한다. 또 다른 일부는 그 밖의 육체적인 욕망들, 즉 먹는다든지 몸을 씻는다든지 옷을 입는다든지 하는 그런 욕망들을 만족시켜야 한다."[1] 그렇지만 육체적 요인만이 역할을 하는 것

---

[1] 칼 마르크스, 『자본』 제1권, 위의 책, 240쪽/『전집』 제23권, 246쪽/ 강

이 아니다: "이와 같은 순수히 육체적인 한계 이외에도 노동일의 연장은 도덕적 한계에 부딪힌다. 노동자는 정신적, 사회적 욕망들을 만족시키기 위한 시간을 필요로 하며, 이들 욕망의 크기와 수는 일반적으로 문화수준에 의해 규정되어 있다. 그러므로 노동일의 변화는 육체적, 사회적 한계 속에서 움직이는 것이다. 그러나 이들 한계는 어느 것이나 매우 탄력적인 것이기 때문에 매우 커다란 변동의 여지를 가진다. 그래서 우리는 8시간, 10시간, 12시간, 14시간, 16시간, 18시간이라는 각각 다른 길이의 노동일 발견하게 된다."2)

다시 말해 임금의 규정에서와 동일하게 노동시간의 규정에서도 육체적, 사회적 요인이 역할을 한다. 그러나 사회적 요인은 일반적으로 계급투쟁을 통해 결정된다.

자본가의 입장에서 보면 상황은 다음과 같다. "자본가는 노동력을 그것의 하루가치 대로 샀다. 하루 노동일Arbeitstag 중의 노동력의 사용가치는 자본가의 것이다. 그래서 그는 하루 동안 자신을 위해 노동자에게 일을 시킬 권리를 얻은 것이다. 그러나 하루 노동일이란 무엇인가? 어쨌든 자연적인 하루 생활일Lebenstag보다는 짧다. 얼마나 짧은가? 자본가는 이 극한, 즉 노동력의 필연적 한계에 대하여 독특한 견해를 갖고 있다. 자본가인 그는 오직 인격화된 자본일 뿐이다. 그의 영혼은 자본의 영혼이다. 그런데 자본은 단 하나의 생명충동, 즉 자신을 가치증식하고 잉여가치를 창출하고 가능한 한 많은 양의 잉여노동을 자신의 불변부분인 생산수단으로 흡수하려

신준 번역판, 331쪽 참고.

2) 칼 마르크스, 같은 곳/『전집』제23권 246-247쪽/ 강신준 번역판, 331쪽 참고.

는 충동만을 갖고 있다."3)

자본가에게는 노동자로부터 더 많은 잉여노동을 뽑아내기 위한 두 가지 주요 방식이 있다. 노동일을 더욱 연장시키든지 혹은 노동성과를 증가시킴으로써 시간당 더 많은 생산물을 산출하게 하든지 이다. 두 가지 방법은 공통적으로 노동일 당 더 많은 잉여가치를 노동자로부터 창출하는 것이다. 후자의 방법을 통해서는 노동력의 재생산을 위한 상품의 창출에 필요한 노동시간이 줄어들고, 전자의 방법을 통해서는 전체 노동일에 대한 이것을 위해 필요한 노동시간의 몫이 줄어들 뿐이다. 마르크스는 말한다. "노동일의 연장을 통해 생산된 잉여가치를 나는 절대적 잉여가치라고 부른다; 그에 반해 필요 노동시간의 단축과 그에 상응하는 노동일의 두 구성부분 사이의 크기비율의 변화로부터 추출되는 잉여가치를 상대적 잉여가치라고 부른다."4)

두 가지 방법은 동일한 결과에 이르지만, 그러나 매우 다른 사회적 영향을 미친다. "절대적 잉여가치의 생산은 전적으로 노동일의 길이에 달려 있다. 상대적 잉여가치의 생산은 노동의 기술적 과정과 사회의 구성을 철저하게 변혁시킨다."5)

우리는 상대적 잉여가치의 강탈을 고찰하기 전에, 절대적 잉여가치의 생산에 관한 아주 단순한 과정을 짧게 살펴보는 것이 필요할

---

3) 칼 마르크스, 240쪽부터/『전집』제23권, 247쪽/ 강신준 번역판, 331-332쪽 참고.

4) 칼 마르크스, 위의 책, 330쪽/『전집』제23권, 334쪽/ 강신준 번역판, 441쪽 참고.

5) 같은 책, 535쪽/『전집』제23권, 532-533쪽/ 강신준 번역판 701쪽 참고.

것이다. 이 방법은 무엇보다 산업자본주의의 초기 시대에 큰 역할을 하던 것이다. 산업자본주의가 시작될 때 노동일은 가령 해가 떠 있는 길이만큼, 다시 말해 해가 떠서 해가 지는 시간까지를 포괄했다. 더 많은 잉여가치를 개별 노동자로부터 뽑아내기 위해 기업주는 노동일을 16시간으로, 더욱이 18시간까지 늘이게 되었다. 여기서 우리는 사실상 노동일 연장의 한계에 도달하게 된다. 노동일 연장의 도덕적·사회적 한계는 19세기 30-40년대의 거대 자본주의 나라들에서는, 공장산업과 광산 전체에서는 아니지만, 이미 한계치를 넘었고 육체적 한계에 도달하였다. 이제까지의 수단으로는 더 이상 나아갈 수 없었다. 두 가지 이유에서 노동일 구성과 관련하여 착취방법의 유사성을 부추기게 되었다. 사회적이고 도덕적인 이유였다. "날이 갈수록 위협적으로 팽창해가는 노동운동을 제외한다면, 공장노동의 제한은 영국의 경작지에 구아노Guano(남미 바다새의 똥으로 비료로 사용됨—역자)비료를 주는 것과 동일한 필연성의 명령에 따른 것이다. 한쪽에서는 지력을 황폐하게 만든 바로 그 맹목적인 약탈욕이 다른 쪽에서는 국민의 생명력의 근원을 침략하고 말았다. 독일과 프랑스에서는 병사들의 왜소화가 입증하듯이, 여기서는 주기적인 질병이 그것을 분명하게 입증하였다."[6]

마르크스의 이러한 언급은 노동자상태의 발전에 관한 전체 이론에 대해 매우 중요한 의미를 가진다; 이것은 명확한 정치적 중요성을 가진다. 노동시간의 단축은 두 가지 종류의 원인을 가진다. 하나는 주관적인 것으로, 즉 노동자의 증가된 저항이고, 다른 하나는 객

---

[6] 칼 마르크스, 위의 책, 247쪽/『전집』제23권, 253쪽/ 강신준 번역판, 339-340쪽 참고.

관적인 원인이다. 이제까지의 수단으로는 더 이상 나아갈 수 없는데, 왜냐하면 노동시간 연장의 극단적 한계에 도달했고, 더 이상의 연장은 노동자계급의 존재를 위협했기 때문이다.

우리는 노동자상태의 서술과 일반적인 노동조건의 변화를 고찰하면, 전반적으로 다음과 같은 네 가지 종류를 발견하게 된다. 일단 이렇게 얘기된다. 현명한 사람으로서 그리고 노동자층을 염려하는 사람으로서 기업주가 예를 들어 노동시간을 단축하였다는 것이다. 이것은 자본의 입장으로부터의 전형적인 옹호적, 거짓 설명이다. 또 이렇게 얘기된다. 기술적 관계가 노동시간의 단축을 가능하게 했고, 그래서 기업주는 노동자를 더 짧은 시간에 고용할 수 있게 되었다는 것이다. 이것은 외면상 객관적이고, 다시 말해 실제로 객관적인 서술이지만 사실에 부합하지 않는다. 왜냐하면 이것은 계급의 힘을 무시하는 것이고, 기본적으로 자본가는 인류의 역사를 계급투쟁 없이 서술하는 것을 보려고 하기 때문이다.

서술의 세 번째 형태는 가령 다음과 같다. 단지 노동자계급의 압력 하에서 노동시간이 단축되었다는 것이다. 이러한 서술형태를 우리는 속류-급진주의적이라고 부를 수 있다. 이들은 자본가를 극도로 증오하지만, 그러나 실제의 마르크스주의 서술이 어떠한지 전혀 관심이 없다. 이들은 오로지 자본주의 체제 내에서 노동자계급의 힘과 그들의 성과능력을 과도하게 쉽게 평가하기 때문이다.

실제의 과학적인 서술은 마르크스가 제시한 바로 그것이고, 노동시간의 단축은 다음과 같은 이유에 기초한다. 증가하는 노동자계급의 저항으로 인해, 그리고 이제까지의 생산 및 착취방법이 더 이상 진행될 수 없는 기술적·심리적 원인으로 인해, 노동일이 단축된 것이다.

따라서 이러한 두 가지 원인이 수행한 역할은 개별 나라들에서는 매우 다양하다. 프랑스에서는 노동자계급의 저항이 매우 결정적인 역할을 수행하였다—노동일은 1848년 혁명의 과정에서 단축되었다. 영국에서는 두 가지 원인이 동시에 커다란 역할을 한 것으로 보인다. 독일에서도 노동자의 저항이 당연히 커다란 역할을 했지만, 그러나 앞의 두 나라에 비하면 상대적으로 작은 역할을 했다.

당연히 노동시간의 단축에 관한 두 가지 원인 중에서 어느 것이 노동자계급의 상태에 대해 결정적이었는지는 결코 동일하게 말할 수 없다. 노동자계급이 잘 조직되어 있고 노동시간연장에 대한 그들의 저항이 강력하다면, 기업주는 어떤 다른 경우보다 일찍 새로운 착취방법으로 넘어갈 수밖에 없게 된다. 왜냐하면 이러한 새로운 착취방법이 관계적으로 볼 때 노동자계급에 대해 크고 분명한, 중요한 상대적인 장점을 갖기 때문이다. 즉 그들은 더 많은 자유시간을 갖게 되고, 그래서 더 많은 조직 및 선전 가능성을 갖게 되기 때문이다—가능한 한 빨리 노동일의 단축을 실현하는 것이 당연히 노동자계급의 이해에 맞는 것이다. 마르크스는 말한다. "노동시간의 절약은 자유시간, 즉 개인들의 전면적인 발전을 이룰 수 있는 시간의 증대와 동일한 의미를 가진다."[7] 이것을 넘어 이러한 노동시간의 단축은 시작될 뿐만 아니라, 나아가 노동자계급이 기업주로 하여금 그런 정책을 더 빨리 도입하도록 강제하는 정도에 따라, 착취의 육체적 한계에 더욱 더 부딪히게 된 기업주 역시 점차적으로

---

[7] 인용은 A. Leontjew, "마르크스의 『자본』의 변경사항에 관하여", 모스크바, 1946, 106쪽.

노동시간을 무엇보다 스스로 줄이는 방향으로 이행하게 된다.

노동일의 운동에 관한 이러한 고찰을 마무리하기 전에, "기업주 측으로부터의" 노동일의 단축을 위한 근거, 즉 육체적인 이유로부터, 로자 룩셈부르크가 우리에게 커다란 감동을 주는 서술을 한 번 인용해보자: "바로 최근 수 십 년 간 대공업의 무제한적인 경제가 노동자대중의 건강과 생활상태에 대해 매우 파괴적인 영향을 행사하였고, 그래서 엄청난 사망률과 질병, 육체적 불구, 정신적 황폐화, 전염병, 군사적 불합격자를 낳았으며, 사회의 유지 자체가 심히 우려스럽게 되었다. 잉여가치에 대한 자본의 자연스런 추구가 국가에 의해 제한되지 않으면, 그러한 추구는 조만간 국가를 노동자의 뼈다귀만을 볼 수 있는 교회공동묘지로 만들 것은 분명하다. 그러나 노동자 없이 노동자에 대한 착취도 없다. 그래서 자본은 미래의 착취를 가능하게 하기 위한 이해 속에서 과거의 착취에 대해 제약을 둘 수밖에 없다. 인민의 힘은 계속 그들을 안전하게 착취하도록 놔두지 않을 것이다. 비경제적인 약탈경제로부터 합리적인 착취로 이행할 수밖에 없다. 그로부터 전체 부르주아 사회개혁이 형성되듯이, 최대노동일에 관한 첫 번째 입법이 형성된다. 그에 대한 반대짝을 우리는 수렵법에서 가진다. 사냥에서와 같이 일정한 수렵금지 기간이 입법을 통해 확보되고, 따라서 합리적으로 보급되고 규칙적으로 사냥의 대상으로서 기여할 수 있게 된다. 마찬가지로 사회개혁이 프롤레타리아의 노동력에 대한 어떤 금지기간을 보장하고, 그래서 합리적으로 자본을 통한 착취에 기여할 수 있게 된다."[8]

---

8) R. Luxemburg, 위의 책, 698쪽부터.

노동일 이외에도 산업자본주의 초기에 기업주는 노동주간을 늘였다. 5일 혹은 6일로부터 7일로 이렇게 늘이는 것은 기업주에게 아주 순수한 잉여가치를 제공하였다. 원래 임금은, 노동자가 5일이나 6일 일하더라도 일주일에 7일분의 생계비를 지불한다는 사실로부터 계산되기 때문이었다. 이제 노동자가 이것을 위해 버는 것은 단지 일하는 노동자와 노는 노동자의 생계비 차이뿐이다. 그리고 이것은 당연히 과거에 일주일을 전부 일하던 노동자의 일급보다 훨씬 적다. 그래서 우리는 자본주의 초기에 임금인상 없이 혹은 약간의 인상만으로 노동주간을 연장하고, 따라서 노동주간의 연장이 많은 경우 순수히 추가되는 잉여가치의 창출과 동행하는 것을 자주 발견한다.

그 밖에도 기업주는 더 많은 노동자를 야간에도 고용하는 방식으로 노동일을 연장하였다. 이것은 개별 노동자를 통한 더 많은 잉여가치의 창출을 의미하지 않지만— 그러나 전체 노동자계급을 통한 더 많은 잉여가치의 창출이다. 게다가 야간노동의 도입을 통해 기계가 더 잘 활용된다. 마르크스는 이에 관해 말한다: "가치증식과정의 입장에서 보면, 불변자본인 생산수단은 단지 노동을 흡수하기 위해, 그리고 노동 한 방울과 함께 잉여노동의 어떤 비율적 양을 흡수하기 위해 존재할 뿐이다... 자연일의 한계를 넘어 노동일을 야간까지 연장하는 것은 단지 완화제로만 작용할 뿐이고, 노동의 생생한 피에 대한 흡혈귀적 갈망을 진정시키는 데 불과하다. 따라서 노동을 하루 24시간 내내 점유하는 것이야말로 자본주의 생산의 내적 충동이다. 그러나 같은 노동력이 낮이나 밤이나 계속해서 착취당한다는 것은 육체적으로 불가능하기 때문에, 이 육체적 장애를 극복하기 위해서는 주간에 탕진되는 노동력과 야간에 탕진되는 노동력 사이의 교대가 필요하다."9)

노동일의 연장을 통한 절대적 잉여가치의 획득 방법은 자본주의 초기를 지배했다. 그러나 기업주가 다음 시대에 노동의 생산성증대와 노동강화와 결합된 노동시간의 단축정책으로 이행했다고 하더라도, 이것은 기업주가 절대적 잉여가치의 획득방법을 확실히 버렸음을 의미하지 않는다. 다시 말해 일단 착취의 과거 방법은 여전히 오랜 시간 동안, 때로는 현재까지 개별 산업에서 적용되고 있다(가장 긴 노동시간은 가내수공업에서 볼 수 있다). 그리고 기업주는 비록 노동일을 단축할 수밖에 없지만, 이러한 단축을 가능한 한 적게 유지하려고 하고, 따라서 노동일을 그에게 필요한 단축의 조건 하에서 가능한 한 길게 확대하려고 한다. 과거의 경향은 여전히 남아 있으며, 단지 예전처럼 더 이상 관철되지 못할 뿐이다.

노동시간의 연장 혹은 가능한 한 최대의 확대는 잉여가치를 획득하는 방법으로서는 외면적으로 봐도 확실한 방법이다. 이것은 예를 들어, 실업과 꼭 마찬가지로, 기업주로 하여금 자신이 고용하는 노동자를 가능한 한 오래 일하도록 만드는 경향으로 이끈다. "생산이 중단되고 단지 '짧은 시간'만, 단지 일주일의 며칠 동안만 일하게 되는 공황기에도 당연히 노동일 연장에 대한 충동을 전혀 바꾸지 못한다. 생산이 적게 될수록, 그 만큼 더 생산에서 많은 이득을 내야 한다. 더 적은 시간 동안 일하게 된다면, 그 만큼 더 잉여노동시간이 가동되어야 한다."10) 그리고 기업주는 노동시간의 단축을

---

9) 칼 마르크스, 『자본』 제1권, 위의 책, 266쪽/『전집』 제23권, 271쪽/ 강신준 번역판, 364쪽 참고.

위한 어려운 마음의 결정을 내리는 같은 시간에, 어떻게 단축을 가능한 한 줄일지, 가능한 한 즉각 다시 연장으로 전환할 수 있을지에 관해 심사숙고한다.

노동시간단축의 시기로부터 노동시간연장의 시기로 다시 넘어가는 것이 철저히 가능하다는 사실은, 파시즘 아래 독일에서 전쟁 오래 전부터 노동일이 다시 연장되는 그런 발전으로 나타났다. 여기서 우리는 이미, 최소한 단기적으로는 독일 노동자에게 노동일의 육체적 한계를 넘는 것을, 그리고 장기적으로는 예속된 나라의 노동자계급을 희생시키는 것을 보게 된다. 특정한 집단의 사람들의 존속을 착취대상으로서 삼는 것이 아니라, 자본가가 다른 집단의 사람들을 통해 대체할 수 있다면, 노동시간의 단축을 강제하는 많은 이유는 누락되고 노동일은 새롭게 다시 길어지게 된다. 그러면 산업자본주의의 초기에 웨이크필드가 다음과 같이 묘사한 것이 일어난다: "과도한 노동을 하는 사람은 놀라울 정도로 빨리 죽어간다; 그러나 죽어간 사람의 자리는 즉각 다시 채워지고, 등장인물의 잦은 교체에도 불구하고 무대에는 어떤 변화도 일어나지 않는다."11)

우리는 이와 관련하여 또한 다음의 발전을 생각해보자; 이것은 특히 서독(당연히 다른 제국주의 국가에도 역시)에서 현재 중요한 역할을 하고 있다.

---

10) 위의 책, 249쪽부터/『전집』제23권, 255쪽/ 강신준 번역판, 341쪽 참고.

11) E. G. Wakefield, *England and Amerika*, London 1833, 제1권, 55쪽 – 칼 마르크스에 의한 번역, 『자본』제1권, 위의 책, 280쪽 참고/『전집』제23권, 285쪽 주/ 강신준 번역판, 380쪽 주 참고.

주당 노동시간

연도	협상시간	실제시간
1929년 중반	49.2	46.7
1939년 중반	?	46.8
1960/64년	44시간 이하	45.0

실제의 노동시간은, 양차 세계대전 사이의 개별 기업에서 그리고 "호경기"의 시기에 의미 있는 초과노동에도 불구하고, 개별 기업에서의 단축노동 혹은 특별양보의 결과로 평균적으로 협상 노동시간 아래에 있다.

위의 표에서 거론된 해에 비해 2차세계대전 이후의 협상 노동시간은 상당히 줄어들었다. 많은 노동자들이 주 5일노동을 위해 투쟁했을 뿐만 아니라— 많은 노동자들이 주당 40, 42, 44시간을 정상 노동시간 혹은 협상 노동시간으로 노동한다. 그러나 실제의 노동시간은 협상 노동시간보다 훨씬 더 높다. 노동자는 초과노동을 해야 한다— 부분적으로는 풍부한 주문을 계획하고 기업주가 그것을 촉구하기 때문에, 또한 부분적으로는 임금이 높아지기 때문에 "자유의지로" 그렇게 한다. 실제로 노동자가 직업을 구할 때, 초과노동에 대해 지불되는 "풍부한 초과시간"에 대한 가능성이 기업에 존재하는지의 여부를 알아보는 경우가 많다고 한다.

다시 말해 주어진 임금관계 하에서는 줄어든 협상 노동시간에도 불구하고 증가하는 초과시간에 대한 경향이 있다— 이러한 일반성 속에서 나타나는 자본주의의 새로운 현상이다!

더욱이: 두 가지 직업에서 더욱 그런 경향이 발전된다— 하나는

노동시간이 하루에 10시간에서 12시간으로 매우 길어졌다(두 번째 직업으로서 급사와 수선공 등을 거론할 수 있다).

우리는 이제 자본주의 역사에서 노동시간 단축의 문제에 대한 특별한 연구로 넘어가려고 하는데, 그러면 동시에 두 가지 다른 문제를 함께 다루어야 한다— 자본주의하에서 결합되어 있지만 전혀 동일하지 않은 두 과정인 생산성 증가와 노동강도의 증대이다.

노동자가 받는 압력 측면에서 보면 기업주 역시 노동시간을 단축하려고 결정한다. 왜냐하면 과도한 장시간 노동일은 생산성의 본질적 증가를 불가능하게 만든다는 사실을 기업주도 알고 있기 때문이다. 생산성 증가는 자신의 노동력을 회복하기 위한 생활수단의 생산에 소요되는 노동시간의 일부를 줄이고, 잉여가치 생산을 위해 더 많은 시간을 투입하는 동시에 시간당 잉여노동이 더 많은 상품을 산출하도록 하기 위해 필요한 것이었다. 노동시간의 단축은 필요하다. 왜냐하면 증가된 생산성과 함께 노동강도 역시 증가하고, 더 많은 노동력이 시간당 노동자로부터 추출되어야 하기 때문이다. 이것은 반드시 필연적인 방식은 결코 아니다. 생산성이 증가하고 노동이 힘들지 않으면 노동도 강화될 필요가 없다— 사회주의 관계 하에서는 일반적으로 그렇다. 그렇지만 자본주의 관계 하에서는 전혀 다르다. 기업주는 노동자로부터 충분한 잉여가치를 끌어내기 위해서 증대된 노동강화와 증대된 생산성을 결합하려고 한다. 이러한 방법은 노동일이 연장된다면 당연히 적용할 수 없다. 왜냐하면 노동일의 연장은 시간당 노동강도의 증대로 이끌기보다는 저하로 이끌기 때문이다. 그러나 노동일이 단축된다면, 즉각 기업주는 노동과정을 강화하는 데 더욱 매진하게 된다.

마르크스는 노동의 강화에 관한 앞에서 이미 언급한 부분에서 증가하는 생산성과 증가하는 노동강화 사이의 차이를 날카롭게 구별하였다. "일반적으로 상대적 잉여가치의 생산방식은 노동생산성을 높임으로써 노동자가 똑같은 노동 지출로 똑같은 시간에 더 많은 것을 생산할 수 있도록 하는 것이다. 같은 노동시간은 여전히 똑같은 가치를 총생산물에 부가한다... 그러나 강압적인 노동일의 단축이 생산성을 발전시키고 생산조건을 절약하도록 커다란 자극을 줌으로써, 그것은 동시에 똑같은 시간 안의 노동 지출과 그 노동력의 긴장도를 증대시키고, 노동시간의 틈새를 더 밀도 있게 충전시키는데, 곧 노동을 응축시키는데, 이것을 단축된 노동일의 범위 안에서 달성할 수 있는 한도까지 노동자에게 강요하게 된다."12) (독자들은 여기서 조용히 한 순간 쉬고서 이 문장을 다시 한 번 읽어야 한다; 의미가 즉각 이해되지 않기 때문이 아니라, 마르크스의 말이 여기서 얼마나 중요한 경제과정을 분명하고 입체적으로 표현할 수 있는지에 대한 모범이기 때문이다.)

생산성의 증가와 노동강도의 증가의 결합을 가져오는 것은 노동일의 단축에 대한 강제이다. 혹은 마르크스가 정식화했듯이: "기계가 자본의 손 안에서 만들어 낸 노동일의 무제한적인 연장은 이미 보았듯이 나중에 그 생활의 뿌리를 위협당한 사회의 반작용을 불러일으켰고, 또 그와 함께 법률로써 제한된 표준노동일을 낳았다. 이러한 표준노동일의 바탕 위에서, 우리가 이전에도 보았던 하나의 현상, 즉 노동의 강화가 결정적으로 중요한 것으로서 발전해 간다.

---

12) 칼 마르크스, 위의 책, 430쪽/『전집』제23권, 432쪽/ 강신준 번역판, 553-554쪽 참고.

절대적 잉여가치의 분석에서는 무엇보다 먼저 노동의 외연적 크기가 문제였고, 노동의 강도는 주어진 것으로 전제했었다. 그런데 이제는 외연적 크기로부터 내포적 크기 혹은 강도의 크기로서의 전환을 고찰해야 한다."13)

나아가: "기계의 진보와 기계노동자라는 하나의 독특한 계급의 경험이 축적됨에 따라, 노동의 속도가 증대하고 또 이에 따라 그 강도가 자연발생적으로 증대되는 것은 자명한 일이다. 예를 들어 영국에서는 반세기 동안 계속 노동일의 연장이 공장노동의 강도의 증대와 함께 병행하여 진행되어 왔다. 그러나 누구나 이해할 수 있듯이, 일시적인 발작으로서가 아니라 날마다 되풀이되는 규칙적인 균등성을 갖고 수행되는 노동에서는 노동일의 연장과 노동의 강도는 서로를 배제한다. 따라서 노동일의 연장은 노동의 강도를 약화시킬 수밖에 없고, 거꾸로 강도를 높이려면 노동일을 단축할 수밖에 없는 하나의 교차점이 나타날 것이다."14) 다시 말해 노동일이 연장되는 한, 노동의 강도가 떨어지는 상황이 더욱 자주 일어나게 된다. 왜냐하면 노동자는 단순히 동일한 강도로 더 오래 일할 수 없으며 더 이상 창출할 수 없기 때문이다. 노동의 강도는 떨어지고 또한 시간당 생산도 떨어진다. 새로운 발명은 이전보다 덜 효과적인 것이 된다. 왜냐하면 새롭게 연장된 노동일은 시간당 노동자의 성과를 떨어뜨리기 때문이다. 이것은 기업주로 하여금 노동일의 단축으로 넘어가게 만드는 세 번째 요인이다─노동자대중의 더욱 커

---

13) 위의 책, 429쪽/『전집』제23권, 431쪽/ 강신준 번역판, 552-553쪽 참고.
14) 위의 책, 429쪽부터/『전집』제23권 431-432쪽/ 강신준 번역판, 553쪽 참고.

지는 분노와, 통상 육체적으로 가능한 한계에 도달한 노동일을 연장할 수 없다는 현실적인 가능성 말고도.

일단 노동일의 단축 필요성이 기업주에게도 분명해지면, "그 순간부터 자본은 전력투구하여, 또 완전히 의식적으로 기계체계의 가속적인 발전을 통해 상대적 잉여가치의 생산에 몰두한다."15) 그리고 기계체계의 도움으로 이제 노동강도 역시 높아진다. "이것은 이중의 방식으로 일어난다. 즉 기계의 속도를 높이는 방법과 같은 노동자가 관리하는 기계의 범위나 그 작업분야 범위를 넓히는 방법이다."16) 자본주의의 일반적 위기의 시대인 우리 시대에 컨베이어벨트-체계는 증대된 기계체계의 생산성을 매개로 노동의 집중방법을 최고도로 높인다. (그리고 이것은 다음 단어와 일치한다. "합리화" ― 오히려 언어구성에서 자본주의의 모순을 감추는 터무니없는 말이다. 합리화라는 단어는 라틴어로 이성으로부터 이끌어냈다는 의미이기 때문이다.)

여기서의 변화를 보면 자본주의 생산에서 기계의 역할이 아주 분명해진다. 무엇보다 확대된 생산과 착취의 단계에서 "기계는 자본의 담당자로서 우선 직접 자본에 의해 장악된 산업에서 노동일을 자연적 한계를 넘어 연장할 수 있는 강력한 수단이 된다."17) 이제 기계제는 단축된 노동일이 노동을 강화하는 수단으로 된다. 마르크스는 기계의 다양한 역할에 관해 『자본』에서 다음과 같이 언어적이

---

15) 위의 책, 430쪽/ 『전집』 제23권, 432쪽/ 강신준 번역판, 553쪽 참고.
16) 위의 책, 432쪽/ 『전집』 제23권, 434쪽/ 강신준 번역판, 556쪽 참고.
17) 위의 책, 422쪽/ 『전집』 제23권 425쪽/ 강신준 번역판, 545쪽 참고.

고 변증법적인 서술로 아주 인상적으로 고찰하였다: "결국 기계는 그 자체로서는 노동시간을 단축하지만 자본주의적으로 적용되면 노동일을 연장하고, 그 자체로서는 노동을 경감시키지만 자본주의적으로 적용되면 노동의 강도를 높이고, 그 자체로서는 자연력에 대한 인간의 승리이지만 자본주의적으로 적용되면 인간을 자연력의 억압 아래 두고, 그 자체로서는 생산자의 부를 증대시키지만 자본주의적으로 적용되면 생산자를 빈곤화시킨다..."[18]

다시 말해 기업주가 노동일의 단축을 노동의 강화를 위해 이용하는 동안, 이 과정은 다시 노동일의 새로운 단축으로 이끈다. 부분적으로는 노동자계급의 증가하는 저항으로 인해, 그러나 부분적으로는 노동자 착취의 물리적 한계가 노동의 강화를 통해 달성되는 객관적 이유로 인해. 마르크스는 다음과 같이 규정한다: "의심할 바 없이 법률이 자본에 대해 노동일의 연장을 일시에 금지하자마자 노동의 강도를 높임으로써 그 손실을 메우고, 모든 기계를 더 많은 노동력을 착취하기 위한 수단으로 변화시키고 말았던 자본의 경향은 결국 또 다른 전환점을 향해 나아가지 않을 수 없게 되었다. 그러나 이 점에 도달하게 되면 노동시간을 다시 한 번 줄이지 않을 수 없게 된다."[19]

다음과 같이 결론지을 수 있다: 상대적 잉여가치를 높이기 위해 기업주는 노동의 생산성을 증가시킨다. 노동의 생산성 증가는 그 자체로는 노동강도의 증가를 의미하지 않는다. 하지만 자본주의하

---

18) 위의 책, 464쪽/『전집』제23권, 465쪽/ 강신준 번역판, 594쪽 참고.
19) 위의 책, 438쪽/『전집』제23권, 440쪽/ 강신준 번역판, 564쪽 참고.

에서 생산성 증가는, 노동자가 더 짧아진 노동시간에 자신의 노동력을 재생산할 수 있고, 따라서 잉여가치의 생산을 위해 더 많은 노동시간을 가질 수 있게 되고, 노동자가 시간당 더 많은 잉여가치를 생산한다는 사실을 의미한다.

노동과정의 강화는 노동자로 하여금 시간당 더 많이 생산하고, 자신의 노동력의 대부분을 시간당 더 많이 지출해야 하는 사실을 의미한다. 노동강도의 증가는 노동일의 불충분한 단축으로 인해 노동자가 자신의 노동력의 회복을 위해 더 많이 소모하게 만들고, 그래서 자본가는 노동자에게 더욱 더 노동력의 가치 이하로 지불한다면 그에 상응하는 노동강도의 증가에 따른 이익을 가지게 된다.

자본주의 착취의 두 번째 단계에서는—독점자본주의 이전의 조건 하에서 주로 강도 높은 착취방법을 적용하는데—노동력의 회복을 위한 재생산비용의 증가가, 노동과정의 강화를 매개로 한 "노동력의 비생산적인 탕진의 제거"(마르크스)를 통한 잉여가치의 증가보다 더 적었다는 것이다. 동시에 기업주는 노동의 가격을 그 가치 이하로 계속 내린다. 다시 말해 기업주는 노동력의 높아진 재생산비용을 충분히 지불하지 않는다. 기업주는 노동자로 하여금 높아진 생활수단소비를 가능하게 함으로써 노동강도의 증가를 상쇄할 수 있도록 높아진 실질임금을 지불해야 한다. 그러나 실질임금이 노동강도에 상응하여 높아지는지는 의심스럽다.

제국주의 단계에, 무엇보다 자본주의의 일반적 위기의 시대에 노동과정의 강화를 매개로 한 거대한 노동력사용이 높아진 실질임금을 통해 상쇄되지 않음으로써, 노동력 상품이 낮게 지불된다고 분명히 말할 수 있다. 특히 양차 세계대전 사이의 수십 년간 노동자의 상대적으로 빠른 소모가 "용인되었고", 임금은 재생산비용 만큼 높아지지 않았다.

노동강도의 증가가 일정한 잉여가치생산으로 귀결되지 않는 경우도 분명히 존재하듯이, 노동시간 연장이 전혀 잉여가치생산의 증가를 가져오지 않는 경우도 있다. 즉 노동성과가 결국 시간당 그에 상응하여 내려간다면, 혹은 첫 번째 경우에 노동자가 노동과정의 강화를 (생산성의 증가와 반대로) 상응하는 임금상승을 통해 상쇄할 수 있다면 그렇다. 즉 자본주의하에서 생산성 증가에 상응하여 임금을 올리는 것이 노동자계급에게는 불가능한 반면─그러면 절대적 궁핍화는 물론 상대적 궁핍화도 멈추게 할 것이다─노동력의 가격을 그 가치 이하로 계속 내리는 것을, 즉 증가된 노동력지출에 비해 이러한 임금의 경우에, 막으려고 시도하는 것은 노동자계급에게는 가능하고, 또 이것이 자본주의하에서 노동조합의 주요 과제를 철저히 실현하는 것이다.

우리는 노동과정의 강화의 역사를 전체로서 보면, 산업자본주의의 초기에 이러한 사태가 무엇보다 직물산업에서 일어났다고 말할 수 있다. 그렇지만 전체 생산과정에 대해서는 아직 말하기에 이르다.

마르크스는 자본주의 생산과정에서의 모든 변화에 대해 전례 없는 적개심으로, 노동과정의 강화가 수행하는 증가된 역할을 이미 1860년대에 지적하였다. 사실상 지금은 모든 산업분야로 확대된 이러한 노동과정의 강화는 초기 산업자본주의 이후부터 현재까지의 시기를 특징짓는다.

그러나 노동의 강화과정의 의미는 제2인터내셔널의 이론가들에 의해 인식되지 못했다. 그리고 이것은 독점자본의 지배의 시작과 함께 노동과정의 강화가 새롭고 높아진 의미에 도달했던 시기에 비로소 인식되었다!

또한 카우츠키가 자신의 전성기에 이러한 새로운 발전의 의미를 지나쳐버렸다는 사실과 함께, 레닌이 자신의 매우 중요한 저술에서20) 바로 노동고통의 증가의 의미를, 증가된 착취의 이러한 "과학적" 체계를 지적하였음은 특기할 만하다. 레닌은 이렇게 썼다: "이러한 '과학적 체계'는 어디에 있는가? 노동자로부터 동일한 노동시간에 세 배의 노동을 짜내는 데 있다. 사람들은 가장 강하고 가장 숙련된 노동자들에게 일을 시킨다; 특별한 시계를 가지고 사람들은 —초와 초의 조각부분에 따라— 모든 노동과정을 위해, 모든 운동을 위해 소모되는 시간의 양을 측정한다; 사람들은 절약되고 생산적인 노동방법을 제공한다; 최고의 노동자의 노동은 필름의 줄 위에 배치된다.

결과적으로 동일한 9-10노동시간 동안 노동자로부터 세 배의 노동을 뽑아내고, 노동자의 모든 힘은 무자비하게 탕진되고, 임금노예가 되어 세 배의 속도로 모든 작은 신경에너지와 근육에너지까지 탕진된다. 그는 일찍 죽게 된다?— 많은 다른 노동자도 죽음을 기다리고 있다! ...

기술과 과학에서의 진보는 자본주의 사회에서는 땀을 짜내는 기술의 진보일 뿐이다...

노동자는 우선 보상을 받는다. 그러나 많은 노동자들이 해고된

---

20) 레닌, "땀을 짜내기 위한 '과학적' 체계", 『프라우다』, 1913년 3월 13일자, 『전집』 제18권, 588쪽부터.

다. 남는 사람들은 네 배로 강도 높게 일하고, 노동으로 소모된다. 노동자의 모든 힘은 탕진되고, 그러면 그는 해고된다. 사람들은 단지 젊은이와 강한 사람만을 받아들인다.

과학의 규칙에 따라 땀을 짜내는 것이다…"

다시 말해 사람들은 레닌이 "부르주아 착취의 세련된 야수성"이라고 부른 방식으로 넘어간다.

다시, 노동자상태의 이론을 고찰하면 종종 그렇듯이, 우리는 노동강화의 문제틀을 연구하면, 마르크스와 엥겔스 저작의 현상과 레닌 저작의 현상 사이에는 하나의 "틈", 마르크스주의가 더 이상 충분히 대표하지 못했던 그래서 실재를 더 이상 반영하지 못하거나 오히려 현실에 반하는 이론과 저술로 채워진 "틈"을 보게 된다!

다시 우리는 얼마나 레닌이 마르크스주의를 다시금 충분히 발전시켰으며 동시에 새로운 발전에 기초하여 마르크스주의 이론을 마르크스-레닌주의로 더욱 발전시켰는지를 보게 된다.

우리가 노동시간, 생산성, 노동강화에 관한 이러한 고찰을 마무리하기 전에, 경기순환 내부의 이러한 세 가지 요인의 발전에 대해 살펴볼 필요가 있다. 왜냐하면 우리의 이제까지의 고찰은 당연히 몇 년을 포괄하는 단기적인 시간범위가 아니라, 많은 경기순환으로 채워지는 장기적인 시기와 관련된다.

우리는 경기순환의 내부에서 노동일이 때로 연장되는, 즉 점점 더 바쁜 국면에서는, 경향을 가진다는 사실을 알고 있다. 노동일이 가장 길다면, 가장 바쁜 시기를 위한 노동시간의 수가 가장 크다는 것이다. 가장 바쁜 시기는 정체와 공황이 터지기 직전이다. 산업자본주의 초기와 또한 성숙한 자본주의의 시기까지 오랫동안 공황기에는 노동일의 길이를 매우 다양하게 구성하곤 했다: 공장의 완전한 폐쇄에서부터 계약한 기업에서 강력한 초과노동까지. 그러나 노동조합의 증가된 힘으로 순환적인 공황기에 연장된 초과노동의 현상은 일반적으로(그러나 결코 전부는 아니다) 그치게 되었다. 왜냐하면 노동조합이 증가된 실업의 경우에 초과노동을 계속 저지할 수 있었기 때문이다.

다시 말해 산업자본주의 초기에 노동시간의 발전은 호황기에는 통일적이었고, 공황기나 정체기에는 개별 산업과 기업에서 아주 다양했던 반면, 후에 노동시간의 구성은 순환의 모든 국면에서 매우 통일적이지만, 그러나 개별 국면을 비교하면 당연히 매우 다양하다.

또 하나 노동시간의 구성에서 생각해야 할 것이 있다: 산업자본주의 초기에서와 꼭 마찬가지로, 노동시간은 종종 육체적으로 가능한 한계를 넘어 연장되었고, 그래서 인간력의 매우 심각한 소모가 일어났다. 그렇지만 그 때문에 노동자계급의 존재가 위협받지는 않았는데, 노동력에 대한 거대한 저수지가 있었기 때문이다— 거대한 "절박한" 산업예비군의 형태가 아니라, 오히려 수공업과 농업에서 부인과 아동을 고용할 수 있는 잠재력의 형태로— 마찬가지로 자본주의의 후기 시대, 자본주의의 일반적 위기의 시대에도 같은 일이 일어난다; 그러나 이번에는 거대하고 일반적인 고용 잠재력 때문이 아니라, 무엇보다 거대하고 절박한 실업자의 산업예비군의 존재 때문이다. 이것이 독점자본주의하에서도 여전히 거대하고 일반적인 고용 잠재력을 마음대로 사용할 수 없음을 의미하지는 않지만,

그러나 이것은 더 이상 결정적인 요인이 아니고, 이것을 넘어 이러한 절박하지 않은 실업 잠재력은 주로 더 이상 "모국"보다는 오히려 식민지(혹은 전쟁 동안의 점령지에)와 발전도상국에 대규모로 존재한다.

우리는 앞에서 노동시간의 일반이론을 제시하기 위해 노동시간과 생산성 그리고 노동강도의 구성을 밀접한 연관에서 다루었지만, 순환을 고찰할 때는 이러한 연관을 버리고 노동시간을 일정하게 고립시켜 고찰하였다. 단기적으로는 자본가에게 문제가 없기 때문에 이러한 연관을 사실상 해소하는 것이 가능하다. 이것은 이미 마르크스가 단기적으로는 일반 법칙과 "독립적으로" 진행되지만 그러나 오래 지속될 수 없는 "발작"에 관해, 노동의 고통 등 상식을 벗어난 현상에 관해 말했을 때, 이미 그렇게 관찰했던 방식이다.

시간당 생산은 전체 자본주의 시기 동안 당연히 경향적으로 상승한다. 일단 개선된 기업조직과 더 혁신된 기계 덕분에, 그리고 부분적으로는 위에서 거론된 두 가지 요인과의 연관에서, 또 부분적으로는 그것들과 독립적으로 노동과정의 강화로 인해 그렇다는 것이다. 그러나 순환의 내부에서 시간당 생산의 이러한 상승은 공황이나 침체기 동안에는, 자유 경쟁의 자본주의가 지배하는 한, 후퇴하게 된다. 이것은 처음 보면 기이하게 보일 수밖에 없다; 첫째 우리는 공황기에 기업주가 가능한 한 이윤을 크도록 아니면 가능한 한 손실이 덜 나도록 하기 위해 노동자당 성과를 높이는 데 특별한 관심을 갖는다고 기대하기 때문이고, 둘째 처음에는 보지 못한 것인데 자유 경쟁 자본주의에서 독점자본주의로 이행하게 되면 여기에 어떤 차이가 만들어질 수밖에 없기 때문이다. 이러한 차별적 발전에 대한 원인은 다음에서 찾을 수 있다; 즉 자본가는 특별히 개인적인 기업관계에 관심이 있기 때문에, 자본가에게 특별히 속해 있는 숙련노동자층이 여전히 있는 한, 보충하기가 어렵고 그래서 자본가는 비록 많은 주문이 없을지라도 이들을 해고하지 않으려고 한다. 다시 말해 기업주는 비록 적게 일할지라도 기업의 노동자층을 유지한다. 이러한 상황 하에서는 노동자당 성과는 내려가고, 이 현상 속에서 노동강도 역시 내려간다. 산업자본주의의 초기 100년 동안, 특히 자본주의의 두 번째 단계에서 숙련노동자층의 형성 이후에, 즉 대략 19세기 중반 이후에, 우리는 순환의 호경기 때는 노동자당 생산과 시간이 증가하고, 불황기 때는 종종 내려가는 경향이 있음을 발견한다. 시간당 노동강도와 관련해서는 사정이 좀 다르다. 산업자본주의 초기에 노동강도는 호경기 동안 대부분 올라가지만, 때로는 내려가기도 한다. 왜냐하면 노동일의 아주 끔찍한 연장의 경우에 개별적 노동시간은, 마르크스가 아주 멋지게 규정했듯이, 융통성이 있었고, 다시 말해 적은 노동강도로 일을 했기 때문이다. 후자의 경우는 자본주의의 두 번째 단계에서는 전혀 일어나지 않는다; 노동시간이 줄어들고, 노동이 강화되었고, 융통성이 덜했기 때문이다.

 독점자본주의의 조건 하에서는 다시 달라진다. 여기서는 당연히 이전처럼 호경기 때에는 노동의 생산성과 강도는 높아진다. 그러나 동시에 우리는 종종, 공황기나 침체기에도 노동의 생산성과 강도가 여전히 높아지는 것을 발견한다. 기업의 철저한 합리화로 숙련노동자의 "고유한 역할"이 특정 기업에서 의미를 잃고 상대화되고, 그래서 기업이 다시 잘 돌아가게 되면 숙련노동자는 빠르게 대체되고, 따라서 기업주는 어떤 상황에서도 "자신의" 숙련노동자의 혈통을 유지하려는 강한 이해관심이 더 이상 없어지는 한, 숙련노동자의 특별한 역할도 수명을 다한다. 여기에 더해 대부분의 숙련노동자는 시간이 지나면서 반 숙련노동자를 통해 대체된다. 더욱이: 독점자본주의의 지배 아래에서는, 자유경쟁 자본주의하에서와 같이 생산을 유지하기 위해 가격을 차라리 내리는 대신에, 가격을 유지하기 위해 오히려 생산을 줄이는 경향이 나타난다. 결과적으로 생산이 떨어지면 즉각 가차 없이 해고되고, 기업에 남아 있는 노동자들 중 몇몇 사람만 구제된다. 이것을 넘어 독점자본주의하에서는 대부분의 노동자가 이전보다 시간급 대신에 청부급으로 계약하기 때문에, 그리고 청부급은 공황기에 계속 임금이 떨어지기 때문에, 노동자들은 가능한 한 적은 임금을 감수하기 위해 최대한 많이 생산하려고 노력한다. 이러한 원인에서 우리는 종종 공황기에 노동강도의 특별한 상승을 발견한다— 호경기 때보다도 훨씬 강도 높게. 이제 공황기와 침체기 동안의 노동의 생산성을 보면 우리는 마찬가지로 상승을 발견한다. 자본가는 언제나 공황이 터지면 놀란다; 그들은 언제나 공황이 발발하기 전에 기계장치와 기업을 확대하기 위해 더 많은 준비를 해둔다. 공황이 터지면 자본가는 더 이상의 지출을 중지하지만, 당연히 계속 생산을 실행한다. 이제 기계가 더 복잡해지면 계약기간은 더 길어진다. 다시 말해 호황기를 위해 주어진 계약의 실행이 시간과 함께 더 오래 불황기에도 계속 이어지는 것이다. 그래서 1930년 전 해에 걸쳐 예를 들면 독일의 연합 철강공장의 경우 혹은 웨일즈의 주석가공산업의 경우에 본질적인 생산시설의 확대 혹은 개선이 이루어졌다. 이러한 기술적 개선은 당연히 생산성 향상을 동반한다. 나아가 공황기에 콘체른에서는 우선 기술적으로 낙후된 기업이 폐쇄되고 그런 기계가 철거되는 반면, 기술적으로 우월한 기업이나 기계는 가능한 한 더욱 활용된다. 독점형성은 이제 지속적인 생산과정을 위해 기술적으로 낙후된 기업이나 기계의 유지를 자유 경쟁의 시기보다 더욱 허용하기 때문에, 독점자본주의 아래 공황기에는 그러한 기업의 폐쇄가 더욱 큰 역할을 수행하고, 평균적인 생산성을 향상하기 위해 그 이전에 가능했던 것보다 더 크게 기여한다. 그러므로 우리는 독점자본주의하에서 공황기에는 일반적으로 생산성 향상은 물론 노동강화 역시 관찰하게 된다.

* * *

그러나 우리는 줄어든 노동시간의 노동자계급에 대한 역할의 기초를 일반 사회적 시점으로부터 말하지 않는다면, 노동시간 단축이 갖는 결정적이고 역사적으로 무한히 중요한 계기를 무시하는 것이다. 그러므로 우리는 『반-뒤링』에서 엥겔스가 다음과 같이 규정한 것으로부터 출발해야 한다:

"인간의 노동이 아직 낮은 생산력으로 인해 필요한 생활수단을 넘는 초과분을 거의 제공할 수 없는 단계에서는, 생산성의 향상, 교통의 연장, 국가와 법의 발전, 예술과 과학의 확립은 단지 단순한 손노동에 종사하는 대중과, 노동의 지도와 무역 그리고 국가업무 등에 종사하거나 나중에는 예술과 과학에 종사하는 소수의 특권층 사이의, 거대한 분업에 기초할 수밖에 없는 정신적 분업을 매개로

만 가능했었다... 실제로 노동하는 인구층이 그들의 필요노동으로부터 사회의 공동업무를—노동의 지도, 국가업무, 법률업무, 예술, 과학 등—돌보는 데 전혀 시간을 낼 수 없는 상태에 있다면, 실제적 노동으로부터 해방되어 그러한 업무들을 돌보는 특별한 계급이 언제나 존재할 수밖에 없다면, 그들은 반드시 자신의 장점을 위해 노동대중으로 하여금 더욱 더 노동의 부담을 짊어지도록 만든다."

그 다음에 엥겔스는 이렇게 언급한다: "대공업을 통해 도달된 엄청난 생산력의 증가로 인해 비로소 노동이 모든 사회구성원들에게 예외 없이 분배되고, 그것을 통해 모든 사람들의 개별 노동시간도 매우 단축되어, 사회의 일반적 업무에 참여할 수 있는— 이론적으로나 실천적으로— 풍부한 자유시간이 모두에게 부여된다."21)

증가된 생산성에 기초한 노동시간 단축은 따라서 엥겔스에 의해, "사회의 일반 업무에" 참여할 수 있는 풍부한 시간을 노동자계급이 가질 수 있는 결정적 전제로 간주된다. 다시 말해 결국 노동자계급이 권력을 장악할 수 있는 상태로 이행한다는 것이다.

우리는 앞에서 증가된 실질임금을 통해 확보된 생계에서의 사회적, 역사적, 도덕적 요소에 관해 말했다. 여기서 이러한 요소를 확대하기 위해 노동자가 성공적으로 투쟁해야 하는 또 다른 영역을 우리에게 열어준다: 노동시간 단축.

그리고 동시에 여기서 생계라는 개념은 새로운 의미를 갖게 된다. 이것은 생활을 부양할 뿐만 아니라, 생활에 대한 새로운 태도를 갖게 된다는 것이다. "사회의 일반 업무에 대해 이론적, 실천적으로

---

21) 프리드리히 엥겔스, 『반-뒤링』, 베를린, 1948, 222쪽부터.

참여"함으로써 권력을 떠맡을 준비 태도.

그래서 우리는 노동시간의 이론을 결정적이고 완전히 새로운 측면에서 보게 된다. 이것은 노동자계급의 역사적 과제를 충족하기 위한 결정적 의미를 가진 요인에 관한 이론이다. 노동시간 단축 없이 노동자계급은 역사의 억압되고 착취되는 첫 번째 계급으로서 사회적 몫에 참여할 수 없다.

제 4 장

고용과 실업 그리고 노동자계급의 구조문제

    고용을 다루면서 우리는 노동자상태에 대해 중요한 영향을 가진 일련의 요인들의 연구를 시작한다. 이것 없이도 이미 해당되는 문제가 마르크스주의 문헌에서 체계적·이론적으로 상세히 다루어졌다. 그렇지만 또한 이러한 요인들과 관련하여 매우 많은 중요한 규정들이 고전적 마르크스주의 저술에서 발견되기 때문에, 우리는 오늘날 우리 앞에 놓여 있는 풍부한 사실자료에 기초하여, 최소한 앞으로 시간이 가면서 더욱 구성되어야 하는 이론의 토대로 만들어야 할 것이다.

    고용이론의 발전에서 우리는 당연히 마르크스가 명확히 역사에서의 수많은 사례에 기초하여 서술했듯이, 산업예비군의 형성에 관한 이론으로부터 출발해야 한다. 가능한 한 적은 수의 노동자로 자본단위 당 가능한 한 최대로 고용하려는 것이 기업주의 의도이다. 왜냐하면 생산에 고용된 사람의 수가 많을수록, 그 만큼 더 잉여가치를 창출하는 사람의 수가 많기 때문이다. 그리고 노동과정에 들어와 있지만 당분간 일하지 않는 사람(절박한 산업예비군)의 수가 많을수록, 그 만큼 더 생산과정의 갑작스런 팽창가능성이 커지고 또한 노동자에 대한 압력을 행사할 가능성도 커진다. 그래서 자본가는 산업자본주의 초기에 그리고 또한 자본주의의 두 번째 단계에서도, 공황기를 제외하고는 실업이 결코 높은 비율에 도달하지 않았고 자주 노동자가 크게 부족하다고 생각하였다. 다시 말해 19세기 말까지 자본가는 가능한 한 충분한 고용, 즉 가능한 한 많은 수의 생산에서 일하는 노동자에 관심이 있었고, 동시에 가능한 한 커다란 (절박한) 산업예비군, 즉 높은 실업에 관심이 있었다. 단기노동은 일반적으로 나중만큼 자주 일어나지 않았다. 왜냐하면 대부분의 산업에서 노동자는 완전히 고용되거나 아니면 해고되었기 때문이다.

　이것은 자본주의의 일반적 위기의 시대인 독점자본주의의 조건 아래에서는 다르다. 우리는 높은 가격을 유지하기 위해 차라리 생산을 제한하려고 노력하는 독점의 생산에 장애가 되는 영향을 이미 언급하였다. "새로운 시장을 개척하고" 생산을 위한 새로운 잉여가치 가능성을 발견하는 데 어려움이 증가되었기 때문에, 이러한 경향은 커진다. 그러나 이러한 장애에도 불구하고 생산성은 결국 증가하고, 오히려 자주 더 빨리 증가하기 때문에, 독점자본주의하에서는 생산보다 생산성이 더 빨리 앞서가는 상황이 드물지 않게 일어난다. 그러면 결과적으로, 노동시간이 더욱 단축되었지만, 증가된 생산을 하기 위해 절대적으로 더 적은 수의 노동자가 필요하게 된다— 더욱이 처음에는 개별 산업에서, 자본주의하에서는 언제나 그렇지만, 시간이 지나면서 대부분의 산업에서. 이러한 발전은 우리가 장기 실업이라고 부르는 것에 기여하는데, 다시 말해 공황기에 일어났다가 호황기에 노동자부족의 정점에서 일자리를 만들기 위해 사라지게 되는, 나아가 전체 순환 동안 또 강력한 생산발전의 국면에서 멈추게 되는 실업에 기여한다. 이러한 현상은 제국주의 단계의 시작과 함께 곧 바로 나타나는 게 아니라―그리고 이러한 이유에서 레닌 역시 자신의 고전적인 제국주의 연구에서 그것에 관해 아직 다룰 수 없었다―조금 뒤에 비로소, 대부분의 나라에서 제1차세계대전 이후에 나타난다. 즉 자본주의의 일반적 위기가 충분히 발전한 시기에 비로소 나타난다. 마르크스주의 문헌은 1925년 이후의 시기에 이러한 현상을 자세히 다루게 된다.

공산주의 인터내셔널 제6차대회에서 바르가는 "내가 구조적 실업이라고 부를 만한, 우리가 일찍부터 그것에 관해 알고 있는 산업예비군과는 경제적으로 구별되는 새로운 종류의 실업의 형성"에 관해 얘기했다. (구조적 혹은 기술적 실업이라는 표현은 동시대의 미국 문헌에서 나왔지만, 그러나 미국의 사용자는 이 용어를 이러한 새로운 종류의 실업이 갖는 사회적 의미에서 인식하지 못했다.)

바르가는 이러한 새로운 현상에 대해 다음과 같이 언급했다:

"전쟁 전에도 역시 산업예비군이 존재하였다. 그러나 이러한 예비군은 상대적으로 적었고 경기가 좋아지면 사라졌다. 오늘날 우리는 또 다른 과정을 목격한다.

우리는 1921년의 대공황 이후에 일어난 대량실업이 단순히 전쟁의 결과이고, 유럽의 빈곤화, 새로운 관세, 바다 건너 나라들의 산업화경향 등등인 것으로 생각해왔다. 그러나 지난해의 경험은 우리로 하여금 이러한 견해를 수정하도록 만들었다. 전쟁 전 독일에는

1907년에서 1913년까지의 시기에, 또한 1907/08년의 심각한 공황이 일어난 시기에, 평균적으로 노동조합 조직에서는 실업률이 2.3%였다. 그에 비해 우리는 최근 5년간 다음과 같은 수치를 발견한다: 1923년 9.6%, 1924년 13.5%, 1925년 6.7%, 1926년 18%, 1927년 8.8%. 즉 독일 경제의 강력한 호황기의 시기인 최근 1924년에서 1927년까지의 4년간 우리는 12%의 평균 실업률을 본다; 1927년 독일의 최고 호경기에도 실업률은 거의 9%이다. 이것을 경기순환을 통해, 산업 순환의 다양한 단계를 통해 조건 지어진 실업으로서 관찰하는 것은 분명히 부정확한 것이다.

우리는 동일한 현상을 영국에서도 발견한다. 영국에서는 1913년 실업율이 2%였다; 6년 후인 최근에 실업율은 항상 10% 정도이거나 그것을 넘어선다...

내가 말한 것이 올바르다면, 실업은 경기지수보다 더욱 높아진다. 최근의 미국과 독일의 사례가 보여주듯이, 자본가에게는 때로 호경기가 존재하지만 그럼에도 불구하고 거대한, 대량의 실업이 존재한다고 말할 수 있다."[1]

이미 레닌은 제국주의에 관한 그의 저작에서, 자본주의의 기본모순으로부터 출발하여 그리고 그것을 넘어 이끌어낸 현상의 분석에서, 장기실업의 분석에 대한 전제를 우리에게 제시하였다. 후자에 관해 레닌은 우선 이렇게 규정한다: "비록 그 이상 넘어가지만 독점가격이 도입되는 만큼 동일한 정도로, 일정한 정도까지만 기술적인 진보, 결과적으로 또 다른 진보, 전진운동을 위한 추구가 사라진

---

[1] 위의 책, 202쪽과 204쪽.

다; 나아가 동일한 정도로 기술적 진보를 인위적으로 멈추는 경제적 가능성이 일어난다."2) 이러한 기생적인 경향에 대해 이제는 다음과 같은 반대경향이 나타난다: "기술적 혁신을 통해 생산비가 내려가고 이윤이 올라갈 가능성은 당연히 새로운 것을 유리하게 만든다."3) 그리고 레닌이 이 문장에 이어서 다음의 문장을 계속한다면: 즉 "그러나 독점에 고유한 정체와 기생성에 대한 경향이 여전히 작용하고 개별 산업분야에서, 개별 나라에서 일정한 시간 동안 압도하게 된다면."4) 그는 궁극적으로 "어지러운 기술적 진보"에5) 관해 말하는 것이다. 다시 말해 반대경향이 너무 강력하기 때문에, 기술 영역에 대한 기생적 경향은 전체적으로 그리고 장기적 시점에서 볼 수 있지만, 무엇보다 우리가 독점적 산업과 비독점적 산업을 종합한다면 반대경향을 통해 기술적 진보를 위해 거대하게 과잉 보상되었다. 그러나 레닌이 어지러운 기술적 진보에 관해 말한 반면, 그는 기본모순의 심각한 격화의 결과로 생산에 관해 그렇게 쓰지 않을 수 있었다. 이것은 당연히 더 올라가게 하지만— 레닌은 더욱이 이전보다 "더 빨리 의미 있는 것"을6) 기대하였다 — 그러나 그러한 상승은 진정 어떠한 어지러움도 일으키지 않았다.

그렇지만 레닌이 제국주의 연구를 추구했던 해에 이미 상당한 대량실업이 일어났던 것으로 결론을 내린다면 잘못일 것이다 — 왜

---

2) 레닌, 『자본주의의 최고의 단계로서 제국주의』, 위의 책, 105쪽.
3) 같은 곳.
4) 같은 곳.
5) 위의 책, 66쪽.
6) 위의 책, 132쪽.

나하면 기술적 발전이 매우 빨리 전개된 반면, 생산은 단지 "조금 더" 증가했기 때문이었다. 더욱이 두 가지 이유에서: 첫째 대량실업의 발전은 생산과 생산성의 발전 사이의 관계에서만 한정되지 않는다. 왜냐하면 당연히 다른 요인도 있기 때문이다. 즉 산업예비군의 형성에는, 가령 농업과 자영의 수공업 등 산업의 또 다른 영역으로부터 근로자의 구축이 역할을 수행하듯이, 또 다른 요인도 있기 때문이다; 둘째 기술적 진보는 아주 불균형적으로 진행된다; 기술적 진보가 교통제도 속에서는 어지러울 수 있지만, 산업에서는 특별히 커다란 속도를 가질 필요가 없다. 게다가 생산성은 기술적 진보를 통해 거대하게 증가할 수 있는 반면, 노동과정에서의 노동강화는 생산성 증가에 오히려 해가 될 수 있다— 즉 그러면 노동의 고통이 증가하기 때문에, 노동자는 점점 더 자신의 노동력을 재생산할 수 없게 되고, 증가하는 고통에도 불구하고 성과는 하락하거나 기술적 진보에 상응하여 증가하지 못할 수도 있다.

제2차세계대전까지 20세기 미국의 산업에서 생산과 노동성의 증가율 (%)

경기순환	생산	노동성과
1908-1914	38	12
1915-1921	28	10
1922-1933	21	47
1933-1938	3	22

자본주의의 일반적 위기의 시대에는 그에 반해 생산성이 생산보다 더 강력하게 증가하고, 그에 상응하는 반대경향이 없다면 산업에서 강력한 대량실업이 발전하게 되는 상황이 일어난다. 예를 들

어 미국에서 20세기 동안 직물산업과 광업에서의 발전을 보면, 위 표와 같다.7)

여기서 관찰된 최근 순환에서 노동성과가 생산보다 빠르게 증가한 반면, 과거의 순환에서는 관계가 그 반대임을 우리가 볼 수 있다. 그렇지만 노동성과(생산성)와 생산 사이의 이러한 관계가 일반적 위기의 시대에 모든 상황에 해당한다고 볼 수는 없다. 우리는 예를 들어 파시즘 하 독일에서 관계가 다시 역전되어, 생산성은 1933년에서 1939년까지 상대적으로 조금 증가한 반면 생산은 크게 올라갔음을 알고 있다. 그러나 일반적으로 우리는 독점자본의 지배 하에서는 최소한 생산의 증가가 생산성의 증가에 비해 뒤처지는 경향이 있다고 주장할 수 있다. 그리고 이러한 경향으로부터, 증가하는 생산의 시기에도 절박한 산업예비군이 대량실업으로 되는 경향이 있다는, 고용이론에 중요한 사실이 주어진다.

2차세계대전 이후의 발전은 어떤가?

2차세계대전 발발 이후 미국의 산업에서 생산과 노동성과의 증가율(%)

연도	생산	노동성과
1942-1945(1933/41에 대해)	125	19
1945-1954	-7	6
1955-1964	35	33

7) 위르겐 쿠친스키, "자본주의하 생산성과 착취", *Science and Society* 제10권, 뉴욕 1946, 제2호, 148쪽부터 참고.

전쟁기에는 전쟁 전 시기로부터 알려진 발전이 변했다; 1945년부터 1954년까지는 생산과 노동성과의 관계에서 다시 전쟁 전 관계가 지배적이었지만, 1955년에서 1964년까지는 두 요인이 거의 같았다.

계속 증가하는 수백만 실업자의 항상적인 창출 경향에 대한 반대경향도 있었다. 첫 번째 반대경향으로서 전체 사회생활의 군사화를 들 수 있다. 예를 들면 다음과 같다:

군인의 수

연도	영국	미국
1938	385,000	322,000
1952	880,000	3,636,000
1960	518,000	2,484,000

우리는 즉각 근로자의 활동에 대한 "사회적" 군사화의 영향을 본다. 1952년 영국에서는 군대가 2차세계대전 이전보다 두 배 이상의 사람들을, 그리고 미국에서는 10배 이상의 사람들을 노동시장으로부터 끌어냈다. 그리고 1960년에도 그 수는 여전히 2차세계대전 이전보다 훨씬 더 크다.

그렇다면 제3차세계대전의 야만적인 준비를 위해 항상적으로 커지고 더욱 더 증가하고 있는 무기의 생산(경제의 군사화)이 군수산업에서 많은 사람들의 고용을 요구하는 것이다.

이러한 사실의 기초 위에서만 보더라도 이미, 주도적인 제국주의 나라들에서의 실업률은 2차세계대전 이후 얼마 동안 1차세계대전 이전보다 훨씬 더 증가했지만, 2차세계대전 이전보다는 낮아졌으며, 그 이후 실업은 이들 나라에서 일반적으로 19세기 수준으로 돌아갔다.

그러나 동시에 우리는 두 번째 반대경향을 관찰하게 되는데, 이것은 이미 자본주의의 두 번째 단계에서, 특히 제국주의의 단계와 자본주의의 일반적 위기의 시대에 주목할 만한 것이다. 산업생산물의 판매는 자본주의 생산의 조건 아래서는 언제나 대부분 더 이상 직접 생산에 고용되는 사람을 필요로 하지 않는 더욱 증가된 기구를 요구하는 반면, 동시에 자본주의의 일정한 부패현상이 증가된 수의 고용인을 요구하고 또 현대 경제의 주문은 일련의 "서비스"의 발전을 요망한다. 우리는 산업노동자의 수에 비해 상업에 종사하는 사람들의 수가 증가하는 것을 관찰한다. 우리는 산업노동자의 수의 증가보다 더 크게, "서비스"에 고용되는 사람들의 수가 증가하는 것을 발견한다. 국가기구가 빨리 증가한다. 마르크스가 이미 부패현상에 관해 말하지 않은 채 비산업적 고용의 특별한 증가에 대해 간단히 지적한 반면, 이것은 레닌이 제국주의에 관한 그의 책에서 서술했을 때 이미 크게 발전했기 때문에, 레닌은 예를 들어 자본주의의 기생성과 부패에 관한 장에서 다음과 같이 규정하였다. "영국에서는 더 많은 토지가 농업에서 이탈되어 부자를 위한 스포츠나 위락시설로 변한다. 스코틀랜드에서는 이러한 귀족적인 사냥터에 관해서 '카네기(Carnegie; 미국의 백만장자)씨와 그 후손들이 살고 있다'고 얘기되었다. 승마와 여우사냥을 위해서만 영국에서는 매년 1,400파운드(약 1억 3천만 루블)가 지출되고 있다고 한다. 영국에서는 연금생활자의 수가 거의 1백 만 명에 달한다고 한다. 생산에 참여하는 인구의 비율이 줄어들고 있다:

연도	영국의 인구(백만)	주요산업의 노동자수(백만)	인구의 비율
1851	17,9	4,1	23%
1901	32,5	4,9	15%

이러한 레닌의 주장은 미국에 대해서도 몇몇 자료를 통해 보충하고 확장될 수 있는데, 전체 근로자의 수는 다음과 같다:

전체 근로자 중에서 각각 다른 분야에 고용된 사람 수(%)[8]

연도	생산에 고용된 사람	분배에 고용된 사람	자유직업에 고용된 사람
1870	69	10	21
1880	66	11	23
1890	63	15	23
1900	60	16	24
1910	63	16	20
1920	60	18	23
1930	53	20	27

연도	재화 생산 영업부문	서비스 생산 영업부문
1930	56	44
1940	54	46
1950	49	51
1960	44	56

---

8) 이 표는 P. D. Converse, "마케팅 관련 고용, 임금, 노동",『미국 정치 및 사회과학 학회 연감』, Philadelphia, 149쪽에서 인용하였다. 또한 이 책 『노동자상태의 역사』제30권, 128쪽과 243쪽 참고.

당연히 이 수치에서 보여주는 것은 전체 운동이 아니라 부패현상이다. 더 큰 영역에 대한 생산과 도시의 확대로 수송과 상업 등은, 자주 생산과 도시의 증가의 규모를 더욱 넘어갈 수밖에 없는 확대를 필요로 한다. 상업의 확대는 사실상 생활조건의 전반적인 편리를 의미한다(그러면 노동자의 경우에는 다른 어려움을 통해 이러한 편리가 경감된다). 그렇지만 이러한 생산적 고용의 상대적 감소의 일부는, 그리고 독점자본의 지배 아래 비교적 빨리 증가하는 부분은, 광고 및 선전 분야에서 활동하는 사람들의 수의 증가와 같이 기생적이고 부패한 현상이다.

다시 말해 산업자본주의 초기에 산업인구의 **빠른** 증가 이후, 우리는 자본주의 붕괴의 첫 번째 국면에서 그리고 무엇보다 제국주의에서 산업생산에서 고용된 사람들의 상대적인 저하의 경향을 관찰한다.

때로는 산업노동자 수의 절대적 저하에 대한 경향조차 관철된다. 이미 공산주의 인터내셔널 제6차대회에서 바르가는 다음과 같이 보고했다:

"그러나 결정적인 것은 다음이다. 미국에서, 즉 하나의 성장하는 노선으로만 운동하고 있는 영역에서, 오늘날 가장 강력한 자본주의 세력을 보여주고 있는 미국에서, 어쨌든 새로운 성격을 분명히 나타내는 대량실업이 일어났다. 새로운 성격은 산업자본에 의해 고용된 노동자의 수가 미국에서 절대적으로 떨어졌다는 데 있다!

생산적 자본의 형태를 취하면서 자신의 생산영역을 순환하는 산업자본 ─ 또한 그 노동자가 직접 잉여가치를 창출하는 모든 자본은, 반면에 다른 모든 자본종류는 단지 산업자본에 의해 자기화된 잉여가치의 일부를 가져가지만, 이들 자본은 미국에서 1919년에는 2,500만의 노동자를 고용했고, 1925년에는 2,300만의 노동자를 고용했다. 200만의 노동자가 줄어들었다. 산업 자체는 노동자의 수를 10,700,000에서 9,700,000으로 줄였다. 따라서 1925년은 매우 경기가 좋은 해였고, 줄어든 노동자 수에도 불구하고, 생산된 상품의 전체는 훨씬 크게 증가하였다."9)

바르가에 대해 당시 로미나드제Lominadse는 이렇게 대답하였다: "나는 여기서 바르가가 자세히 밝힌 사항에 대해 아주 간단히 접근할 필요가 있다고 본다. 바르가는 실업의 성격의 변화에서 표현된 세계자본주의 체제에서의 일시적인 강력한 구조변화가 일어났다고 설명하였다. 바르가는 오늘날의 실업을 구조적인 실업으로 간주한다. 바르가의 의견에 따르면 모든 산업국가에게는, 가변자본과 그에 따른 노동자의 수가 불변자본의 동시적인 증가의 경우에서 절대적으로 줄어드는 발전법칙이 강력하게 나타나고 있다는 것이다.

바르가는 개별적 사실의 확인에 한정하지 않고 그로부터 일반적 결론을 이끌어냈다. 이러한 일반적 결론은 마르크스의 전체 이론에 결정적으로 모순된다. 바르가 자신은 자신의 주장을 숨기지 않고 마르크스와 비교해 새로운 법칙으로 확정하였다. 나는 바르가가 주장한 것을 마르크스에 반대된다는 것을 『자본』으로부터 몇 군데 인용하려고 한다. 즉 '단순재생산이 자본주의적 관계 자체를— 한편으로는 자본가를 다른 한편으로는 임금노동자를— 끝없이 재생산하듯이, 확대된 재생산 혹은 확대된 축적은 자본주의적 관계를 확

---

9) 위의 책, 202쪽부터.

대된 토대 위에서 재생산한다: 한 극에서는 더 많은 자본가나 더 많은 대자본가를, 또 다른 극에서는 더 많은 임금노동자를.'

마르크스는 이 문장 다음에 다음과 같이 말한다: '그래서 자본의 축적은 프롤레타리아의 증가이다.'

바르가는 이에 반해 반대로, 일시적으로 자본의 축적이 노동자계급의 증가가 아니라 절대적 감소로 귀결된다고 주장하였다.

나는 이러한 이론이 특별히 새로운 이론이 아니라고 말하고 싶다. 이러한 이론은 그와 관련하여 투간-바라노프스키Tugan-Baranowski가 제시한 것이다. 투간-바라노프스키에 대한 훌륭한 대답은 로자 룩셈부르크에 대한 부하린Bucharin의 저술에서 제시되었다.

바르가는 자신의 일반적 결론을 어디에 근거했는가? 바르가는 자신의 결론을 두 가지 전체 표에 기초했다...

마르크스의 전체 이론을 수정하는 의심스런 표에 기초한 결론은 인정될 수 없다...

실제로 기술적 변혁은 언제나 개별 기업에서, 개별 산업영역에서 노동자의 축소를 가져오고, 또한 지금도 가져오고 있다. 산업을 통한 노동자의 항상적인 흡수와 구축은 산업예비군의 급속한 증가로 귀결되지만, 그러나 전체 축적과정은 노동자계급의 절대적 증가로 이어진다. 우리가 이제 보는 것은 노동예비군의 가속적인 증가였는데, 그러나 자본주의가 더욱 더 많은 수의 노동자를 자본주의 발전의 모든 단계에서 재생산한다는 법칙은 그것을 통해 지양되지 않는다. 이제 실업과 관련하여 실행되는 모든 것은 마르크스가 확인한 발전법칙의 테두리를 벗어나지 않는다. 자본주의는 마르크스가 확정한 동일한 법칙에 따라 발전하고 진행되며, 따라서 우리는 새로운 법칙을 생각할 필요가 없다."10)

부하린은 자신의 결론부에서 이렇게 언급했다:

"어제 미국에 해당하는 특별한 문제와 관련된, 실업에 관한 토론이 벌어졌다. 로미나드제는 바르가에게 다양한 이론을 제기했다. 그는 한편으로 바르가가 마르크스의 기본 주장을 수정했다고 말했다; 왜냐하면 그는 생산적 노동에 종사하는 노동자의 수가 감소한 것에 관해 말했기 때문이다. 실제로 그러한 일은 없었고 일어날 수도 없다. 다른 한편으로 로미나드제는 나를 이해할 수 없다고 설명하였다; 마르크스가 수없이 그러한 사실을 지적했기 때문에, 역사에서 처음으로 그러한 일이 일어났다고 내가 주장했기 때문이라는 것이다.

내가 생각하기에 우리는 두 가지 주장에서 하나를 선택해야 한다. 즉 그러한 종류의 사실이 이미 일찍이 존재했거나 지금도 존재한다고 주장하든지, 아니면 그러한 종류의 사실은 가능하지 않다고 주장하는 것이다. (로미나드제: 발전법칙은 없다.) 그렇다, 발전법칙은 있을 수 없다! (로미나드제: 나는 그것을 바르가에 반대하여 말했다!) 그러나 그들은 모두 나에 반대하여 논박한 것이다.

두 번째 주장과 관련하여 이것은 첫 번째 주장을 배제한다. 로미나드제는 여기서 황소 두 마리에게서 두 가죽을 벗겨내는데, 이것은 아무에게도 해가 되지 않는다.

이것은 이제 이 문제와 어떻게 되는가? 노동자 일반의 수가 줄어들 수 있는가? 마르크스가 『자본』 제1권에서 보여준 개별적 경우가 보여주듯이, 이것은 가능하다. '어떤'이 아니라 로미나드제가 말한

---

10) 위의 책, 426쪽부터.

확실히 알려진 국민경제학자 가닐Ganilh이 하나의 전체 이론을 제기하였다. 자본주의가 더욱 발전할수록, 그 만큼 더 노동자의 수가 줄어든다. 그렇지만 동시에 그 만큼 더 자본가의 수도 늘어난다. 노동자가 또한 자본가로 전화한다! 마르크스는 이것이 게으르고 웃기는 구성일 것이라고, 미친 짓이라고 설명하였다. '미국을' 그런 종류의 경우로 다루어야 하는가? 가령 바르가는 카르버Carver(그리고 가닐)와 연대를 맺었는가? 가령 바르가는 노동자가 자본가로 전화한다고 주장했는가? 아닐 것이다! 바르가는 노동자가 실업자로 전화한다고 말했다. 이것은 가닐과 조금도 관계없다. 우리는 가닐을 가만히 놔두어야 한다. 마르크스의 경우 개별 공장의 개별적인 사례에서 노동자의 수가 줄어든다고 제시하였다. 그러면 이제 (처음으로) 전체 나라에서, 비록 일정한 시기일지라도, 동일한 사례가 일어나는 것이 가능한가? 나는 그것이 가능하다고 생각한다. 어떤 나라에서 세계경제의 예외적인 위치를 점하고 특별한 길을 통해 자신의 발전을 보여주는 것은 가능하다. 이것은 마르크스의 시대에 영국 산업에서 개별 공장이나 개별 영역에서 일어났던 일이다. 우리가 이제 발전의 새로운 '자연스런' 법칙을 내보이려고 하는 것은 부주의하고 잘못된 것이다. 첫째 우리에게는 그렇게 일반화할 수 있는 경험적 자료가 너무 적다; 기존 사실에 관해 말하는 것은 너무나 당연하지만. 한 나라는 전체 세계경제에서 예외적인 위치를 가질 수 있다. 이것은 미국이다. 한 나라가 강력한 경제력을 갖고 기술적 진보에서 일반적인 평균이 아니라 아주 **빠른** 속도로 발전할 수 있고, 그래서 우리가 때로 강력한 도약을 관찰할 수 있는 것은 분명 가능하다. 이것은 미국에서 진행되고 있는 것이다."11)

이후의 논의의 발전은 부하린의 분석이 옳았다고 보인다. 그래서 우리는 다음과 같이 정리할 수 있다.

제국주의 단계에서는 산업프롤레타리아의 절대적인 감소가 때로 개별 나라에서 관철되는 경향이 있다.

제국주의 단계에서는 산업프롤레타리아의 상대적인 감소가 전반적으로 관철되는 일반적인 경향이 있다.

우리는 이러한 발전에서 제시되는 결론에 들어가기 전에, 제국주의에서, 독점지배 하에서 고용의 순환운동에서의 새로운 발전을 하나 언급해야 할 것이다.

우리는 생산성과 생산의 상대적 발전이 호황기 동안에도 높은 실업으로 이어진다고 주장하였다. 여기에 대해 우리는 생산과 가격의 상대적 발전이 공황기 동안에 특별히 높은 실업을 가져온다는 사실을 부가해야 한다. 이러한 사실을 설명하기 위해 우리는, 제국주의의 일정한 부패현상에 관한 연구에서 레닌이 독점이윤으로부터 출발했다는 사실을 생각해야 한다. 독점자본은 공황기에도, 가격을 위해 생산을 희생하면서, 즉 차라리 가격 대신에 생산을 낮추면서, 이윤을 높이거나 가능한 한 높게 유지하려고 한다. 이러한 사실은 자유 경쟁 자본주의와 자본주의적 독점경제의 조건 사이의 근본적 차이에 그 원인이 있다. 자유 경쟁의 조건 하에서 개별 기업주에게는, 무엇보다 자신의 상품 가격을 낮춰 더 많은 고객과 더 많은 구매자를 창출함으로써, 더 좋은 판매시장을 확보하고 자신의 적을 무너뜨리고 공황기에도 과도한 손실을 줄일 수 있는 가능성이 있었

---

11) 위의 책, 540쪽부터.

다. 독점자본의 지배의 조건 하에서는 전혀 다르다. 여기서 독점자본에게 문제가 되는 것은, 상호적인 가격경쟁을 통해 다른 자본가를 밀어내는 것이 아니라, 생산의 제한을 통해 생산된 상품양의 구매력과 총가치 사이의 균형을 회복하려는 것이다. 왜냐하면 이것이 사람들이 공통 가격으로 자기화하는 독점자본주의의 결정적 특징 중 하나이기 때문이다. 그리고 경쟁수단으로서 가격인하가 없다면, 사람들이 공통적으로 가능한 한 높은 가격으로 자기화(구매)한다면, 그러면 순환적 공황의 일시적 해결이라는 법칙에 따라 그에 상응하는 생산의 강력한 저하로 귀결된다. 왜냐하면 어떤 상황에서도 가격과 생산이 조화를 이루도록 내려가야, 총생산물이 소비자대중의 기존 구매력에 의해서 그리고 생산수단의 구매자에 의해서도 흡수될 수 있기 때문이다.

독점의 조건 하에서 그리고 자유 경쟁의 조건 하에서 이루어지는 다양한 발전에 대하여 1929/32년의 세계경제의 대공황기 동안 독일 산업이 좋은 사례를 제공하였다. 다음에서 우리는 크게 독점화된 철강산업과 여전히 강력한 경쟁 하에 있던 직물산업에서의 가격과 생산의 발전을 볼 수 있다.[12]

철강산업과 직물산업에서의 생산과 가격(1929=100)

연도	철강산업		직물산업	
	가격	생산	가격	생산
1928	100	100	100	100
1932	81	39	39	80

---

12) 기본 수치는 『경기통계 연감』, 베를린, 1936 참고.

두 산업에서의 발전은 정반대이다. 독점화된 철강산업에서는 가격이 거의 20%나 내려갔고 생산은 무려 60% 이상 내려갔다—여전히 가격 경쟁의 조건 하에 있던 직물산업에서는 가격이 60% 이상 내려간 반면, 생산은 약 20%만 내려갔을 뿐이다.

독점화된 산업에서의 그러한 반대되는 발전, 가격인하 대신 생산 저하에 가차 없이 집중한 것은 당연히 특별히 크게 증가한 실업으로 귀결되었다. 왜냐하면 저하된 생산은 줄어든 고용과 증가된 실업을 의미하기 때문이다.

그래서 우리는 독점자본의 지배 하에서 두 가지 이유로부터 기본모순의 격화라는 기초 위에서 실업의 전반적인 상승을 발견한다. 하나는 일반적인 실업률 상승의 속도 속에서 생산과 생산성 사이의 관계가 기생적이 됨으로써, 그리고 특별히 순환적 경제공황 동안 가격과 생산의 속도가 지연됨으로써.

전쟁준비의 시기에는 사태가 다르다. 그러한 상황 하에서는—독일의 파시즘과 영국과 미국에서 전후경제상황이 보여주듯이—또한 자본주의의 일반적 위기의 시대에는 특별히 높은 실업이 일시적으로 "지연될 수" 있는데, 이것은 강화된 군수산업이 순환적 공황의 발발을 일시적으로 지체시키는 것과 마찬가지이다.

이제 우리는 산업프롤레타리아의 장기적인 양적 발전을 통해, 그들의 상대적인 축소와 때로는 절대적인 정체 혹은 축소로 진행된다는 문제로 되돌아가보자. 이러한 발전으로부터 틀림없이, 우리가 여기서 다룰 수 있는 그리고 노동자상태의 이론을 위해 직접 큰 의미가 있는, 다양한 경제분야에 대한 일련의 매우 중요한 결론이 주어질 것이다― 그렇지만 경제의 비생산적 부분의 증가하는 역할이 이윤율 저하경향을 더욱 강화할 수밖에 없다는 사실을 언급해야 할 것이다.

동시에 여기서 생산적으로 고용된 노동자 당 생산성(노동성과)의 계산 외에, 서비스 등을 포함한 근로자 당 일반적 생산성 수치를 전반적으로 계산해야 할지의 문제가 제기된다.

여기서 나타난 발전은 근로자의 구성방식에 대해서도 아주 특별한 의미를 가진다.

우선 매우 혁명적인, 모든 혁명운동의 핵심을 표현하는 근로자의 계층인 산업노동자는, 비록 여전히 절대적으로 성장하지만, 상대적으로 의미가 줄어든다는 것은 분명하다.

우리는 일단 산업프롤레타리아의 역사를 간단히 조망해보고, 그들의 전사에 대한 간단한 회고로 시작해보자.

수공업의 전성기에는 일반적으로 도제에서 직인으로 그리고 다시 직인에서 장인으로 성장하였다. 영리적인, 즉 비 농업적 상품을 생산하는 경제에서는 일반적으로 비숙련노동자는 없었다. 또한 봉건제의 후기에, 장인이 될 수 있는 직인이 줄어들고 장인시험 없이 직인으로서 독자적으로 상품을 만들게 되었을 때도 이러한 상태는 기본적으로 변하지 않았다. 왜냐하면 불법 장인이 비숙련공은 아니었고, 장인보다는 일을 잘 못하지만 그래도 숙련공이었던, 단지 수공업의 실제 장인이 아니었을 뿐이기 때문이다. 마찬가지로 후기봉건 시대의 수공업에는 여성이 없었다.

이것은 매뉴팩처의 등장과 함께 변하게 된다. 매뉴팩처는, 이름 그대로, 주로 손으로 작업했다. 그러나 매뉴팩처는 수공업과는 달리

일을 했다. 매뉴팩처경영에서는 개별 노동자의 대량생산을 통해 전문화되기 때문에, 개별 노동자는 더 이상 수공업에서와 같이 전체생산물을 생산하는 것이 아니라 단지 부분만을 생산한다. 그러나 부분생산은 노동의 단순화로 귀결되고, 개별노동의 포괄적인 능숙함은 점점 의미를 잃게 된다. 마르크스는 이에 관해 이렇게 말한다. "그러므로 매뉴팩처는 그것이 장악할 수 있는 어떤 수공업 내에서도 비숙련노동자라는 하나의 부류를 만들어내는데, 이것은 수공업경영에서는 엄격하게 배제되었던 것이다. 매뉴팩처가 포괄적인 노동능력을 희생시켜 철저히 일면화된 전문성을 숙달의 경지에까지 발전시킨다면, 이것은 또한 일체의 발달이 결여된 상태조차 하나의 전문성으로 만들기 시작한다. 등급제에 기초한 구분과 함께 숙련노동자와 비숙련노동자의 단순한 구분이 나타난다. 후자에서는 수업비가 전혀 필요 없고, 전자에서는 기능이 단순화됨으로써 수공업에 비해 수련비가 감소된다. 두 경우 모두 노동력의 가치는 내려간다."13)

자본주의 사회의 비숙련노동자는 매뉴팩처에서 탄생하였다. 동시에 주인으로서 기업주는 집에서 형성되었다. 노동자가 자신의 노동의 전체생산물로부터 분리되고 부분생산물의 생산에 한정됨으로써, 기업주는 기업의 전체 생산과정을 실제로 조망할 수 있는 유일한 사람으로서 등장하고, 특별한 주인-인간이 된다. 마르크스는 이에 관해 이렇게 말한다. "따라서 매뉴팩처의 분업과 세부작업에 노동자를 구속시키고 부분노동자를 자본 아래 무조건적으로 예속시키는 것을 노동의 생산력을 높이는 노동조직이라고 찬미하는 부르

---

13) 칼 마르크스, 『자본』 제1권, 위의 책, 367쪽/『전집』 제23권, 371쪽/ 강신준 번역판, 523쪽 참고.

주아 의식은, 모든 의식적, 사회적 통제나 규제를 개별 자본가의 불가침적인 소유권이나 자유 및 자율적 '천재성'에 대한 침해라고 목청을 높여 비난한다."14)

동시에 매뉴팩처는 수공업의 일부와 함께, 나아가 가내공업의 일부를 그리고 영리활동으로서(방적, 직조 등) 여성노동 및 아동노동을 변형시킨다. 이것으로 즉각 큰 의미를 가지게 될 고용의 과정이 시작된다.

일반적으로 이용할 수 있는 생산수단으로서 생산과정에 작업기계를 도입한 것은, 공장경영을 통해 매뉴팩처를 해체한 것은, 가장 중요한 두 가지 새로운 현상을 가져왔다. 첫 번째 현상은 매뉴팩처가 비숙련노동자를 창출한 이후에, 공장경영은 숙련노동자를 없앴다는 것이다. 완전히 없애지는 못했다, 도처에서 감독자 등등으로서 기능하는 몇몇 숙련노동자가 잔존하였다. 모든 산업에서 이러한 과정이 급속히 진행된 것은 아니지만, 많은 산업에서 그러했다. 마르크스는 말한다. "작업도구와 함께 그것을 다루는 기술도 노동자로부터 기계로 이전된다. 도구의 작업능력은 인간노동력의 한계로부터 해방된다. 그래서 매뉴팩처에서의 분업이 기초했던 기술적 토대가 지양된다. 따라서 매뉴팩처의 특징을 이루었던 전문화된 노동자의 등급 대신에, 자동적인 공장에서는 기계의 조수들이 해야만 하는 노동의 균등화 혹은 수평화의 경향이 나타나며, 인위적으로 만들어진 부분노동자의 구별 대신에 나이와 성의 자연적인 구별이 중요성을 갖게 된다."15) 그리고 경영관계도 그에 따라 다음과 같이

---

14) 위의 책, 374쪽/『전집』제23권, 377쪽/ 강신준 번역판, 490쪽 참고.

변화된다: "노동수단의 획일적인 운동 아래 노동자가 기술적으로 종속되어 있고 남녀를 불문하고 매우 다양한 연령층의 개인들로 이루어져 있는 노동조직체의 독특한 구성은 하나의 병영적인 규율을 만드는데, 이 규율은 완전한 공장체제에 이를 때까지 이미 앞에서도 말했듯이 감독노동을 발전시키고, 나아가 근육노동자와 노동감독자로, 즉 산업졸병과 산업하사관으로의 노동자의 분할을 완전히 발전시킨다."16)

변화된 중요성을 갖는 두 번째 현상에 관해 마르크스는 이렇게 묘사한다: "기계가 근력을 불필요하게 만드는 한, 그것은 근력 없는 노동자 혹은 육체적 발달은 미숙하지만 손발의 움직임이 비교적 유연한 노동자를 사용하는 계기가 된다. 그러므로 여성노동과 아동노동은 기계를 자본주의적으로 사용하는 데서 최초의 단어였다! 노동 및 노동자에 대한 이 강력한 대용물은 성과 나이에 구별 없이 노동자가족의 모든 구성원을 자본의 직접 지배 아래 편입함으로써 임금노동자의 수를 증가시키는 수단으로 전화하였다. 자본가를 위한 강제노동은 아동의 놀이뿐만 아니라 가족 자체를 위해 관습적인 한계 내에서 하게 되는 가족 내의 자유노동까지도 침탈한다."17)

마르크스에 의해 여기서 묘사된 이러한 발전은, 공장프롤레타리아, 산업프롤레타리아가 말의 정확한 의미에서 산업자본주의 초기에는 압도적 다수가 비숙련노동자였을 뿐만 아니라 또한 다수에서

---

15) 위의 책, 441쪽/『전집』제23권, 442쪽/ 강신준 번역판, 567쪽 참고.

16) 위의 책, 445쪽/『전집』제23권, 446-447쪽/ 강신준 번역판, 571-572쪽 참고.

17) 위의 책, 413쪽/『전집』제23권, 416쪽/ 강신준 번역판, 534쪽 참고.

여성과 아동으로 구성되어 있었다는 사실을 보여준다.

다음의 시기, 자본주의의 두 번째 단계에서는 숙련노동자의 창출이라는 반대경향이 발전된다. 즉 산업자본주의가 계속 발전하면서 거의 모든 산업에서 숙련노동자의 적지 않은 층이 형성된다. 기계제와 생산과정이 계속 더욱 복잡해지면서 전반적으로 기업주로 하여금 다시 상대적으로 넓은 층의 숙련노동자를 고용하게 강제한다. 그렇지만 이들은 숙련된 수공업자와 근본적으로 구별된다. 이들은 더욱 전문화된 노동자로서 전체생산물을 만들 수 없다. 이들은 부분노동자일 뿐이고, 전체 생산과정과 따라서 경영으로부터 배제되어 있다. 이들은 자본가의 전제적인 위치를 위협하지 못한다. 이들은 마르크스의 말로 표현하면, "산업의 공동참여자"에서 "산업에서 배제된" 사람들로 장려되고, 조금의 전망도 없이 "산업의 하사관"이 된다.

이러한 과정과 나란히 여성 및 아동노동의 상대적 의미도 줄어든다. 남성들이 산업프롤레타리아에서 더욱 큰 비중을 차지하게 된다. 산업프롤레타리아는 그 구성에서 일정한 방식으로 다양화된다. 남성들은 산업자본주의 초기의 여성 및 아동이 그랬던 것처럼, 진정으로 기계적인 산업생산에서 한 번도 압도적인 적이 없었다. 공장프롤레타리아의 구성 역시, 고용된 노동자의 압도적 다수가 비숙련자였을 때, 산업자본주의 초기에서와 같이 자격과 관련하여 다시 일면화되었다.

제국주의의 단계는 결정적 전환으로서 사무직노동자Angestellten의 "침투"를 절대적 상대적으로 수적으로, 경제 일반에서는 물론이고 직접 산업적 대기업에서 증가시켰다. 이러한 사실은, 우리가 곧 보게 되겠지만, 노동자계급의 구조에 대한 사회학적 의미에서 큰 중요성 가진다.

우리가 산업자본주의 초기의 노동자가족을 보면, "순수하고" 실제로 "대를 이은" 프롤레타리아가족은 결코 없었다. 아버지, 어머니, 형부든 형수든, 매형이든 처제든, 모든 부부와 아이들은 모두가 산업프롤레타리아는 아니었다. 그들은 농민이고, 수공업자이고, 농촌노동자이고, 가내에서 고용되어 근로하는 사람 등등이었다.

자본주의의 두 번째 단계에서 비로소 순수한 산업프롤레타리아가족이 형성된다— 부모 모두 산업프롤레타리아 출신이고, 그 자식도 산업노동자가 되고, 자식의 자식도 산업프롤레타리아가 되는 가족. 이렇게 산업적으로 대를 이어 프롤레타리아로 발전된다.

자본주의의 세 번째 단계에서 산업–프롤레타리아–가족은 새롭게 해체된다— 더욱이 무엇보다 빠르게 증가하는 사무직노동자를 통해. 프롤레타리아는 더 이상 동일한 정도로 대를 잇지 않는다 — 노동자의 많은 자식들이 사무직노동자가 된다; 노동자는 특히 대기업의 사무직노동자 등으로 일하는 사람과 결혼하려고 한다.

동시에 사무직노동자 수의 증가로 그들의 사회적·경제적 지위가 낮아진다. 19세기만 해도 노동자와 사무직노동자의 결혼은 흔치 않았지만 이제는 본질적으로 쉬워졌다.

그러나 사무직노동자가 전형적인, 쉽게 말해 소부르주아 계층이라는 사실을 생각한다면, 그리고 이러한 사실이 일반적으로 오늘날까지 그랬다면, 근로자 구조의 발전이 갖는 정치적 위험성은 분명하며, 그래서 정치적 발전을 위해 사회당과 노동당이 가지는 의미도 증가되었다.

예를 들어 다음의 표는 서독에서의 소득평준화 경향을 보여준다.18)

월소득(1961년)

집단	600마르크 이하	600-800마르크	800이상
공무원	17	29	54
사무직노동자	26	31	43
노동자	56	29	15

600-800마르크의 월소득을 가진 집단은 공무원의 약 1/3, 사무직 노동자의 약 1/3, 그리고 노동자의 약 1/3을 차지하는데, 자본주의 역사에서 아직 보지 못한 현상이다; 이것은 사회학적으로, 정치적으로 아주 큰 의미를 가진다. 이것은 한편으로 노동자계급의 소부르주아화(소시민화)를 설명하고, 다른 한편으로 사무직과 공무원의 혁명화 경향을 설명한다.

---

18) 『경제와 통계』, 슈투트가르트 운터 마인츠 1963, 제4권, 198쪽.

제 5 장

자본주의와 건강관계 및 사고관계, 사회보장

    자본주의 아래 건강관계 및 사고관계에 관한 이론은, 한편으로 특별하게는 기업 내 노동시간과 노동강도의 발전에 관한 이론과 함께, 다른 한편으로 일반적으로는 노동조건 전반에 관한 이론과 함께 연관되어 있다. 이러한 이론을 다룰 때 기업관계와 일반적인 기업 외 생활조건 사이를 구별하는 것이 필요하다. 왜냐하면 기업의 관계와 기업 외 관계의 발전은 결코 필연적으로 병치되어서는 안 되며, 그런 적도 없었기 때문이다.

    산업자본주의 초기에 기업주의 노력은 무엇보다 예를 들어 노동일의 지속적인 연장과 같은 외연(외재)적 수단으로 생산과 착취를 증가시키는 것이었고, 이것은 무엇보다 기업 내 혹사를 통해, 노동과정에 어린 아이들을 투입함으로써, 열악한 조건 하의 어려운 작업에 여성을 고용함으로써, 기업 내 끔찍한 위생관계를 통해, 계속 건강을 위협하는 생산과정을 구성함으로써(건강을 위협하는 원자재의 적용) 등등 건강관계를 매우 나쁘게 만들었다. 동시에 기업 외부에서는 열악한 주거관계가 건강을 파괴했고, 도시 안에 인구의 급속한 증가로 인해 전염병이 창궐했지만, 사람들은 일반적으로 기업 외 관계보다는 열악한 기업 내 관계가 노동자의 건강 상태에 훨씬 더 위협을 준다고 확신할 수 있었다. 『영국 노동자계급의 상태』에서 엥겔스는 이러한 사실에 관해 나이트Knight 박사의 다음과 같은 증거수단을 인용한다. "나는 이러한 고용의 위험성을, 연마공들 중에서 최고의 술꾼이 대부분 자신의 노동으로부터 벗어나 있기 때문에 그들 중 가장 오래 살았다는 사실을 통해, 어느 정도 확실하게 말할 수 있다."1) 일반적으로 매우 낮은 실질임금을 받는 노동자가 어떤 이유로든, 실업이든 혹은 술중독이든 간에, 작업장으로부터 멀리 떨어져 있었다는 이러한 사실이 장기간 고용되어 있는 노동자보다 상대적으로 더 나은 건강을 유지하게 만들었고, 이러한 사실은 초기 산업자본주의의 시기뿐만 아니라 또한 후기에도 자주 해당되는 일이었다. 이것은 노동자가 고용되어 있는 야만적인 상태에 대한 비극적 증거로서, 또한 현재에도 여전히 그런 사례가 왕왕 있다. 즉 단기간의 실업이 노동자 건강상태의 개선을 이끄는 것이다. 왜냐하면 고용의 불행이 건강의 입장에서 보면 실업과 그로 인한 소득의 감소 그리고 영양상태의 열악화의 불행보다 더 크기 때문이다. 실업자의 경우에는 당장 소득은 없지만 오래 잘 수 있고 편안히 쉴 수 있고 신선한 공기가 있는 곳에서(원두막이 있는 별장) 시간을

---

1) 프리드리히 엥겔스, 『영국의 노동자계급의 상태』, 베를린, 1952, 253쪽.

보낼 수 있기 때문이다. 이것은 자본주의의 모든 시기에 자본주의 기업관계가 미치는 건강 위협적 영향에 대한 가장 비극적인 고발이다. 따라서 기업에서의 건강관계의 개선에서, 조직된 노동자의 압력 하에 특별한 산업재해로부터의 보호에서 지난 100년간 상당히 발전되어 온 것은 사실이라고 주장할 수 있다. 그러나 이러한 조치는 노동자에 대한 또 다른 위험에 의해 상쇄된다. 기업에서 건강관계의 개선에 대한 가장 중요한 반대경향 중 하나는 노동강도의 증가이다. 마르크스는 이러한 과정을 초기 단계에서, 그러나 노동자 건강관계의 구성에 대한 노동과정의 강력한 의미를 충분히 인식하고서 이렇게 묘사하였다: "따라서 공장감독관들은 1844년과 1850년의 공장법이 낳은 유익한 결과를 끊임없이 또 충분한 권리를 가지고 칭찬하고 있었지만, 그럼에도 불구하고 그들은 노동일의 단축이 이미 노동자의 건강, 그래서 노동력 그 자체를 파괴하는 노동의 강화를 가져왔음을 인정하였다."2) 그래서 노동시간에 관한 이론을 다루면서 이미 마르크스가 증가하는 노동강도는 노동일의 계속적 단축으로 귀결된다고 말한 설명으로 이어진다. 왜냐하면 노동자는 동시에 더 오래 강도 높게 노동할 수 없기 때문이다. 건강을 유지할 수 없기 때문이다.

그리고 여기서 우리는 하나의 중요한 지점에, 즉 건강관계의 확실한 개선, 건강관계의 실제적 발전과 노동강화 사이의 복잡한 관계에 영향을 미치는 중요한 측면에 도달하게 된다. 노동자계급의 실존을 기존 관계하의 경우보다 더 안전하게 확보하기 위해, 19세

---

2) 칼 마르크스, 『자본』 제1권, 위의 책, 438쪽/ 『전집』 제23권, 439쪽/ 강신준 번역판, 563쪽 참고.

기 중엽부터 일련의 건강개선 조치가 분명히 이루어져왔다. 왜냐하면 노동자가 없이는 착취도 없기 때문이다. 그러나 다른 측면에서는 일련의 건강조치가 노동강도를 증가시킬 수 있기 때문에 도입되었다. 따라서 당연히 다시 건강상태는 악화될 수밖에 없었다. 많은 사례 중 하나는 기업에서 조명상태의 개선이다. 많은 기업에서 초기의 매우 좋지 못한 조명상태는 당연히 노동자에게 건강상 위험한 것이었다. 동시에 그러한 조명상태는 노동성과에도 불리한 결과를 가져왔다. 조명관계의 개선으로 열악한 조명 아래 유발했던 건강상 위험한 영향은 줄어들고, 노동생산성이 증가하였다. 그러나 기업주는 조명관계의 개선을 동시에 노동강화를 끌어올리는 데 이용하고, 이것은 다시 새로운, 또 다른 건강상 위험한 영향을 낳았다. 따라서 기업에서 노동자의 건강에 유리하게 영향을 주는 조치는, 기업주가 이러한 조치 위에서 강제하는 노동강도의 증가를 통해 다시 완화되거나 아예 상쇄되었음을 알 수 있다.

우리는 지난 200년간의 건강과 관련된 기업관계의 역사를 전체적으로 살펴보면, 많은 건강상의 조치에도 불구하고, 부분적으로는 바로 전체적으로 그러한 조치로 인해(바로 노동강도의 증가를 "허용하는"), 기업에서의 노동자의 건강관계는 결코 개선되지 않았으며 오히려 악화되었다고 확정할 수 있다. 100년 전에는 큰 역할을 했던 일련의 부분적으로 전형적인 공장질병이 크게 줄어든 것은 사실이다. 예를 들어 결핵은 2차세계대전 이전에는 약 50년 전보다는 덜 발병하였고, 100년 전보다는 죽음에 이르는 경우가 훨씬 줄어들었다. 그러나 일련의 산업질병이, 무엇보다 신경계통 질병의 전체 집단이 생기고, 노동인구의 일반적 건강상태가 노동강화를 통해 크게 나빠졌다는 것도 마찬가지로 사실이다. 개별 노동자의 평균수명이 50년 전이나 100년 전보다 오늘날 늘어난 것은 사실이다. 하지만 연장된 수명이 개선된 건강을 의미하는 것이 아니라, 오히려 병들었던 건강하든 생명을 오래 유지하고 있음을 의미할 뿐이다. 사실상 노동자가 병에 걸릴 비율은 과거보다 오늘날 더 크다— 비록 이러한 사실이 가령 공장통계에서는, 자본주의의 일반적 위기의 시대에 노동자는 일을 잃으면 장기적 실업으로 인해 훨씬 더 위협받고 있다는 사실, 또한 그래서 해고의 두려움 앞에서 병 때문에 집에서 쉬겠다고 결심할 수는 없다는 사실을 통해 가려져 있지만 말이다.

그리고 최근 우리는 새로운 발전을 관찰하게 된다: 지난 100년간, 아니 아마도 150년간 처음으로, 우선 개별 산업의 노동자에게 평균수명 50살을 넘어 사는 사람들이 다시 줄어들기 시작했다. 기업에서의 노동이 너무 강도가 높고 건강에 위해하기 때문에, 노령연금 충족나이 이전에 노동 불능으로 인해 영구적인 부적격자가 되거나 공식적인 등급이 매겨져 사회보장규정 "조기근무장애"를 허용 받은 노동자가 더 많아졌을 뿐만 아니라, 나아가 1차세계대전 이후와 2차세계대전 이전보다 더 일찍 죽는 사람들이 많아졌다.

우리는 경기순환 동안 기업의 건강관계의 발전을 조사해보면, 이것이 일반적으로 노동강도에서의 변화와 함께 변동한다는 사실을 발견하게 된다. 우리는 이미 영국에서의 면화대공황 시기로부터 인용을 했는데,3) 이것은 노동자의 건강관계가 많은 연관에서 실업을 통해서 얼마나 개선되었는지를 보여준다. 이제 이러한 일정한 방향에서의 개선은 확실히 또 다른 방향에서, 노동자가 실업이 되면 이전보다 불충분하게 먹게 된다는 사실을 통해서 보충된다. 그러나 우리는 산업자본주의의 초기에 대해 다음과 같이 말할 수 있을 것이다. 가령 공황이나 침체의 시기에서와 같이 사업이 어려워져 노동자가 완전히 실업상태가 되지는 않고 노동일의 길이가 단축되면, 이들 노동자에게는 벌이가 감소되고 따라서 불충분한 영양이 공급되지만 이것은 최소한 노동자가 기업에서의 건강상 유해한 관계에 덜 노출된다는 사실을 포함한 노동시간 단축의 유리한 영향을 통해 보충된다고 말할 수 있다. 다시 말해 산업자본주의의 초기시대에는 노동자계급의 건강상태가 경제발전에 대한 반대관계 속에서 자주 개선되었다는 것이다. 하지만 공황이 더욱 깊어져 노동일이 일반적으로 단기적으로 단축되는 대신에 대량실업으로 귀결되면, 당연히 건강관계도 매우 악화된다. 왜냐하면 경영의 위험이 계속되고 실업이 계속되면, 노동자는 집세를 못 내 더 열악한 집으로 이사를 가야 하거나 굶어야 하는 등 가정의 위기가 보통 이상으로 닥치기 때문이다.

 노동강도가 일반적으로 크게 증가하지만 공황기에는 완화되는 산업자본주의의 두 번째 단계에서, 우리는 건강관계와 경영관계의 운동에서의 아주 비슷한 차이를 발견한다. 공황과 침체기 동안 실업이 아주 크지 않다면, 그래서 고용과 관련하여 위기가, 무엇보다 노동일의 일시적인 단축 속에 초과노동의 폐지와 노동강도의 완화를 통해 표현된다면, 우리는 증가된 경영활동의 시기에 비해 노동

---

3) 칼 마르크스, 위의 책, 414쪽/『전집』제23권, 416쪽 / 강신준 번역판, 534쪽 주 참고.

자의 건강관계의 개선을 발견한다.

제국주의의 단계에서는 사정이 아주 다르다. 경영활동이 증가하든 혹은 위기가 닥치든 관계없이 노동강도가 계속 증가하기 때문이다. 그리고 그에 따라 순환 내부에서도 기업에서의 건강관계는, 어떤 순환의 국면에 있든지 간에 상관없이, 더 열악해진다. 그러나 우리는 시급지불의 경우 자주 노동강도가 공황기에는, 비록 계속 증가하지만 그러나 어쨌든 번영기만큼 빠르게 증가하지는 않기 때문에, 공황기에는 최소한 건강관계의 악화 속도에서 완화되는 경향이 있다고 말할 수 있을 것이다. 그러나 다른 측면에서 줄어든 임금(증가된 노동강도에도 불구하고!)의 결과가 건강상태를 표현하고, 나아가 노동자가 공황기에는 건강상태에 대한 불리한 영향에도 불구하고 병을 핑계로 감히 일을 쉬려고 하지 못한다는 사실도 나타난다. 따라서 우리는 결론적으로, 19세기에 관찰되는, 건강관계에 대한 많은 방향에서 유리한 공황의 영향이 독점자본주의의 지배 하에서는 사라지고 자주 그 반대가 된다고 말할 수 있다.

기업의 건강관계는 당연히 가정의 건강관계에도 영향을 준다. 어머니가 이미 자본주의 관계에서 일해야 한다면, 저녁에 아이를 돌보기도 하고 힘이 남아 있다면 집안일도 해야 하기 때문에, 두 배로 더 많이 지치고 노동으로부터 모든 힘이 탕진되고 아프게 된다. 그리고 이것은 아버지에게도 마찬가지이다. 기업의 건강관계가 집안의 건강관계에 강력한 영향을 미친다는 사실은 분명하다. 그러나 집안의 건강관계의 운동이 기업의 그것에 완전히 의존하는 것은 아니다. 우리는 완전히 반대로 주장할 수 있다. 기업 외부에서 노동자계급의 건강관계는 지난 60년 동안 실제로 개선되어 온 반면, 그 이전인 19세기에는 여러 측면에서 악화되었다. 19세기에는 기업 외부에서, 노동자의 임금과 확실히 거의 독립적으로 발전한 두 가지 요인이 건강관계에 강력한 영향을 주었다. 하나는 전염병에 대한 일반적인 위생조치이고, 다른 하나는 주택관계이다. 전염병에 대한 위생조치는 19세기 후반기에 비로소 의미를 갖게 되었고, 그 전에는 자주 끔찍했던 장티푸스나 콜레라와 같은 파급력이 큰 질병으로 인한 노동자계급의 사망률을 크게 줄이는 데 영향을 주었다. 이러한 조치는 결코 노동자계급을 보호하기 위한 것이 아니라, 부자를 보호하기 위한 것이다; 그러나 가난한 사람을 함께 보호하지 않고는 부자를 보호할 수 없기 때문에, 노동자계급이 이러한 방향에서의 의학의 진보로부터 이익을 보았고(그렇지 않으면 그들은 일반적으로 상응하는 의학적 진보에 참여하지 못하였다), 더욱이 그들의 임금이 높아진 만큼 그렇게 동등하게 되었다.

기업 외부의 건강관계에 영향을 준 두 번째 요인은, 부분적으로 전염병에 대한 투쟁과 반대인데, 다음과 같이 발전되었다. 19세기를 통틀어 주택관계는 계속 악화되었다; 20세기에는 부분적으로 개선되었다. 19세기의 주택관계에서의 악화는 매우 강력해서, 우선 실제로 특히 어린이들에게 심각한 건강위험이 되었으며, 둘째로 마르크스가 생활유지의 사회적·역사적·도덕적 요소로 부른 것 속에서 아주 특별하게 거대한 후퇴를 보인 몇 가지 사례 중 하나이다. 이러한 주택관계의 악화는 이미 언급했듯이 임금관계와는 거의 독립적으로 일어났다. 아버지보다 훨씬 높은 임금을 받는 노동자라고 하더라도 아버지보다 더 열악한 주택에 살 수밖에 없었다. 일반적 주택수준이 너무나 낙후되어 있었다는 간단한 사실 때문이다. 따라서 이미 엥겔스가 증명했듯이,4) 이러한 열악한 상태는 노동자계급에게나 소 부르주아지에게나 동일한 것이었다.

노동자의 건강관계에 대한 이 두 가지 중요한 요인의 영향을 우리가 비교한다면, 이 두 요인이 기업관계를 통해 규정되지 않는 한, 다음과 같이 결론지을 수 있다: 산업자본주의의 초기 단계에서는: 전염병과 관련하여 어떤 개선도 없었고 주택관계도 악화되었다; 이러한 두 요인을 통한 건강관계의 악화에 대한 일반적 경향이 아주 중요한 요인이다. 19세기 후반, 성숙하고 강력하게 발전하고 그래서 그 다음 몰락하기 시작하는 자본주의: 전염병의 위험을 퇴치하기 위한 제도의 의미 있는 개선과 동시에 주택관계의 악화; 결과적으로 사망률의 감소와 그러나 질병의 증가, 다시 말해 건강상태의 악화. 제국주의 단계: 전염병과 관련한 계속적인 개선; 부분적인 주택관계의 개선, 하지만 2차세계대전의 결과 엄청난 악화, 이후 새로운 개선. 그러나 비록 제국주의 단계에서, 산업자본주의의 초기 시대에 노동자계급에 대해 공통적으로, 그리고 후에 하나는 유리하게 다른 하나는 불리하게 작용했던, 이러한 두 요인이 노동자상태에 긍정적인 방식으로 영향을 주었음에도 불구하고 — 그렇다고 건강관계가 전반적으로 개선되었음을 의미하지는 않는다. 왜냐하면 기업에서의 건강관계는 무엇보다 증가하는 노동강도의 결과로 매우 악화되었기 때문이다.

그렇다면 건강관계의 발전 단계에서는 두 계기가 주목되어야 한다. 우선 노동강도의 발전과 자주 밀접하게 관련한 것과 — 기업상

---

4) 프리드리히 엥겔스, 『주택문제를 위해』.

태에 해당하는 것이다— 주택관계 및 전염병과의 투쟁과 관련된 것 — 기업 외부적인 것이다— 속에서 구성되는 측면, 둘째로 우리가 노동자의 건강관계의 역사를 노동자의 생활관계의 구성에서 어떤 다른 중요한 요인과 마찬가지로 이론적・체계적으로 다룰 수 있는 측면이다. 건강관계의 발전은 노동자계급의 전체 역사의 과정에서 변증법적이고, 대립 속에 있는 것이고, 배태된 것이며, 노동자의 일반적 상태의 발전을 올바르게 평가하기 위해 결코 저평가된 의미를 가져서는 안 된다. 그리고 이러한 발전은 종종 노동자상태에 영향을 주는 다른 요인에 대해 대립적으로 진행되고, 따라서 완전한 모순 속에 있을 뿐만 아니라 또한 가령 실질임금발전에 대해 모순되게 나타나기도 하고, 혹은 그래서 자본주의 관계 일반의 성격에 대해 사회적으로 아주 중요하고 특징적으로 나타나고, 기업의 위생시설의 기술이나 의료의 역사에 대해(조명, 세탁기, 직업병에 대한 보호 등등) 모순적으로 나타나기도 한다. 왜냐하면 우리는 종종 의료적 혹은 기술—위생적 영역에 대한 진보가 시간이 지나면서 가령 건강관계의 개선으로 귀결되지 않고, 오히려 예를 들어 노동강도의 증가를 통해 더욱 악화시키는 기업주의 노력을 위한 토대가 되기 때문이다.

여기서 다룬 두 가지 주요 요인 외에 당연히 건강관계에 영향을 주는 다른 많은 요인이 있다. 그리고 여기서 말하는 모든 것은 이 문제와 관련하여 마르크스주의 이론의 아주 빈약한 개요를 나타낼 수 있을 뿐이다. 따라서 전문가들이 여기서 다룬 문제의 범위 전체를 근본적으로 개별적인 수준에서 연구하고 서술할 필요가 있다.

우리가 최근 100년 간의 상태를 고찰한다면, 기업의 건강관계가 노동강도의 발전과 기업의 보호조치에 의해 바로 규정될 수 있듯이, 사고 역시 그러하다.

초기 산업자본주의의 시기에 사고는 고용된 아동과 부인의 비율, 그리고 노동일의 연장과 함께 증가했다— 이러한 상황 하에서 건강관계가 악화되는 것과 마찬가지로. 여기서는 모든 특별한 "복잡함" 없이 아주 단순하고 분명한 과정과 관계된다. 그와 함께 예를 들어 영국 광산에서 탄관용 안전등과 같은 보호조치의 아주 임의적인 도입이 자본가로 하여금 노동자를 더 커다란 위험으로 내몰고 사고의 증가로 이끌도록 하는 기회를 주는 변증법적 과정이 진행된다— 가령 개선된 조명의 도입을 통해 건강관계의 악화와 관련된 경우와 꼭 마찬가지로.

기업주가 일반적으로 노동강도를 가능한 한 최고로 증가시키려고 시도하는 산업자본주의의 두 번째 단계에서의 발전은 아주 다르고 복잡하다. 즉 이제는 세 배의 과정이 일어난다: 우선 강화된 노동의 결과로 사고가 증가하는 경향이 발전한다; 둘째 동시에 노동자가 사고위험을 줄이는 경향을 가진 사고보호조치의 도입을 강제한다(그리고 자본 역시 부분적으로는 노동자계급 그 자체의 실존을 위험하지 않도록 "하려고" 한다). 이것은 그러나 셋째 기업주가 보호조치를 매개로 가능한 한 증가된 노동강도를 통해 노동자를 새롭게 높아진 사고위험으로 내몰게 되고, 사고보호조치가 다시 새롭게 개선되지 않으면 사고의 증가로 이어질 수밖에 없게 된다. 마르크스가 『자본』을 쓸 때 아직 통계자료와 경험이 부족한 관계로 전체적으로 충분히 꿰뚫어보지는 못했지만, 이러한 중요한 관계에 대해 마르크스는 이미 지적하였다. 『자본』의 한 주에서 마르크스는 이렇게 언급한다: "위험한 기계로부터 보호하기 위한 법률은 유익하게 작용했다." 나아가 그는 1866년의 공장감독관의 보고서를 보충하여 인용하고 있다: "그러나 ... 지금은 20년 전에는 존재하지도 않았던 새로운 재해의 원천이 있다. 즉 기계속도의 증대가 그것이다..."[5] 그리고 본문에는 이렇게 서술된다: "공장제도에서 비로소 성숙할 수 있는 온상을 발견한 사회적 생산수단의 절약은 자본의 수중에서 동시에 작업 중에 있는 노동자의 생활조건의—공간이나 공기 또는 광선—조직적인 강탈과 그리고 노동자의 위락시설 따위는 전혀 논외로 하더라도 생명에 위험하거나 건강에 유해한 생산과정의 갖가지 사정으로부터의 인체보호수단에 대한 조직적인 강탈로 나타난다."[6]

여기서 마르크스는 한편으로 건강관계 및 사고관계의 발전과 다른 한편으로 노동강도의 발전 사이의 관계를 분명히 폭로한다. 따라서 노동자에 의해 강제된 건강 및 사고설비의 개선을 기업주가 다시 노동강도를 증가시키기 위해 사용함으로써, 모순의 증가와 노동고통의 증가를 위한 새로운 원천이 확실히 계속 제공된다는 사실이 고려되어야 한다.

우리가 수십 년 간의 사고의 발전을 관찰해보면, 다시 말해 사고조치의 개선으로부터 주어지는 사고의 경감 혹은 노동강도의 증가

---

5) 칼 마르크스, 위의 책, 448쪽/『전집』제23권, 450쪽/ 강신준 번역판, 575쪽 주 참고.

6) 위의 책, 448쪽부터/『전집』제23권, 449-450쪽/ 강신준 번역판, 575쪽 참고.

로부터 주어지는 사고의 증가라는 사실이 각각 최종적으로 어떤 경향으로 관철되는지 우리가 연구해보면, 지난 80년간의 이러한 두 경향이 마치 저울에서 균형을 이루고 있는 것처럼 나타난다. 그러나 확실한 결론을 이끌어내기에는 우리의 자료가 부족하다. 우리가 확실하게 말할 수 있는 유일한 사실은, 일반적으로 하나의 경향이 관철된다면 그것은 부족한 정도로 귀결된다는 것이다. 지난 100년 간의 사고 상황의 실제적 개선에 관해 말하는 것은, 우리가 노동시간당 사고를 계산해보면, 불가능하다.

이러한 문제로부터 구별되는 것은 경기순환 내부의 사고의 발전이다. 일반적으로 우리는 19세기 동안 공황기에 노동자의 사고위험이 줄어들었고, 더욱이 경기침체국면에서는 노동강도가 완화된다는 아주 단순한 이유 때문에 그렇다고 말할 수 있다. 이러한 시기에는 또한 사고보호 장치가 대부분 신설된다는 것도 사실이다; 그러나 이것은 노동과정에서의 강도 저하보다는 적은 역할을 한다.

이것은 독점자본의 지배 하, 특히 자본주의의 일반적 위기의 시대인 20세기에는 다르다. 우리는 경기순환 내부의 노동강화 과정의 발전 문제를 다루면서 이미 공황기에 어떤 요인이 노동강도의 증가를 완화시키는지를 지적하였고, 순환 내부에서 건강관계의 발전을 다루면서 이미 공황기에 노동강도의 증가가 노동자의 건강에 어떤 불리한 영향을 미치는지 말하였다. 이것은 이제 사고에 대해서도 마찬가지로 타당하다. 또한 여기서 우리는 공황기에 노동강도의 증가로 사고 역시 증가한다는 사실을 발견한다. 자본주의의 일반적 위기의 시대에 궁핍화과정의 개별적 측면이 다시 가속화되는 것을 보여준다.

사고발전과 노동강화 사이의 연관을 마르크스가 폭로한 의미는, 부르주아 연구를 통해 오랫동안 주목받지 못하다가 미국의 공공통계학이 사고율의 발전을 새롭게 다루기 시작하였지만 즉각 잘못된 길로 빠져 버린 사실로부터 인식될 수 있다. 그들은 마르크스의 지적을 무시하면서 고용상태와 사고 사이의 연관법칙을 추적했고, 노동강화와 사고의 관계를 연구했다.7) 당연히 고용상태는 사고율의 발전에 분명한 영향을 준다. 먼저 19세기에 노동과정의 강화는 고용의 증가와 함께 상승했기 때문이다. 둘째 증가하는 고용과 함께 언제나 증가된 수의 노동자가 새롭게 다시 노동과정에 들어오기 때문이다; 이들은 이전에 노동과정을 잘 몰랐거나 장기간 실업으로 인해 노동과정을 떠나 있었기 때문에 높은 사고의 "자연스런" 경향이 있었으며, 장기 실업에 처했던 노동자는 허약하고 이미 이러한 이유로 인해 작업속도를 따라갈 수 없고 그래서 사고위험이 커질 수밖에 없었다. 이러한 모든 이유는 고용이 증가하는 경우 사고의 경향도 증가한다는 사실로 귀결된다. 그러나 이러한 경향 이외에 바로 제국주의 단계에서는 또 다른, 강력한, 중요한 것이 진행된다. 즉 떨어지는 실질임금과 동반한 낮아진 고용의 경우 노동강도가 상승하고, 더욱이 착취를 증가시키기 위한 기업주의 노력은 물론 노동자의 노력— 해고의 두려움으로 인해 그리고 성과급의 경우 높은 성과를 통해 임금하락을 완화시키기 위해— 으로부터 노동강도가 높아진다.

그러나 동시에 높아진 고용의 경우 노동강도가 높든 아니든 관

---

7) 미국 노동통계국에서 이루어진 Max D. Kossoris의 논문을 참고.

계없이 사고의 증가로 이어지는 요인들이 많아지는 것은, 사고-이론이 구성요소로서 강도와 보호조치만을 관련짓는 것은 오류라는 사실을 보여준다. 사회생활에는 무수한 규정요인들이 존재하는 것과 마찬가지이다. 결정적인 것은, 올바른 것은 다만, 밀접한 인과관계 속에 실제로 있는 것이다. 그리고 중요한 것은 실제로 중요한 역할을 하는 것을 끄집어내서 분석하는 것이다.

사회보장의 이론에 대한 마르크스와 엥겔스의 체계적으로 종합된 이론적 서술은 없다; 하지만 그들에 의해 인정된 독일사회민주당의 실천은, 노동자상태에 관한 마르크스주의 이론에도 빠져서는 안 되는, 일반 이론적 토대를 기초하였다.

우선 사회보장의 전체 제도는 기껏해야 불행에 대한 완화제, 진정수단에 불과하지, 불행을 제거할 수 있는 수단은 결코 아니라는 점을 분명히 해야 한다. 실업보험은 실업자를 돕지만, 그러나 실업을 줄이지 못한다; 사고보험이나 건강보험은 사고가 난 노동자와 환자를 돕지만, 그러나 사고 위험을 줄이고 질병을 없애기 위한 수단은 결코 아니다.[8] 그렇다고 이것이 불행을 줄여야 하는 몇몇 제도가 불행과 투쟁하는 데 아무런 노력을 하지 않는다는 얘기는 아니고, 또한 그러한 제도가 불행을 막는 데 어떤 작은 일시적인 성공에 불과하다는 것도 아니다. 중요한 것은 사회보장이 완화해야 할

---

[8] 그에 반해 노령보험은 특별히 사회적으로 조건 지어진 자본주의의 불행에 대한 진정수단이 아니라, 전체 자연적 결과에 대한 진정수단이다. 가령 높은 나이에도 일을 할 수 있는 가능성이 점점 줄어드는 노동자를 위한 진정수단이다.

불행이 그 불행의 근본원인인 자본주의와의 투쟁을 통해서만 실제로 이루어질 수 있음을 노동운동이 분명히 해야 한다는 것이다. 사회보장은 완화되어야 할 불행에 대한 실제적인 투쟁을 결코 대체할 수 없다. 사회보장은 다만 일시적인 완화수단일 뿐이다. 그리고 노동운동은 당연히 아주 작은 일시적인 노동자계급의 성과라도 챙기는 데 이해가 있기 때문에, 사회보장을 위해 노력하고 노동자계급에게 유리하도록 힘쓴다. 그러나 동시에 노동운동의 지도부는 노동자가 그러한 완화수단을 통해 그들의 진정한 과제에 대해 실망하지 않도록, 불행을 실제로 야기하는 수단과 완화수단을 혼동하지 않도록 하는 데 이해가 있기 때문에, 사회보장의 도입으로 노동자계급에게 어떤 환상을 가져오는 것을 막기 위해 모든 노력을 해야 한다.

사회보장이 기껏해야 불행을 완화한다는 사실이 분명해졌다면—이것은 당연히 도달하기에 쉬운데, 우리가 일단 질문을 올바로 제시하면 그 답 또한 분명하기 때문이다— 두 번째 중요한 질문이 제기된다: 사회보장의 지출을 누가 지불하는가? 여기서 문제가 되는 것은 임금의 또 다른 분배와 관련되거나, 추가적인 돈과 노동자계급의 소비재를 마음대로 처분하게 된다는 것이다. 다시 말해 실업자가 예를 들어 사회보장의 지원을 받는다면: 여기서 문제가 되는 것은 노동자가 부분적으로는 고용이 되어 있으면 사회보장을 위해 자신의 기여금을 통해, 부분적으로는 실제로 노동자에게 노임의 최소한만을 지불하는 기업주의 기여금을 통해, 부분적으로는 노동자의 세금으로부터 충당된 국가의 궁극적인 보조금을 통해, 실제로 지불되어야 하는 것이 아닌가? 다시 말해 이 질문은: 사회보장의 (급부)지원을 포함하여 노동자계급이 지불받는 총금액은 기본적으로 사회보장이 없이도 임금의 형태만으로 지불받아야 할 것과 동일하지 않은가, 혹은 더 높은가?

　이 질문에 대한 대답은 기본적으로 아주 단순하다. 상황은 노동자층의 계급세력에 따라 다르다는 점이다. 전체 사회보장이 임금의 또 다른 분배를 의미할 뿐이라는 사실은 충분히 그럴 수 있다. 이것은 예를 들어 노동자계급이 고용되었을 때 상응하는 낮은 임금을 유지하고 실업상태가 되었을 때 지원의 형태로 최소임금을 다시 받는 것을 의미할 것이다. 그렇지만 또한 노동자계급이 투쟁을 심화시켜 자본가계급으로부터 추가적인 지원을 이끌어내고 그래서 사회보장의 도입을 노동자계급의 실제적 획득물, 자본주의적 생산방법의 결과를 특별한 영역에서 사실상 완화시키는 것일 수도 있다.9) 이러한 가능성이 존재하기 때문에, 그리고 단지 이러한 가능성 때문에, 노동자계급은 원칙적으로 사회보장의 도입을 지지하지만, 그러나 언제나 모든 개별 경우에서 가능한 한 대부분 자본가계급에게 유리할 수밖에 없는 부담의 그러한 분배를 위해 투쟁하게 된다.

　실제로 상태는 일반적으로 거의 언제나 사회보장비용의 일부는 노동자에게 부담이 되고 일부는 자본가에 의해 부담되는 방식으로 구성되는데, 자본가는 언제나 이러한 부담의 일부를 인구의 다른 층에게 전가하려고 시도하고 때로 성공을 거둔다. 우리는 사회보장의 역사를 개별적으로 고찰하면, 독일에서는 지난 80년 동안 사회보장비용의 상대적으로 많은 부분이 노동자에 의해 부담될 필요가 없었다는 사실을 발견하게 된다— 노동자계급이 강력한 위치에 있

---

9) 이에 대해서는 『레닌전집』 제17권 467쪽부터 참고.

었기 때문이다. 다른 측면에서는 금세기 20년대 프랑스에서와 같이 빈약한 사회보장으로 인한 부담이 거의 남김없이 노동자에게 부과되었다.

   그렇지만 어떤 경우에도 사회보장은 노동자계급의 절대적 궁핍화의 법칙을 변화시킬 수 없다. 사회보장은 절대적 궁핍화의 속도를 완화하는 데 도움을 줄 뿐이다; 그러나 절대적 궁핍화의 사실을 자본주의 세계로부터 없앨 수 없다. 사회보장은 상황에 따라 노동자계급의 개별 계층의 상태를 절대적으로 개선하기 위해 이용될 수 있지만, 그러나 전체 노동자계급의 상태를 임금법칙의 틀 내에서 절대적으로 개선할 수는 없다. 사회보장은 모든 상황에서 이전보다 더 강력하게 프롤레타리아 투쟁을, 사회주의 혁명을 위한 투쟁을 일으키기 위해 이용되어야 한다. 베벨Bebel이 "우리는 우리의 칼로 악마의 머리를 베어야 한다"고 말한 것을 헛되이 하지 말아야 할 것이다.

제 6 장

교육과 훈련

　자본주의의 초기시대, 후기 매뉴팩처나 초기 공장생산의 시대는 노동자의 교육수준을 급속히 저하시키는 데 기여했다. 매뉴팩처생산과 초기 공장생산의 급속한 성공의 비밀 중 하나는, 이것이 이전보다 숙련된 노동력 없이 혹은 적게 배운 단순노동자만으로 출발했다는 사실이었다. 마르크스는 이에 관해 이렇게 말한다. "그러므로 매뉴팩처는 그것이 장악할 수 있는 어떤 수공업 내에도 이른바 비숙련노동자라는 하나의 부류를 만들어 내는데, 이것은 수공업 경영에서는 엄격하게 배제된 것이었다. 매뉴팩처가 전체 노동능력을 희생시켜 철저하게 일면화된 전문성을 숙달의 경지에까지 발달시킨다면, 이것은 또한 모든 발달이 결여된 상태조차 하나의 전문성으로 만들기 시작한다. 등급제의 구분과 나란히 숙련노동자와 비숙련노동자의 단순한 구분이 나타난다. 후자에서는 교육수업의 이용이 전혀 불필요하고 전자에서는 기능이 단순화됨으로써 수공업자에 비해 수련비용이 감소한다. 두 경우 모두에서 노동력의 가치는 내려간다."1)

이러한 훈련수준의 저하 경향과 일반적이고 단순한 노동자 교육은 초기 산업자본주의의 시대에 관철되었으며, 결국 자본가는 정신적으로 허약한 사람을 노동자로서 더 선호하였고, 선생 역시 능력이 안 되는 학생들의 존재로 인해 거의 문맹이 되었다. 마르크스는 공정하게 퍼거슨Perguson의 언급을 인용한다: "무지는 그것이 미신의 어머니인 것처럼 공업의 어머니이기도 하다. 반성이나 상상력은 오류에 빠지기 쉽다. 그러나 손발을 움직이는 습관은 반성이나 상상력에 의존하지 않는다. 그러므로 매뉴팩처는 사람이 정신을 적게 쓸 때, 작업장이 인간을 그 부분품으로 하는 하나의 기계로서 간주될 수 있을 때 가장 번영한다."2) 그리고 여기에 마르크스는 이렇게 추가한다: "사실 18세기 중반에는 매뉴팩처 가운데 단순하기는 하지만 공장의 비밀로 되어 있는 특정 종류의 작업에 바보를 선호하는 곳도 있었다."3) 후에 일반적으로 바로 아동들 중 바보가 부분적으로는 생각이 없이, 또 부분적으로는 확실히 선호하여 고용되었다.

가르치는 사람 자체에 대해서도 스코틀랜드의 학교감독관은 이렇게 보고하였다: "우리가 방문한 최초의 학교는 앤 킬린Ann Killin 부인이라는 사람이 운영하고 있었다. 내가 그 여자의 이름 철자를

---

1) 칼 마르크스, 『자본』, 위의 책, 367쪽/『전집』제23권, 371쪽/ 강신준 번역판, 483쪽 참고.
2) 위의 책, 379쪽부터/『전집』제23권, 383쪽/ 강신준 번역판, 496쪽 참고.
3) 위의 책, 380쪽/『전집』제23권, 383쪽/ 강신준 번역판, 496쪽 참고.

물어보았는데, 이 여자는 철자를 틀리게 썼다. 그 여자는 철자를 C로 시작했지만 곧 바로 정정하여 자기 이름은 K로 시작된다고 말했다. 그러나 통학증명부의 서명을 보고 나는 이 여자가 이름의 철자를 여러 가지로 쓰고 있음을 알았으며, 필체를 보아서는 이 여자가 가르칠 능력이 없음은 조금도 의심할 여지가 없었다."[4]

이러한 상황은 노동자의 착취방법에서의 변화와 함께, 무엇보다 착취의 확장적(외연적) 수단에서 집중적(내포적) 수단으로 이행함으로써, 시간 당 생산성과 강도를 증가시킴으로써 변화했다. 이러한 생산 및 착취방법의 변화는 복잡한 기계의 적용으로만 실행될 수 있었다. 그러나 복잡한 기계의 적용은 높은 교육수준을 요구한다. 이러한 조건 하에서는 아동을 고용하는 것도 어렵게 되어, 더 나은 교육의 필요성이 제기되었을 뿐만 아니라 또한 기업주로 하여금 "훈련시간 대신 비싼 아동노동력을 희생하도록" 생각하게 만들었다.

그래서 우리는 19세기 후반에 일반적으로 교육제도의 점진적인 개선을 보게 된다. 일반 교육수준의 향상을 위해서 오랫동안 투쟁해온 학교개혁가는 거대 자본주의 나라들에서, 그들이 전임자들보다 더 똑똑해서가 아니라 당연히 강화된 계급투쟁의 토대 위에서 이제 자본가 자체도 어느 정도 높은 최소한의 교육에 대한 이해를 보였다는 아주 단순한 이유 때문에, 일을 실행하기 시작했다.

노동자계급의 전체 생활상태에 대한 상황과 정치적 상황의 이러한 변화가 갖는 의미는 충분히 높게 평가되어야 마땅하다. 왜냐하

---

4) 위의 책, 420쪽/『전집』 제23권, 423쪽/ 강신준 번역판, 542쪽 참고.

면 우선 이제 주목할 만한, 노동자층이 읽고 쓰는 상태에 놓이게 되고 이를 통해 노동자조직의 선동과 선전의 장을 열게 되었기 때문이다; 그래서 조직적 영역에서 본질적으로 용이해졌다. 물론 질서정연한 노조생활이 당연히 문맹 하에서도 일어날 수 있다; 하지만 교육수준이 어느 정도 높아지고 노동자가 단축된 노동시간의 결과로 노조집회에 참가하기 위해 더 많은 자유시간을 활용할 수 있다면 노조생활은 훨씬 쉽게 실행될 것이다.

생산도구의 지속적인 복잡화와 함께 시간이 지나면서 교육제도도 더욱 개선된다. 그러나 우리는 자본주의하에서 교육제도는 노동자를 위한 문화를 전반적으로 높게 만들자는 것이 아님을 결코 잊지 말아야 한다. 모든 이러한 노력은 언제나 생산과 착취의 요구와 밀접히 연관되어 있다. 따라서 노동자의 교육은, 국가적 측면에서 성공적이라면, 언제나 일면적이고, 언제나 생산관계를 통해 제한되고, 언제나 사회의 일반적 지식에서 보면 완전히 불충분하다. 사실상 노동자는 정치경제학의 일부로서 경영이론을 배우기가 어렵고, 전체적인 조망을 획득할 수 없고, 스스로 경영할 수 있는 능력을 교육에서 배울 수 없다고 말할 수 있다. 마찬가지로 아무리 교육수준이 높아지더라도, 노동자는 상대적으로 낮아지고, 절대적으로는 자신이 일하는 기업에서의 생산과정과 전체 경영과정을 조망할 수 없다. 그리고 독점자본주의의 지배 하에서는, 특히 자본주의의 일반적 위기의 시기에, 우리는 자주 일반적으로 절대적인 교육후퇴를 ― 많은 숙련노동자가 비숙련노동자로 해소되는 것과 함께 ― 다시 보게 된다.

매뉴팩처자본주의와 산업자본주의의 초기시대 이래 지배계급이 추구해온 노동자계급의 교육과 훈련에 관한 이론과 실천은 주로, 노동자에게 기업의 더 많은 조망보다는 더 적은 조망을 주려는 데 있었다. 자본가의 노동자계급에 대한 모든 교육양보는 더 높은 이윤에 대한 희망을 통해 생긴 것이고, 언제나 제한적이기 때문에 노동자계급은 문화수준의 실제적 고양을 이룰 수 없었다.

이것은 또한 오늘날에도, 20세기의 60년대 중반에도, 마찬가지이다. 노동자의 자식들이 높은 학교에서, 전문학교나 대학 등에서 오래 교육받으며 자라나고 있는 오늘날에도 마찬가지이다.

이것은 또한 노동자의 일부 계층이 기업에서 숙련된 기술자로 훈련받고 있는 오늘날에도 마찬가지이다.

언제나 자본의 이윤동기가 자본의 국가에서는 교육 및 훈련제도의 주요 동기이다.

노동자당, 특히 사회당 및 공산당의 성과가 강력하게 평가될수록, 마르크스주의 고전가들의 저술의 토대 위에서 자본주의 나라에서, 부르주아 과학자들보다 비교할 수 없을 정도로 훨씬 깊고 포괄적인 지식을 사회과학의 수준에서 가장 진보적인 노동자들에게 전해줄 수 있을 것이다.

제 7 장

자본주의와 노동조합의 과제

『임금, 가격과 이윤』이라는 제목의 저술의 마지막 문장에서 마르크스는 자본주의 사회에서 노동조합의 과제를 다루었다. 마르크스는 우선 "자본주의 생산의 일반적 경향은 평균적인 임금수준을 올리지 않고 오히려 내리게 된다"라고 주장한 후에, 다음과 같이 언급한다. "노동조합은 자본의 침략에 대한 저항의 중심지로서 훌륭한 역할을 한다. 부분적으로, 노동조합은 자신의 힘을 무분별하게 사용한다면 실패한다. 일반적으로 노동조합은 기존 제도가 만들어낸 결과를 반대하는 유격전에만 자신을 국한하고 이와 동시에 기존 제도가 변화하도록 노력하지 않는다면, 자신의 조직된 힘을 노동자계급의 궁극적 해방을 위한, 말하자면 임금제도의 궁극적 철폐를 위한 지렛대로 사용하지 않는다면, 실패할 것이다."[1)]

---

1) 칼 마르크스,『전집』제16권, 152쪽/ 박종철출판사, 선집 제3권, 118쪽 참고.

이러한 짧은 문장은 오늘날까지 타당한 형태 속에서 자본주의 사회에서의 노동조합의 주요 과제를 개괄하고, 동시에 커다란 위험 앞에 경고하고 있다.

전체적으로 노동조합은 서로 다른 성격의 두 가지 주요 과제를 마주하고 있다. 하나는 자본주의하에서 노동자의 상태를 자본주의 생산의 법칙에 따라 가능한 한 유리하게 구성하는 것이다. 두 번째는 모든 노력을 다해 자본주의 체제의 타파를 위해 투쟁하는 것이다. 첫 번째 과제가 소홀히 되면, 두 번째 과제는 충족될 수 없다. 왜냐하면 노동자가 노동조합에 대한 신뢰를 가질 수 없다는 이유로 노동조합은 성장할 수 없기 때문이다. 이것은 아주 중요한, 옆에 놓인 과제이기 때문이다. 하지만 노동조합이 오직 첫 번째 과제에만 집중한다면, 노동자층 내부에 환상을 만드는 반면, 노동조합은 실제로 영구적인 방어에 빠지는 일종의 시지프스 노동에만 매달리게 된다; 노동조합은 자신의 목표를 잃어버리게 된다.

우리는 노동조합의 첫 번째 과제를 그 내용에 따라 특징지을 수 있다: 모든 수단을 다해 노동자계급의 절대적 궁핍화의 속도를 가장 적은 가능성으로 줄이는 것이다. 이것을 이루기 위해서는 상황이 사실상 허락하는 모든 곳에서 더 높은 임금을 위해, 더 단축된 노동시간을 위해, 노동고통의 완화를 위해, 더 나은 위생관계를 위해, 더 효과적인 노동보호조치를 위해, 사회보장의 확대를 위해, 간단히 말해 모든 가능한 부분영역에서, 가령 직장에서 수건과 화장지의 제공에서부터 일반적 임금상승과 실업보험의 도입에 이르기까지 노동자상태의 크고 작은 모든 개선을 위해 투쟁하는 것이 필요하다. 여기서 조직된 노동자는 당연히 곧 바로 자본가와 자본가에 의해 이용되는 국가기구의 이데올로기적, 물질적 저항에 부딪히게 된다.

산업예비군의 문제를 언급하면서 마르크스는 노동조합의 이러한 투쟁을 다음과 같이 묘사한다: "그러므로 노동자가 자신이 더 많이 생산하고 타인의 부를 더 많이 생산하며, 자신의 노동생산성을 증대시킴에 따라 자신에게는 자본의 가치증식수단으로서의 자신의 기능마저 점점 불안정하게 되는 것은 도대체 무엇 때문인가 하는 비밀을 알게 되자마자, 그리고 노동자가 자신들 사이의 경쟁의 강도가 전적으로 상대적 과잉인구의 압력에 의해서 좌우된다는 사실을 발견하자마자, 따라서 노동자가 노동조합 등에 의해서 취업자와 실업자의 계획적 협력을 조직하여 저 자본주의적 생산의 자연법칙이 그들 계급에게 주는 파멸적인 결과를 분쇄하거나 약화시키려고 시도하자마자, 자본과 그 추종자인 경제학자는 이것을 '영원한' 이른바 '신성한' 수요-공급법칙에 대한 침해라고 규탄하게 된다. 말하자면 취업자와 실업자 사이의 모든 단결은 저 법칙의 '순수한' 작용을 교란시킨다는 것이다."[2]

마르크스주의 이론과 부르주아 이론 사이의 차이는, 부르주아 정치경제학이 예를 들어 실업이나 산업예비군의 교육을 충족되어야 하는 자본주의의 법칙성으로 보는 반면, 마르크스주의 이론은 노동조합의 일상투쟁을 통해 이러한 법칙성을 "뒤집을" 수 있다고 보는 데 있지 않다. 아주 정반대로 양자는 법칙적 현상을 다루는 데서 자주 하나가 된다. 그리고 후에 한쪽 학파가 아직 필요한 법칙을

---

[2] 칼 마르크스,『자본』, 위의 책, 674쪽부터/『전집』제23권, 669-670쪽/ 강신준 번역판, 870쪽 참고.

다루지 않았다고 생각한다면, 이것은 부르주아 정치경제학자들이다. 오히려 여기서 문제가 되는 것은 부르주아 정치경제학자가 자본주의 생산관계의 보호를 위해 설명하는 것으로, 이것은 전복될 수 없을 뿐만 아니라 어떤 상황 하에서도 투쟁해야 하는 법칙과 관련된다. 왜냐하면 이러한 법칙에 대한 투쟁이 사회에 대한 투쟁이 되고 따라서 모든 진보에 대한 투쟁으로 이끌기 때문이다. 그러나 마르크스주의자는 과학적으로 기초된 실재의 인식을 해명하고, 그래서 노동조합의 일상투쟁을 통해 자본주의 내부의 법칙의 영향이 완화될 수 있고, 또한 자본주의를 폐지함으로써 이러한 법칙 역시 없어지고, 노동운동이 부르주아-자본주의 사회의 폐지와 사회주의 사회의 수립이라는 자신의 전략적 목표를 달성함으로써 비로소 전체 인민의 이해에서의 실제적으로 거대한 진보로 가는 길을 자유롭게 만들었다고 서술하려고 한다.

그리고 실업을 줄이는 투쟁이나 실업의 끔찍한 영향으로 인한 임금인하에 반대하는 투쟁과 같이, 이것은 노동자상태를 규정하는 다른 모든 영역에 대해서도 마찬가지이다. 노동조합은 모든 영역에서 성공적인 투쟁을 이끌 가능성을 가지고 있다— 노동조합의 영향력이 없이는 노동자의 상태가 훨씬 더 열악해진다는 의미에서 성공적인, 노동조합이 이끄는 격렬한 일상투쟁과 관련한 경우에서 성공적인.

따라서 노동조합의 투쟁에서 아주 특별한 역할을 수행하는 두 단계가 있다.

우리가 이미 한 번 인용했듯이,3) 마르크스는 산업예비군이 특별히 커지기 때문에 노동자의 위치가 특별히 약해지는 공황기에 기업주는 노동자에게 노동력의 가치 훨씬 이하로 지불한다는 사실을 지적했다. 따라서 마르크스는 노동자의 위치가 좋아지고 동시에 모든 상황에서 상대적·절대적으로 노동자가 부족해지는 호경기 동안 노동자는 모든 수단을 다해 자신의 노동력의 가치 이상으로 지불받도록 추구해야 한다고 가르쳤다. 그리고 여기서 당연히 노동조합의 활동이 커다란 의미를 가진다. 이러한 순환의 국면에서 노동자에게는, 순환의 주기에서 노동자의 궁핍화가 매우 커지는 것을 가능한 한 줄이고 제한하기 위해, 모든 힘을 다해 가능한 한 공격적인 투쟁으로 이끄는 것이 단지 만회해야 하는 모든 것을 만회할 수 있는 것이다.

그렇다, 가능한 한 높은 임금, 호경기의 국면에서 노동력의 가치 이상으로 지불받는 임금을 위한 노동조합의 이러한 투쟁은 근본적인 중요성을 가지며, 그래서 우리는 다음과 같이 말할 수 있다. 그런 투쟁이 없으면 마르크스가 정식화했듯이 임금법칙은 전혀 관철될 수 없다. 노동조합의 이러한 투쟁은 임금법칙의 통합된 부분이다. 이에 관해 엥겔스는 이렇게 정식화했다. "임금법칙은 노동조합의 투쟁을 통해서도 침해되지 않는다; 반대로 노동조합의 투쟁은 임금법칙을 완전히 타당하게 만든다. 노동조합의 저항의 수단이 없다면 노동자는 임금체계의 규정에 대해 그가 서 있는 모든 것을 전혀 유지할 수 없다."[4] 그리고 로자 룩셈부르크도 이렇게 썼다. "노동조합을 통해서 비로소 상품으로서 노동력이 그 가치대로 판매될

---

3) 칼 마르크스, 『임금, 가격과 이윤』 제13장 참고.

4) 프리드리히 엥겔스, 『임금체계』; 『경제저작집』에서 인용, 위의 책, 422쪽.

수 있게 되었다... 자본가가 노동력을 구매하려는 체계적인 헐값은 노동조합의 행동 덕분에 다소간 현실적 가격으로 올라간 것이다."5)

여기서 우리는 "물질적 폭력이 이론이" 된다고 말할 수 있다; 즉 투쟁이 없이는 이론은 그 타당성을 잃는다는 것이다; 노동조합의 투쟁이라는 사실과 관련하여 비로소 임금이론의 수립을 가능하게 만들었다.

노동조합이 특별히 중요한 역할을 수행하는 두 번째 국면은 자본주의로부터 다른 사회로 이행하는 이행기의 국면이다. 우리는 초기 산업자본주의의 이행의 역사, 즉 주로 확장적인 생산과 착취의 단계에서 노동강도를 증가시키기 위해 노동시간을 단축하고 실질임금이 올라가는 다음 단계로 이행하는 역사를 연구해보면, 우리가 프랑스적 형태와 독일적 형태라고 부를 수 있는 두 가지 형태의 이행을 발견한다. 프랑스적 이행은 아래로부터의 혁명에 있고, 독일적 이행은 위로부터의 혁명에 있다. 프랑스적 이행은 독일적 이행에 비해 반 세대 앞선다. 1848년의 독일혁명이 프랑스혁명의 성공을 최소한으로 이루었지만, 두 혁명은 동일한 시대에 들어갈 수 있다. 프랑스혁명, 프랑스에서 노동자의 행동은 이행을 가속화했고, 따라서 프랑스의 노동자층은 특별히 끔찍한 형태의 착취를 면하지는 못했지만 그러나 짧은 시간으로 제한했다. 그래서 프랑스의 노동자계급은 동시에 정치적 성숙함을 획득하기 위한 길에서 독일 노

---

5) R. Luxemburg, 위의 책, 722쪽. 또한 엥겔스와 룩셈부르크의 언급은, 정치적·경제적 투쟁을 통해 노동자상태의 절대적 궁핍을 절대적 개선으로 바꿀 수 있다는 견해를 마르크스주의의 고전가들이 갖고 있었다고 주장하는 것이 얼마나 잘못된 것인가를 보여준다.

동자계급보다 훨씬 용이하게 되었다. 왜냐하면 초기 산업자본주의의 생산 및 착취형태로부터 성숙한 자본주의로의 이행은 동시에 일반적으로 노동조합 조직, 노동자연합의 조직, 그들 목표의 선동과 선전에서 거대한 완화책을 의미했기 때문이다. 자본주의의 두 번째 단계에서 이루어진 노동시간의 단축과 물론 일정한 한계 내에서지만 교육수준의 전반적 향상은 정치적·조직적 영역에서 노동자계급을 위한 강력한 도움이 되었다.

이 이행기의 시대에 단축된 노동일과 증가된 실질임금을 강제하는 투쟁에서는 이미, 일상투쟁의 범위를 넘어서는 그리고 당연히 예를 들어 노동시간단축을 둘러싼 투쟁과 같은 일상투쟁과 아주 밀접하게 결합된 노동조합의 과제설정이 문제가 되었다. 여기서 중요한 것은 자본주의 발전에서 한 단계의 마지막 국면의 고통을 끝내는 과제이다. 이것은 프랑스 노동자계급에게는 1848년의 혁명에서 이루어졌다. 이것이 독일 노동자계급에게는 같은 시대에 이루어지지 못했다. 그리고 독일의 노동자계급은 1848년의 혁명에서 어떤 물질적 성공도 얻지 못했고 그 후에도 조직적으로 약했기 때문에, 거대한 노동조합적 투쟁을 이끌 수 없었으며, 독일에서 산업자본주의의 한 단계에서 다른 단계로의 이행은 대부분의 다른 나라보다 더 오래 걸렸다; 독일의 노동자는 매일 더 끊임없이 노동해야 했고, 그들의 실질임금은 더 내려갔으며, 정치조직을 위한 전제는 이전과 같이 불리했다. 산업자본주의의 첫 번째 단계의 이러한 고통상태는, 기업주가 우선 무엇보다 경제적 법칙성의 강제 하에서— 자본주의 생산조건의 발전은 어떤 상황에서도 기업주로 하여금 또 다른 생산 및 착취방법으로 이행하도록 점차 강제한다고 마르크스는 이미 말했다— 천천히 그리고 노동자계급의 심각한 희생 속에서 그리고 1857년 공황의 결과 속에서 비로소 산업자본주의의 새로운 생산 및 착취방법으로의 이행을 발견하기까지 오래도록 진행되었다.

마침내, 그리고 대단히 중요한 것인데, 그리고 이 장 도입부에서 인용했던 문장에서 마르크스가 의미했듯이, 노동조합의 과제는 자본주의의 한 단계의 이행에서의 고통을 끝내는 것일 뿐만 아니라 자본주의체제 일반에 대한 마지막 투쟁을 이끄는 것이다. 여기서 중요한 것은 노동자상태의 지속적인 개선을 의미하는 생산관계의 창조를 위해 궁핍 일반을 폐지하는 근본적인 과제이다. 이것은 노동조합의 가장 높은 사회적 과제이다. 그리고 이 과제는 자본주의체제 내에서는 해결될 수 없고 이 체제 자체의 전복을 통해서만— 그리고 몰락해가는, 사멸해가는 자본주의의 관계에서는 오직 노동자계급의 정당의 지도에 의해서만— 이루어질 수 있다.

그러나 자본주의체제 내에서 노동조합은 체제의 극복을 통해 충족할 수 있는 거대한 과제를 이루는 데로 노동자를 이끌어가야 한다. 그리고 이 거대한 과제는 노동조합의 일상과제에 대해 비로소 깊은 의미를 제공한다. 이러한 거대한 과제 없이는 일상투쟁은, 그 성공이 단지 기본적으로 최소한의 실패에 불과할 수 있는 끊임없는, 힘겨운 작업이다. 왜냐하면 노동조합은 일상투쟁에서는 그 투쟁을 통해 궁핍화의 속도를 줄이는 것 이상을 할 수 없기 때문이다. 그러나 우리가 일상투쟁에서 자본주의 폐지라는 거대한 목표를 설정한다면, 일상투쟁은 전혀 다른 모습으로 나타난다; 즉 오늘은 생활을 가능한 한 덜 인내할 수 없는 모습으로 구성해야 하지만 내일은 자본주의에 대한 궁극적 승리가 향상된 복지와 함께 사회를 실제로 새롭게 구성할 수 있도록 해주는 투쟁으로서, 동시에 노동자 계급이 더욱 발전된 투쟁을 배우고 그래서 그 자신과 일반적 상황이 최종적인 거대한 투쟁을 위해 성숙하게 되는 위대한 전투를 위한 예비투쟁으로 작용하는 투쟁으로서. 그리고 노동자가 일상투쟁을 통해 자본주의체제와의 마지막 전투를 위해 더 발전된 투쟁으로 나아가듯이, 상황 역시 바로 일상투쟁을 통해, 자본가에 대한 일상투쟁의 과정에서 더 어렵게 된 상태를 통해, 권력을 둘러싼 마지막 투쟁을 위해, 자본주의체제의 극복을 위한 마지막투쟁을 위해 더 성숙하고 더 유리해진다.

그래서 노동조합 스스로가 자신이 갖고 있는 중요한 전략적 과제인 거대한 목표를 인식하지 못하면, 일상투쟁과 자본주의체제 극복의 과제 사이의 인위적인 구분이 실행될 수밖에 없게 된다. 그러한 오해가 있다면, 그러한 혼란이 있다면, 그러한 인위적인 구분이 있게 된다— 그러면 일상의 압력 하에서 일상투쟁에 집중하는 위험이 있게 된다. 그러면 또한 일상투쟁의 궁극적인 소모성(비생산성)을 감추기 위한 기회주의 이론이 발전할 위험성이 나타난다. 그러면 일상투쟁과 "혁명 없이" 자본주의체제를 점진적으로 변화시키려는 점진주의의 이론이 형성된다. 그러면 또한 정치투쟁 없이 경제적 요구에 한정하는, 우리가 경제주의라고 부르는 것이 형성된다. 그러면 정당을 통한 지도를 부정하는 "오직-노동조합의 권위만"이라는 관념도 형성된다.

노동조합이 자신 앞에 서 있는 거대한 과제를 인식하고 이해할 때만, 노동자의 상태를 더욱 악화시키려고 하는 기업주의 시도에 대한 일상투쟁은 권력을 둘러싼 투쟁에 대한 준비와 함께 결합되고 자신의 기능을 충족할 수 있다. 그래서 레닌 역시 1906년 통합당대회를 위한 볼셰비키의 결정에서 당과 노동조합의 관계에 관해 이렇게 설명한다: "당은 노동조합에 속한 노동자로 하여금 계급투쟁을 위한 발전된 이해와 프롤레타리아의 사회주의 과제의 정신 속에서 교육되도록 모든 방법에서 힘써야 한다."[6]

그러면 노동조합은 그들이 이끄는 일상투쟁의 위대한 의미를 인류역사에서 새로운 장을 준비하는 마지막 투쟁을 위한 길잡이로서 인식할 것이다. 세계역사의 두 번째, 행복한 장은 평화와 자유 속에서 향상된 복리와 관련된 장이 될 것이다.

---

[6] 레닌, 『전집』 제10권, 베를린, 1958, 153쪽.

제 8 장

절대적 궁핍화에 관한 마르크스주의 이론의 새로운 역사를 위하여

우리는 마르크스와 엥겔스 그리고 레닌의 노동자계급의 절대적 궁핍화에 관한 완전히 통일된 이론이 있음을 살펴보았다. 우리는 레닌의 인용에서— 1956년 이전에는 1912년의 "프라우다-기고문"에서, 1956년 이후에는 1919년의 당강령에서— "양식변화"가 의미 없음을 보았다. 왜냐하면 레닌이 관철되는 경향으로서 절대적 궁핍화의 문제에서 1919년에도 1912년과 정확히 동일하게 말했기 때문이다.

또한 레닌의 죽음 이후에도 절대적 궁핍화의 이론은 마르크스주의자들에 의해서 일반적으로 마르크스와 엥겔스 그리고 레닌의 인식의 토대 위에서 서술되었다.

당연히 예를 들어 실질임금의 상승을 부정하려는 "좌파"가 항상 있게 마련이다. 우리는 다른 한편으로 라피두스Lapidus와 오스트로 비티아노프Ostrovityanov의 정치경제학 교과서에서 절대적 궁핍화를 제국주의에서 비로소 시작하려는 주목할 만한 사실을 발견한다. 우리는 절대적 궁핍화에 관한 세갈Segal의 유명한 논문에서1), 물질적 궁핍화와 사회적 궁핍화를 구별해야 한다는 1899년의 카우츠키Kautsky의 이해에 대한 불필요한 논박을 발견한다. 그러나 전체적으로 우리는 마르크스주의 과학적 저술에서는, 마르크스와 엥겔스 그리고 레닌이 발전시킨 이론에 상응하는, 통일된 이해를 대표하고 있다고 말할 수 있다.

그렇지만 세갈의 논문을 이 시대에도 귀속시키는 것은 아마 올바르지 않을 것이다. 우리는 그를 이미 따라야 하는 전형으로서 간주할 수밖에 없지 않았던가? 원시적 독단주의를 통한 일련의 마르크스와 엥겔스 그리고 레닌의 이론의 개악과 속류화의 특징적인 시작이라는 의미에서 전형적으로.

세갈은 이렇게 서술했다:

"카우츠키가 아직 '정통 마르크스주의자'였을 때, 그는 이미 마르크스의 궁핍화이론을 사회적 궁핍화와 물질적 궁핍화 사이의 인위적인 대립으로 나누면서 비판하였다. 명목적으로 프롤레타리아는 단지 사회적으로 궁핍화될 수밖에 없지만 그러나 물질적으로는 그렇게 떨어지지 않는다는 것이다. 카우츠키는 사회적 궁핍화를 물질적 궁핍화에 대립시키면서 궁핍화를 비물질적 과정으로 전화시켰다.

카우츠키는 계급투쟁의 물질적 토대를 관념적·윤리적 토대를 통

---

1) 『마르크스주의의 깃발 아래』, 제7차년도, 모스크바-레닌그라드, 1933, 제3권.

해 대체했다. 이제 사회파시스트Sozialfaschist가 된 카우츠키의 '윤리적 사회주의'는 따라서 이미 자신의 '반 베른슈타인주의Anti-Bernsteinismus'의 시대에도 핵심에 존재하고 있었다."2)

이것은 후기 카우츠키의 태도와 관련하여 1899년의 카우츠키를 선동적, 비과학적으로 비방하려는 것일 뿐이다— 여기서 세갈은 레닌이 1899년에 카우츠키를 인용하면서 동일한 구분(혹은 대립설정)을 했다는 사실을 분명히 모를 것이다.

이러한 구분은 보통 정당화될 뿐만 아니라 우리는 또한 이렇게 주장해야 한다: 궁핍화이론(무지, 잔인성, 도덕적 타락)으로부터 모든 비물질적 요소를 배제함으로써, 사회적(!) 전체사회적·역사적·도덕적 요소를 무시함으로써, 절대적 궁핍화의 이론이 다음 시기에는 끔찍한 방식으로 속류화되거나 오류화된다.

절대적 궁핍화이론의 이러한 속류화와 일면화가 후속 시기의 마르크스주의 과학에서 특징적인 것으로 되었다.

그러나— 그리고 이것은 마찬가지로 분명하게 그리고 날카롭게 지적되어야 한다— 이러한 일면화는 1914-1954년간의 평균에서 프롤레타리아의 물질적 상태가 1894-1914년간의 평균보다 물질적으로(!) 더 악화되었다는 것을 아무도 반박하지 못하는 한, 사실을 뒷받침했다. 수십 년 간의 사실에 기초한 이러한 일면화는, 현실이 변했고 자본주의 나라의 모든 노동자가 얼마나 많은 마르크스주의 과학자들이 부정확하게 관계를 서술하는지 알 수 있었을 때, 1954년 이후의 직접적 일상의 선동과 선전에서 끔찍한 결과를 초래하였다.

---

2) 위의 책, 224쪽.

이러한 일면화는 노동자계급의 적에게 마르크스주의와 사회주의 그리고 소비에트과학을 비난하는 그들의 반동적 과제를 아주 쉽게 만들도록 도움을 주는 데 큰 역할을 했다. 이러한 일면화는, 가장 일면화된 형태로 가장 단순하게 압축된 형태로 서술되고 가르쳤기 때문에, 마르크스와 엥겔스 그리고 레닌이 발전시킨 절대적 궁핍화의 이론이 잘못된 것으로서 취급받는 데 기여했다.

1954년까지 궁핍화이론에 대해서는 원시적인 일면화의 사례만이 존재했는데, 내가 출간한 『노동자상태의 역사』(1946/48)의 독일어 초판에 대한 서평조차 그랬다. 먼저 비평자 나우만R. Naumann은 이렇게 주장하였다.3)

"그 원인이 이러한 객관적 어려움을 가진, 많은 어려움 이외에도 쿠친스키의 저작은 또한 심각한 문제를 나타내고 있다. 즉 쿠친스키는 마르크스주의의 토대에 일관되게 서 있지 못했고, 그래서 변증법적 유물론과 역사적 유물론의 무기를 날카롭게 적용하지 못했다. 주어진 과제의 해결에 대한 그의 접근은 언제나 올바른 것은 아니다; 종종 그는 부르주아 통계를 잘못 인용하고 있다; 그의 분석과 결론은 충분히 다듬어지지 않았기 때문에, 설정된 과제와 그 해결 사이에 일정한 오류가 나타나고 있다.

쿠친스키가 설정한 과제를 결과와 비교하면 이러한 오류는 즉각 나타난다.

노동자계급의 절대적·상대적 궁핍화에 대한 일관된 마르크스주의 서술은 다음과 같이 되어야 한다; 즉 프롤레타리아의 절대적·

---

3) Einheit(통일) 제6차년도, 베를린, 1951, 제19권, 11월호.

상대적 궁핍화는 자본주의 세계의 모든 나라에서 증가하고, 이것은 더욱 급속히 진행되고, 자본주의의 역사적 발전과정에서 자본주의 발전의 이러한 기본법칙의 새로운 현상형태가 나타나고, 확대된 궁핍화과정의 결과 계급투쟁이 더욱 격화되고, 마침내 자본주의가 최종적으로 전복될 수밖에 없다."

비평자의 접근의 전체 양식에는, 마지막 문장에 들어 있듯이, 완전히 비과학적인 명령이 특징적이다. 서술이 "일관되게 마르크스주의적"이라면, "자본주의 세계의 모든 나라에서" "절대적 궁핍화는 급속히 진행될" 것이라는 식이다.

당연히 명령과 이러한 명령의 목적은 마르크스주의와 전혀 관계가 없다. 당연히 현실을 연구하고, 사회생활의 법칙이 관통하는 한 이 법칙이 어디서 수정되고 "반대법칙"을 통해 어떻게 그 관철을 방해하는지 언제나 검증하는 것이 과학자의 과제이다(그래서 나는 1933년 이후 "독단주의의 시절"에도 언제나 그렇게 하려고 노력했다).

그리고 나서 나우만은 특별히 미국에서의 발전을 구체적으로 다룬다. 우선 내가 산업생산의 상승으로 본 것에 대해 화를 낸다. 이것은 허용할 수 없다. 쿠친스키의 심각한 오류는 여기서 다음과 같다는 것이다: "그는 전쟁만이 미국을 일시적인 산업적 호황을 가능하게 만들었다고 설명하지 않는다."

그러나 쿠친스키는 실재가 모순적이고 불합리한 것을, 또 이론적으로 레닌에 의해 트로츠키의 경제적 붕괴이론에 대한 투쟁에서 반박된 것을 보여주지 못했을 뿐만이 아니다— 쿠친스키는 통계로부터 아무것도 이해하지 못했다는 것이다. "『미국의 노동자상태의 역사』에서는 미국의 산업발전이 자본주의의 일반적 위기의 조건 하에서 모든 유보에도 불구하고 아주 적극적으로 서술되었다. 213쪽에는 공장산업과 광산의 생산이 1922년에서 1931년의 경기순환 동안 약 21% 증가했고 1931년에서 1941년까지의 경기순환 동안에는 약 20% 증가하여, 모두 45.2% 증가했다고 서술되어 있다. 쿠친스키는 더욱이 ... '독점자본주의의 시기에 생산의 증가가 쇠퇴한다'(제3권, 213쪽)고 단서를 달고, 자본주의의 몰락을 위한 표현을 거기서 본다. 그러나 쿠친스키가 2쪽 전에(211쪽) 기술한 개별 연도의 산업생산에 관한 수치는 그의 설명과 모순되며, 1920년에서 1941년까지의 산업생산의 증가가 위의 수치에서 나타난 것처럼 크지 않음을 보여준다. 산업생산의 가치는 1919년 60,054에서 1929년 68,178백만 달러로 증가했고, 1929년에서 1937년까지 산업 전체생산의 가치는 다시 60,713으로 떨어져, 1937년의 산업생산은 1919년 산업생산의 수준으로 나타난다."

가치수치는 가격운동의 영향 하에서 물량수치와는 다르게 진행된다는 사실을 자본주의 생산의 정체에 관한 이 "전문가"는 명백히 모르는 것이다.

그러나 왜 어떤 경우에도 미국의 생산이 증가하면 안 되는가? 다음 문장에서 단순한 이유를 알 수 있다: "1차세계대전 이후 미국 자본주의의 어려운 상태는 착취의 엄청난 증가와 노동자계급 상태의 상당한 악화로 귀결되었다는 것은 분명하다."

그리고 직접 관련하여 다음과 같은 "오류"가 이어진다:

"쿠친스키는 양차 세계대전 사이의 시기에 미국에서 노동자의 실질임금이 계속 개선되었다는 놀랍고도 심각한 오류의 결론을 이끌어냈다. 그는 미국에서 실질임금이 1915년에서 1921년에 비해

1922년에서 1933년에는 약 17%, 1922년에서 1933년에 비해 1933년에서 1941년에는 약 25%, 즉 합쳐 42%나 증가했다고 설명하면서 이렇게 덧붙인다: '미국에서 우리는 40년대까지 실질임금의 지속적이고 안정된 상승을 발견한다…'(제7권, 258쪽).

이러한 잘못된 결론의 원인은 불충분한 분석을 내포한 부르주아 통계에 대한 지나친 믿음에 있다."

다시 말해: 실질임금은 내 계산에 의하면 올라갔다— 더욱이 지속적으로. 마지막 주장은 내가 제시한 사실 및 결론과 일치되지 않는다. 왜냐하면 실질임금이 개별 연도에는, 특히 전쟁 동안에는 내려갔고 더욱이 매우 크게 내려갔다고 나는 보여주었기 때문이다.

그러나 사람들은 이의를 제기한다: 쿠친스키 역시 나우만과 같이 "40년대까지 지속적이고 안정된 상승"에 관해 말하고, 나우만은 이 문장이 들어 있는 책과 쪽수를 정확히 인용하고 있다. 그러나 이 문장은 나우만이 앞에서 인용한 미국에 관한 책이 아니라 『이론』에 관한 책에 나오며, 내가 백 년 이상의 경기순환평균을 위해 제시한 통계표와 관련된다.

당연히 사람들은 1915-1941년에 대한 그들의 통계를 1800년 이후 시기에 대한 그들의 결론과 비교하고 순환평균과 연도별 통계가 마치 일치하는 것처럼 관련짓는다면, 쉽게 과학자들에 맞서 싸울 수 있다.

그러나 "절대적 궁핍화의 이론에 대한 증명"으로서 낮아진 실질임금의 호전적인 전위투사는 계속 다음과 같이 주장한다:

"소련의 경제학자 구차이트Gutzait는 쿠친스키의 저작에 대한 비평에서, 미국노동자의 실질임금이 1921년에서 1929년의 순환기 동안 평균적으로 1920년의 98.5%에 불과하고 1930년에서 1937년의 순환기에는 더욱이 1920년의 81%로 내려갔음을 증명하였다. 즉 쿠친스키가 주장한 42%의 상승이 아니었다. 소련의 경제학자 폴치코프Poltschikow는 미국 노동자의 실질임금이 1929년에서 1938년까지 최소한 25% 정도나 내려갔다고 증명하였다.

쿠친스키는 또한 미국 노동자의 실질임금이 세계대전 동안 증가했고 1944년에는 1939년의 수준보다 34%나 증가했다고 주장하는 오류를 범했다(제3권, 344쪽). 사실상 부르주아 통계의 미화된 수치조차 명목임금이 약 20% 정도만 상승했다고 제시하는 반면, 생계비용은 43%나 상승했다고 하니, 실제로 실질임금의 하락은 분명한 것이다(『경제학의 문제』, 제7권, 1949, 121쪽).

또 2차세계대전 이후 미국 노동자의 생활수준은 높아지지 않았고 오히려 2차세계대전 이전보다 낮아졌다."

당연히 사람들은 다른 과학자에 반대하여 한 과학자를 인용할 수 있다. 그러나 다른 과학자에 반대하여 한 과학자가 올바르다고 증명하는 것은, 다른 사람의 당연성에 대해 또 한 사람의 당연성으로 대체하는 것만으로는 불충분하다. 우리는 신중하게 다양한 통계를 검토해야 한다.

이것은 보통 역사에서 그 동안 이루어져 온 것이고, 소련 과학아카데미 경제연구소에서 펴낸 『정치경제학 교과서』도 제3판에서 내가 제시한 실질임금통계를 인용하였다.

그러한 비과학적인 비판은 이 시대에도 때로, 실제로 마르크스주의 과학자가 말하는 것을 원시적인 오류로 만드는 것과 결합되기도 한다. 그래서 예를 들어 나우만은 다른 인용문에서도:

"노동강도는 실질임금에 대해 큰 의미를 가진다. 제국주의와 자본주의의 일반적 위기의 시대에는 증가된 범위에서 새로운, 잔인한 착취의 증가방법이 적용된다. 여기에는 무엇보다 엄청난 노동강도를 가져오는 테일러-시스템이 포함된다. 레닌은 테일러-시스템을 노동자의 피와 땀을 짜내는 '과학적인' 체계로서 특징지었다. '9시간에서 10시간 동안 노동자로부터 세 배나 많은 노동을 짜내고, 노동자의 모든 힘은 무자비하게 소모되고, 세 배나 빨라진 속도로 노동자의 모든 땀방울까지 신경에너지와 근육에너지를 착취한다… 노동자로부터 모든 힘을 빨아내고 그리고는 쫓아낸다. 젊고 힘이 있는 사람으로 대체된다'(레닌, 『전집』 러시아판 제18권, 556/57쪽).

쿠친스키는 테일러-시스템을 통한 노동자에 대한 무자비한 착취를 보여주지 못하고, 테일러-시스템을 부르주아 경제학자와 마찬가지로 '생산과정의 개선된 조직으로서… 거대한 조직론적 진보를 가져온' 것으로서 간주한다"(제3권, 261쪽).

그러면 쿠친스키는 과연 실제로 어떻게 말했는가?

"20세기는 착취의 기술에서 새로운 요인을 가져왔다. 시간 당 생산성은 세 가지 방식으로 증가될 수 있었다:

1. 새로운 기계의 도입을 통해서;
2. 생산과정의 개선된 조직을 통해서;
3. 노동강도의 증가를 통해서.

첫 번째 방법은 노동강도가 반드시 증가될 필요 없이 노동자 당 생산성의 향상을 의미한다. 이것은 두 번째 방법에 대해서도 동일하다. 세 번째 방법은 당연히 시간 당 노동자로부터 더 많은 것을 뽑아내는 것을 의미한다.

첫 번째 방법은 19세기 후반에 특히 많이 이용되었으며, 더욱이 언제나 세 번째 방법과 결합되었다. 다시 말해 개선된 기계의 도입은 거의 언제나 노동강도의 증가와 결합되었다. 두 번째 방법은 20세기에 '테일러-시스템'의 도입과 함께 거대한 규모로 이용되었고 급속히 보급되었다. 오늘날 이것은 미국에서는 '과학적 경영관리'라는 이름으로 알려져 있다. 두 번째 방법은 거대한 조직적 진보를 가져왔지만, 그러나 언제나 자본주의하에서는 세 번째 방법과 결합되었고 전 세계의 노동자들로부터 원성을 사고 있다. 레닌은 이것을 '노동자의 피와 땀을 짜내는 <과학적> 체계라고 불렀다'."

나는 나우만이 주장한 것과 정확히 정반대의 의미에서 말했다. 우리는 마르크스주의 과학을 그런 상황에서 발전시키는 것이 마르크스주의 과학자에게 쉽지 않음을 고려해야 한다.

또한 우리는 소련공산당 제20차 당대회(1956년)의 상황 하에서 과학적 작업규범의 회복을 위한 첫 번째 진전으로서 어떤 의미를 가지는지 고려할 수 있다. 제20차 당대회의 2년 전과 2년 후인 1954년에서 1958년까지의 변화과정만을 여기서 예시해보자. 방금 위에서 인용한 교과서의 초판에는 절대적 궁핍화에 관한 부분에 이렇게 되어 있었다: "프롤레타리아의 절대적 궁핍화는 실질임금이 떨어진다는 사실에서 보인다. 이미 서술했듯이, 대중에게 필요한 재화 가격의 체계적인 상승을 통해, 임대료의 상승을 통해, 세금부담의 상승을 통해 실질임금은 계속 줄어든다. 20세기에 영국과 미국, 프랑스와 이탈리아, 그리고 여타 자본주의 나라의 노동자의 실질임금은 19세기 중엽보다 낮은 수준에 있다."4)

교과서 제3판의 같은 부분에서 우리는 다음과 같이 읽게 된다:

"자본주의의 현실을 미화하기 위해 부르주아 경제학자와 수정주의자는 프롤레타리아의 절대적 궁핍화를 부정하고, 자본주의에서 노동자상태가 체계적으로 개선되었다고 주장한다. 그 증거제시로 그들은 주로 발전된 나라들의 개별 시기에 취업노동자들의 실질임금의 증가에 관한 언급으로 뒷받침한다. 위에서 언급된 특정한 조건의 노동자의 생활수준이 모두 다르다는 것은 고려되지 않는다.

위에서 이미 언급했듯이, 자본주의에서 실질임금은, 우리가 자본주의의 운동을 장기적 시점에서 추적한다면, 명백히 경향적으로 떨어진다.

자본주의의 발전은 실질임금과 노동력 가치 사이의, 한편으로 역사적으로 형성된 노동자의 욕구와 다른 한편으로 노임의 수준 사이의 균열을 더욱 거대하게 만든다.

실질임금은 노동자의 생활수준을 나타내는 유일한 척도는 아니다. 노동자상태는 실질임금의 수준이 변하지 않거나 더욱이 약간 오른다 하더라도, 악화될 수 있다...

절대적 궁핍화의 과정을 우리는 매년, 매주, 매일, 계속 그리고 도처에서 진행되는 근로자의 생활수준의 하락으로서 이해해서는 안 된다. 근로자의 생활수준은, 비록 자본주의 세계경제 전체에서는 일반적으로 내려가지만, 이러저러한 나라에서 혹은 몇몇 나라에서 자본주의의 개별적 발전시기에는 철저히 올라갈 수도 있다."

제20차 당대회 이후에 수정 편집된 교과서에는 이미 서술이 얼마나 현실에 가까워졌는지를 우리는 바로 알 수 있다.

---

4) 위의 책, 167쪽.

그 이후, 1958년 이래 노동자상태의 과학은 매우 주목할 만한 진보를 이루었다. 결정적 진보는 실재에 대한 진지하고 냉철한 그리고 일관된 분석을 위한 길이 다시 발견되었다는 사실이다. 이러한 길은 20세기 30년대 초부터 50년대 중반까지 약 25년간 단지 몇몇 용기 있는 마르크스주의 과학자만이 걸을 수 있었던 길이고, 이제 오늘날에는 광범한 층의 무엇보다 사회주의 국가의 젊은 과학자들이 마르크스와 엥겔스 그리고 레닌의 위대한 사례를 따라서 나아가고 있는 길이며, 그리고 로자 룩셈부르크에서 오이겐 바르가에 이르는 노동자상태의 연구에서 마르크스와 엥겔스의 최고 제자의 모범을 따르려고 힘쓰는 길이다.

부록

『자본주의와 노동자상태의 역사』 전 40권 목차

제1권 『1789-1849년 독일의 노동자상태의 서술』

제1부 배경: 사회적 상황 일반
    제1장 1807년 이전: 일반적 부패 – 미래를 위한 오아시스
    제2장 1807-1813 – 밖으로부터 그리고 위로부터의 혁명; 프로이센 길
    제3장 반동적 상부구조를 가진 산업혁명 – 1814-1839
    제4장 반대파의 봉기와 항복 – 1840-1849
제2부 노동자상태의 역사
    제1장 생산관계, 노동자 수, 고용과 이주
    제2장 구매력과 임금
    제3장 노동조건
    제4장 생산력의 발전, 노동강화와 사고
    제5장 빈민층의 아동
    제6장 생계
    제7장 결론

제2권 『1849-1870년 독일의 노동자상태의 서술』

제1부 배경: 사회적 상황 일반
　제1장 반동적 상부구조와 함께 경제혁명 — 1850-1857
　　1. "첫 번째 열의 산업국가"(엥겔스)를 위한 길에서: 양
　　2. "참을성이 강한 지역공동체"(슈토름)
　제2장 "자유주의적 봄"(레닌)의 경제적, 정치적 혁명 — 1858-1866
　　1. 민족문제
　　2. "첫 번째 열의 산업국가"를 위한 길에서: 질
　제3장 새로운 사회적 주요모순이 형성되고 "새로운 약탈자"(레닌)가 등장
제2부 노동자상태의 역사
　제1장 고용, "개방성"과 이민
　제2장 임금과 생계
　제3장 새로운 생산 및 착취 방법 — 노동자계급에 대한 그 결과
　제4장 사회입법 — 인륜과 자유
　제5장 경제적 혁명과 노동자계급

　부록 1: 1834년 11월 26일의 작센의 "고향입법"
　부록 2: 자료와 통계에 대한 논평(임금, 생계비, 산업생산, 해외무역, 생산성, 재해)

제3권 『1871-1900년 독일의 노동자상태의 서술』

제1부 배경: 사회적 상황 일반
　제1장 70년대 — "성장한 제국의 벼락출세한 인물의 정부"(엥겔스)
　　1. 수립 연도 - "하나의 황금 차 수저, 두 개의 무거운 납추"(파울 린다우)
　　2. 부르주아지와 융커 — 첫 번째 부분의 결혼
　　3. 공황과 계급투쟁 — 1877년의 해
　　4. 부르주아지와 융커 — 두 번째 부분의 결혼
　제2장 80년대 — "우리는 사회주의자 탄압법이 있든 없든 승리할 것이다."(징거)
　　1. 채찍
　　2. ...와 당근

3. "그 유명한 AEG"(레닌)
　　4. 제국주의 경향
제3장 90년대와 회고
　　1. 경제적 호황
　　2. 제국주의 정책
　　3. 융커와 부르주아지
　　4. 계급투쟁
　　5. 지식인, 부르주아 문화와 세기말
제2부 노동자상태의 역사
　제1장 고용, 실업, 이민, 노동조합 조직
　제2장 임금과 구매력
　제3장 노동시간과 노동성과
　제4장 재해와 건강상태
　제5장 주거관계
　제6장 노동입법, 사회보장과 민간 복지제도

부록 1: 자료와 논평 (임금, 생계비, 노동성과 지수의 계산 및 평가)
부록 2: 임금통계에 대한 방법론적 논평
부록 3: 생계비통계에 대한 논평

제4권 『1900-1917/18년 독일의 노동자상태의 서술』

제1부 배경: 사회적 상황 일반
　제1장 세기의 전환
　제2장 경제발전: "선진 자본주의국가의 전형으로서 독일" (레닌)
　제3장 계급과 계급투쟁 — "평화로운 시대의 종말" (레닌)
　제4장 전쟁
　　1. 관계
　　2. 의식
제2부 노동자상태의 역사
　제1장 사무직 노동자 – 노동귀족과 노동관료

제2장 고용, 실업, 이주
　　제3장 임금과 구매력
　　제4장 노동시간과 노동성과 - 재해와 건강상태

　부록: 자료와 통계적 논평

제5권 『1917/18-1932/33년 독일의 노동자상태의 서술』

제1부 배경: 사회적 상황 일반
　제1장 바이마르공화국에서 독일 경제의 구조
　제2장 제국주의 독일의 사회학을 위하여
　　1. 제국주의 단계에서 독일의 계급과 계층
　　2. 누가 제국주의 독일을 지배하는가?
　제2장에 대한 부록
　　1. 독점자본의 집단화와 1918년 10/11월의 "노동공동체"의 형성
　　2. 독점자본의 집단화와 제국총리로서 히틀러의 집권
제2부 노동자상태의 역사
　제1장 1818-1923년의 전후공황
　　1. 11월혁명의 성과 — 몇 가지 유리한 발전의 계기
　　2. 임금과 생계비
　　3. 노동성과와 재해 — 건강과 주거제도
　제2장 완전한 전후 순환과정 — 1924-1932년
　　1. 고용과 실업
　　2. 합리화
　　3. 임금의 발전
　　4. 노동시간, 재해, 건강관계
　제3장 노동조합 조직과 파업

제6권 『1933-1945년 독일의 노동자상태의 서술』

제1부 배경: 사회적 상황 일반
　제1장 독일 파시즘의 사회학을 위하여

1. "파시즘의 권력 장악은 막을 수도 있었다"
  2. 파시즘 체제의 자본주의적 성격에 관하여
  3. 파시즘 하 금융자본주의 사회에서의 일정한 변화에 관하여
  4. 영구 전쟁과 테러: 파시즘의 특징은 한마디로 야만이다
  5. 독점 - 민주주의의 부정
 제2장 "버터 대신 대포" - 독일 파시즘의 일반 경제정책
  1. 군수산업을 위한 "낙원"
  2. 소비재산업의 말괄량이
  3. 파시즘의 해외무역정책
  4. 교통영업: 철도와 운하보다는 항공과 도로
  6. 농업: 만족한 융커와 수탈된 농민
  7. 잔혹함
제2부 노동자상태의 역사
 제1장 1933-1937년의 독일 노동자상태 ― 특히 통계적 조망
  1. 노동자계급의 기본권과 자유의 박탈
  2. 노동자를 직업분야와 직장에 결박
  3. 임금의 발전
  4. 노동생산성과 노동강도
  5. 재해와 건강관계
  6. 사회보장제도
  7. 결론
 제2장 1933-1937년 독일 노동자의 생활사: 감독관청의 연례보고서에 따라 설명
  1. 서론
  2. 아동
  3. 성인 노동자
  4. 여성노동자
  5. 고령 노동자
 제3장 1938-1945년 5월까지 독일의 노동자상태

 부록: 1. 독점은 "자신의 정신적인 소유"를 보호한다
  2. 점령지역의 재정적 성과
  3. "일자리 지원 대책"

제7권 I, II 『1945년 이후 서독의 노동자상태의 서술』

이론적 전제와 서론
   1. 1945년 이후 국가독점자본주의에 관하여
   2. 종전에 대한 서방 연합국의 정책에 대한 서론적 논평

제1편 1945-1947년 점령국면
   제1장 완전히 산업화된 나라에 대한 점령(식민화)
   제2장 경제적 상황 일반
   제3장 "새로운" 이데올로기와 구 정당
   제4장 근로대중의 상태

제2편 1948년-1950년 이행기
   제1장 경제적 상황 일반
   제2장 이데올로기 문제
   제3장 근로대중의 상태

제3편 1951-1956년 다시 형성되는 독일제국주의
   제1장 독일제국주의의 특수성에서의 변화
   제2장 경제적 상황 일반
   제3장 재 독점화과정과 재 군사화
   제4장 노동자의 경제적 상태의 발전
   제5장 사회민주당SPD 우파지도부와 노조(DGB)의 배신적 이데올로기
   제6장 서독에서의 국가적·사회적 투쟁

제4편 유럽 대륙에서 강화되고 공격적으로 된 제국주의 세력, 1956-1961
   제1장 자본의 재생산과정과 순환적 발전의 문제
   제2장 서독의 재 군사화
   제3장 경제적 상황 일반
   제4장 노동자의 상태
   제5장 계급투쟁

제5편 증가하는 모순: 1961년 이후

제8권 『제1권에 대한 자료와 연구 1』

1부: 공장노동자(아동노동) 관계의 개선을 위한 일반적 제안과 관련하여 1817년 9월 5일 하르덴베르크의 총독이 내린 지시회람, 그리고 그와 관련된 최고책임자의 보고
2부: "독일의 증가하는 빈곤과 영양실조" 문제에 대응하기 위한 1835년 에어푸르트의 공익과학을 위한 왕립아카데미의 가격대책
3부: 프리드리히 엥겔스의 저작 『영국 노동자계급의 상태』에 대해 부르주아지와 반(半)봉건 귀족들은 어떻게 반응했는가 (1845-48년)

제9권 『제1권에 대한 자료와 연구 2』

제1부: 1840-1847년 노동자상태에 대한 부르주아지와 반봉건귀족들의 저술 — 하나의 선집
제2부: 1820-1850년에 나타난 노동자상태에 대한 부르주아 저술 목록

제10권 『제1권에 대한 자료와 연구 3』
1850년 과거 독일에서의 정치경제적 이데올로기와 기타 연구

제1장 특별히 노동문제와 관련하여 1850년 이전 독일에서의 정치경제적 이데올로기에 대하여
제2장 기계의 설치 시 장애. 농업에서 공업혁명으로 가는 프로이센 길의 영향에 대한 연구
제3장 페터스발다우와 랑겐빌라우에서 직인들의 봉기에 대한 자료와 연구 – 독일 프롤레타리아의 최초의 혁명운동
제4장 아름다운 문학(괴테, 에른스트 빌콤 등)과 정치경제학에 관한 연구
제5장 해방전쟁 이전 독일 망명자에 대한 러시아의 도움에 관하여

제11권 『제2권에 대한 자료와 연구』
1825-1866년 독일의 주기적 과잉생산공황의 역사에 대한 연구

입문: 부르주아 공황이론의 역사에 대하여
  1. 첫 번째 주기적 과잉생산공황의 발발 이전의 공황이론
  2. 첫 번째 주기적 과잉생산공황의 발발 이후, 독점 이전의 자본주의의 공황이론
  3. 제국주의 단계에서 공황이론
  4. 서독의 상황

제1장 1825/26년의 경제상태
제2장 1836/37년의 경제상태
제3장 1846/48년의 공황
제4장 1856/59년의 공황
제5장 1866년의 공황
부록: 1850년까지 독일 공황이론에 대하여

제12권 『제3권에 대한 자료와 연구 1』
1873-1914년 독일의 주기적 과잉생산공황의 역사에 대한 연구

제1장 1873년의 공황과 침체
제2장 1883년의 공황
제3장 1891년의 공황
제4장 1900년의 공황
제5장 1913년의 공황 - 자본주의 재생산과정의 순환성과 세계대전에 관한 문제
부록: 1873-1914년의 공황이론에 대하여
  1. "노동자와 생산공황"에 관한 브렌타노
  2. 독점과 공황 - 부르주아지의 이데올로기
  3. 독점과 공황 - 수정주의자의 이데올로기

제13권 『제3권에 대한 자료와 연구 2』

제1장 1850년에서 제1차세계대전까지 독일의 정치경제적 이데올로기에 대하여
제2장 슐레지엔의 수직공手織工 — 독일에서 산업혁명의 최종단계에 관한 자료모음
제3장 국내시장과 민족적 시장
제4장 통계적 방법론과 독일에서 상대임금의 역사
제5장 아름다운 문학과 정치경제학에 관한 연구

제14권 『독일 독점자본과 국가독점자본주의의 초기 역사』
— 제4권에 대한 자료와 연구

제1부 1900년까지 독일 독점자본의 초기 역사에 대한 연구
  제1장 집중과정
  부록: 주식회사 표
  제2장 집중의 독점으로의 전화에 대한 연구
제2부 1918년까지 독일에서 국가독점자본주의의 초기 역사에 대한 연구
  제1장 전사: 1900년 이전 국가와 독점
  제2장 제1차세계대전 이전의 국가독점자본주의에 대한 경향
  제3장 1914-1918년의 국가독점적 전쟁자본주의

제15권 『1918-1945년 독일에서 주기적 과잉생산공황의 역사에 대한 연구』
— 제5권에 대한 자료와 연구

제1장 "전후 공황" — 1918년 말-1923년 말
제2장 상대적 안정화 시기 — 1924-1928/29년
제3장 1929-1932년의 대공황
제4장 1933-1939년 — 파시스트 군수경제의 시기

제16권 『1918-1945년 독일에서 국가독점자본주의의 역사에 대한 연구』
— 제6권에 대한 자료와 연구

입문: 집중과 독점화 — 1918-1945년
제1장 1918-1923년의 국가독점자본주의
제2장 1924-1932년의 국가독점자본주의의 발전
제3장 1933-1939년 시기의 파시스트 국가독점자본주의
제4장 국가독점적 전쟁경제 — 1939-1945년. 논평을 부친 자료들
부록: 뉘른베르크 전쟁범죄자재판의 자료들

제17권 『서독의 역사서술 — 20세기의 아름다운 문학, 기타』

제1장 서독의 역사서술에 대한 연구
 1. 2차세계대전 후 서독에서 기업의 재건에 관한 서독기업사
 2. "기업가와 정치"
제2장 20세기의 아름다운 문학과 사회
 1. 토마스 만: 독일 시민층 인문주의자의 사회적 발전에 관한 두 가지 연구
 2. 코리오랄라누스Coriolanus: 플루타르크-셰익스피어-브레히트
 3. 베커Becher와 세기말
 4. 안나 제거스Anna Seghers와 하인리히 뵐Heinrich Böll의 경우에 실업과 궁핍
제3장 완고한 보스와 보석

제18권 『1700년에서 현재까지 독일의 여성노동자 상태의
       역사에 대한 연구』

제1장 매뉴팩처와 산업혁명의 초기 — 1700-1849년
제2장 경제혁명으로부터 자본주의의 일반적 위기의 공개적 발발까지
      — 1849-1917/18년
제3장 11월혁명으로부터 독일 파시즘의 붕괴까지 — 1918-1945년
제4장 1945년 이후의 서독의 상황
부록 1: 1723년 칙령

부록 2: "노동우애단" 여성분과의 한 후계조직?
기타 부록 자료들

제19권 『1700년에서 현재까지 독일의 아동노동 상태의 역사에 대한 연구』

제1장 봉건제에서 자본주의로
 1. 거지로서 아동
 2. 학교에서의 아동
 3. 노동자로서 아동
제2장 외연적 착취에서 내포적 착취로(1850-1870년)
 1. 아동노동에 대한 국가적 제한 노력
 2. 공장에서 아동노동의 규모와 종류
 3. 공장 밖에서 아동의 고용
제3장 "새로운 조국"과 노동자청소년(1871-1918년)
 1. 공장의 아동노동
 2. 수공업에서 도제수업
 3. 농업에서 아동
 4. 가내공업
 5. 기타 아동노동
 6. 건강 및 도덕적 관계
 7. 노동청소년의 정치적 각성
제4장 1871-1918년에 대한 회고
제5장 자본주의의 일반적 위기 — 바이마르 공화국과 파시즘의 지배
 1. 아동궁핍(1919-1923)
 2. 농업과 가내노동
 3. 도제
 4. 일거리 없는 청소년
 5. 계급투쟁
제6장 서독

제20권 『1700년에서 현재까지 독일의 아동노동 상태의
역사에 대한 자료』
― 제19권에 대한 구체적인 자료집

제21권 『1700년에서 현재까지 독일의 아동노동자 상태의
역사에 대한 연구』
― 독일편인 제1-20권 전체에 대한 색인: 전 20권 목차,
인명색인, 사항색인

제22권 『1640-1760년 영국의 노동자상태의 서술』

제1장 전자본주의적 시기
 1. 전자본주의 사회의 전자본주의적 생산관계
  1) 검은 죽음과 하얀 양 ― 14, 15세기의 농업
  2) "정교한 직물" 위로 자본주의를 향해 걸어가다
  3) 계급과 계급관계
 2. 전자본주의 사회의 자본주의적 생산관계
  1) 영국의 절대주의
  2) 크고 작은 토지약탈 ― 16세기 농업혁명
  3) 하나의 산업혁명 아니면 최초의 산업혁명?
  4) 은, 노예, 향료 ― 바다의 정복
  5) 유일한 계급
  6) 초서Chaucer에서 베이컨Bacon까지
제2장 부르주아 혁명
 1. 반동의 시대 ― 1600-1640
 2. 부르주아 혁명
제3장 100년의 매뉴팩처 시기 ― 1660-1760년
 1. 이른바 왕정복고에서 이른바 명예혁명까지 ― 1660-1688년
 2. 매뉴팩처의 전성기 ― 1700-1760년

제23권 『1760-1832년 영국의 노동자상태의 서술』

예비연구: 산업혁명의 의의
제1장 일반적 경제발전 ― 1760-1832년
제2장 산업혁명의 사회학적 문제
제3장 노동자의 상태
 1. 인구, 고용, 실업
 2. 임금과 생계
 3. 노동시간과 재해
 4. 건강관계와 주거상태
 5. 모순 - 계급투쟁 - "완전한 일치"
제3장에 대한 통계와 논평
 1. 농업과 공업에서의 임금과 생계비, 1789-1832년
 2. 실질임금, 1789-1832
부록: 1814년 영국 공장제도에 관한 한 독일 여행자의 보고

제24권 『1832-1900년 영국의 노동자상태의 서술』

예비논평: 1832년 이후 영국 역사의 시기구분 문제
제1장 제국주의 및 독점적 진행 없이 모순에 찬 발전의 시기
 1. 일반적인 경제 상황
 2. 계급 - 이데올로기 - 계급투쟁
 3. 노동자의 상태
제2장 강력한 호황과 첫 번째 몰락의 표시 - 1850-1870년. "황금기"
 1. 일반적인 경제 상황
 2. 부르주아 계급정책과 계급이데올로기
 3. 노동자의 상태
제3장 몰락의 시작 ― 1871-1900년
 1. 일반적인 경제 상황
 2. 제국주의의 이데올로기
 3. 노동자의 상태
부록: 통계

제25권 『1900년에서 현재까지 영국의 노동자상태의 서술』

제1장 제국주의 — 자본주의의 일반적 위기의 공개적 발발 이전, 1900-1917/18년
  1. 일반적인 경제 상황
  2. 제국주의의 이데올로기에 대하여
  3. 노동자의 상태
제2장 자본주의의 일반적 위기의 첫 단계, 1917/18-1945년
  1. 일반적인 경제 상황
  2. 정치와 이데올로기
  3. 노동자의 상태
부록: 양차 세계대전에서 노동자상태의 발전 비교
제3장 제2차세계대전의 종말 이후
  1. 일반적인 경제 상황
  2. 정치와 문화에서 몇 가지 사건
  3. 노동자의 상태

제26권 『영국의 정치경제적 이데올로기와 기타 연구』

제1부 영국 정치경제학에 대한 연구
  제1편 원시적 축적의, 무엇보다 국민적 해외무역의 정치경제학
    제1장 화폐제도와 중상주의 — 일반적 특징
    제2장 화폐제도 — 국제적 고찰
    제3장 중상주의의 무역정책
    제4장 윌리엄 페티Petty와 시민층의 고전 정치경제학의 시작
    제5장 중상주의의 가치이론과 잉여가치이론
    제6장 중상주의 체제의 인구정책과 노동정책의 이론
  제2편 정상 축적, 무엇보다 매뉴팩처와 공장공업의 정치경제학
    제1장 아담 스미스
    제2장 데이비드 리카도
  제3편 마지막 빛 — 황혼과 밤: 로버트 오웬 - 영국 정치경제학의 몰락

제1장 로버트 오웬 — 사회주의적 리카도주의자
제2장 왜 시민층의 정치경제학은 몰락할 수밖에 없는가
제3장 맬더스 — 진정한 속류경제학자
제4장 존 스튜어트 밀
제5장 케인즈와 그의 학파
부록: 문헌목록 — 1650-1750년 시기의 경제과학적 이해의 저술

제2부 영국의 아름다운 문학에 대한 연구
제1장 셰익스피어 — 봉건제에서 자본주의로의 이행기 시민층의 극작가
제2장 상부구조의 다양한 부분의 다양한 발전에 관하여 — 1600년 경 영국의 사례: 베이컨과 셰익스피어
제3장 생산력의 성격과 생산관계의 완전한 일치, 그리고 식민지 지배 — 디포
제4장 정치와 미학: 워즈워드의 『서정시집』 서문에 대하여

제27권 I 『영국 식민지 I』

제1장 대영제국 — 이론적 문제와 매우 구체적인 사실
 부록: 케냐의 해방 역사 — 몇 가지 원칙적인 관찰
제2장 제2차세계대전 전후의 영국 식민지에서 노동자의 상태
 부록: 저발전 국가들의 노동자상태에 대한 논평과 그 연구의 방법론
제3장 인도
 1. 일반 경제적 상황
 2. 노동자의 상태
 부록: 통계표 1880-1938년,
 자료와 논평

제27권 II 『영국의 과거 식민지 II』

제1장 호주
 1. 일반 경제적 관계
 2. 노동자의 상태

부록: 통계표, 1850-1939년
　　　　자료와 논평
　제2장 뉴질랜드
　　부록: 통계표, 1873-1939년
　　　　자료와 논평
　제3장 캐나다
　　1. 일반 경제적 관계
　　2. 노동자 상태의 발전
　　부록: 통계표, 1900-1939년
　　　　자료와 논평
　제4장 남아프리카
　　1. 일반 경제적 관계
　　2. 노동자의 상태
　　부록: 자료와 논평

제28권 『중국 상해의 면사공업 노동자 상태 – 특별히 영국 공장』

제1부 1937년까지 중국의 면사공업
　제1장 제1차세계대전 말까지
　　1. 농업, 방적업, 직조업의 관계
　　2. 현대적인 면사방적과 면사직조의 초기
　　3. 제1차세계대전과 중국의 면사공업
　제2장 면사방적과 면사직조에서의 전후 공황
　제3장 내전 10년간 면사공업
　　1. 일반적 경제상태
　　2. 면사방적과 면사직조에서의 공황
　　3. 착취과정과 착취에 대한 투쟁
제2부 상해와 근로자들
제3부 20세기 20년대-40년대 상해의 영국 면사공장에서의 노동자 상태
　제1장 상해 면사공업
　제2장 제국주의적 식민지 "노동규율"

제3장 임금과 노동시간
제4장 공장의 아동과 아동노동
제5장 일반적 노동조건
제6장 영국 면사기업의 계급구조와 계급투쟁
결론
제4부 영국 면사공장의 노동조건에 관해 노동자와 다른 사람들과의 인터뷰

제29권 『1775-1897년 미국의 노동자상태의 서술』

제1장 혁명적인 독립전쟁에서 산업혁명의 말까지 ― 1775-1838년
 1. 일반 경제적 상황
 2. 농업에서의 특별한 관계
 3. 노동자의 상태
  영리활동 노동자의 수, 임금의 발전, 노동시간, 건강 및 기타 관계
 4. 원시적 축적, 산업혁명과 산업예비군
제2장 "황금기" ― 1839-1860년
 1. 일반 경제적 상황
 2. 노동자의 상태
  고용과 실업, 임금과 노동시간, 노동생산성과 노동강도 ― 건강관계, 투쟁
 부록: 생산과 노동생산성의 계산, 완전고용된 노동자의 일급 계산, 평균임금과 생계비의 계산
제3장 시민전쟁에서 제1차 제국주의 전쟁의 전야까지 ― 1861-1897년
 1. 일반 경제적 상황
 2. 노동자의 상태
  1) 고용과 실업
  2) 임금과 구매력
  3) 노동시간 단축 투쟁
  4) 생산성, 노동강도, 재해
  5) "식민지노동" - 이민 – 아동노동
  6) 탄탈루스Tantalus? 아니: 묶인 프로메테우스!
 부록

제30권 『1898년 이후 미국의 노동자상태의 서술』

서론: 전사에 대하여
제1장 독점자본의 지배의 시작 — 1898-1917/18년
  1. 독점자본의 권력 장악과 일반 경제적 상황
  2. 노동자의 상태
  부록
제2장 자본주의의 일반적 위기의 첫 번째 단계 — 1918-1945년
  1. 일반 경제적 상황
  2. 노동자의 상태
    1) 고용과 실업
    2) 노동성과와 노동강화
    3) 임금과 구매력
    4) 건강관계
    5) 재해, 테러와 노동강화
    6) 사회보장
    7) 착취의 증가와 계급투쟁의 강화
  부록: 노동성과 지수의 계산
제3장 자본주의의 일반적 위기의 심화 — 1945-1964
  1. 발전의 주요 특징과 특수성
  2. 계급 및 계층 구조의 몇 가지 변화에 대한 사회학적 고찰
  3. 국가독점의 과정
  4. 농업혁명
  5. 경제발전의 일반적 조망
  6. 노동자의 상태

제31권 『미국의 공황과 독점형성 — 독일의 외교문서』
— 제29, 30권에 대한 자료

제1부 1837과 1857년의 공황
  사전 언급
  외교문서

제2부 19-20세기 전환기의 독점형성
  1. 미국 독점형성에 관한 일반적 조망
  2. 독점문제의 논의를 위한 한 회의
  3. 독점의 합법칙적, 그리고 예외적 성격
  4. 반+봉건적인 반독점-태도
  5. 독일의 반독점적인 언론반응
  부록: 1. 전국매뉴팩처연합의 창립대회
        2. "Morro Castle"의 몰락

제32권 『1789-1848년 프랑스의 노동자상태의 서술』

제1장 1789년 시민대혁명의 전사
  1. 초기 자본주의 발전과 봉건제의 재 강화
  2. 왜 1715년은 시민혁명에 이르지 못했는가?
  3. 지배계급의 봉건적 토대의 침식과 토대의 자본주의적 요소의 강화
  4. 노동자의 상태
  5. 부르주아 이데올로기의 형성
  6. 시민층의 정치조직
제2장 자본주의의 승리와 생산력의 성격과 생산관계의 완전한 일치의 시기 ― 1789-1830년
  1. 일반 경제적, 정치적 발전
  2. 1789-1815년의 노동자상태의 발전
  3. 왕정복고 시기 동안 노동자상태의 발전 ― 1815-1830년
  부록
제3장 7월혁명(1830)에서 2월혁명(1848)까지
  1. 일반 경제적 상황
  2. 7월왕정 동안 노동자상태의 발전

제33권 『1848년 이후 프랑스의 노동자상태의 서술』

제1장 산업혁명의 종식과 첫 번째 프롤레타리아 혁명의 전야까지 ―
       1848-1870년

1. 이행기
  2. 일반 경제적 상황
  3. 노동자의 상태
  부록: 자료와 논평
 제2장 꼬뮌에서 러시아 10월혁명과 제1차세계대전 말까지 ― 1871-1918년
  1. 자본주의의 몰락의 시작 ― 1871-1900년
  2. 제국주의의 첫 번째 단계 ― 1900-1917/18년
  부록: 자료와 논평
 제3장 자본주의 일반적 위기의 첫 국면 ― 1918-1945년
  1. 일반 경제적 상황
  2. 노동자상태의 발전
  부록: 자료와 논평
 제4장 1945년 이후

  제34권 『프랑스의 정치경제적 이데올로기와 기타 연구』
    ― 제32, 33권에 대한 자료와 연구

제1부 프랑스 정치경제학에 대한 연구
 제1편 정치경제학 ― 봉건적 절대주의 하 생산관계의 자본주의적 발전을 반영하고 전복한 시스몽디
  제1장 브와규베르Boisguillebert, 보방Vauban, 콜베르
  제2장 중농주의
   1. 사전 논평
   2. 케네와 자본의 단순재생산에 관한 이론
   3. 튀르고Turgot
  제3장 시스몽디 ― 비판적인 경제적 낭만가
 제2편 꼬뮌 이전 공개적 계급투쟁의 단계에서 정치경제학의 발전
  제1장 공상적 사회주의
   1. 생시몽 ― 반은 시민, 반은 사회주의자
   2. 푸리에 ― 현실주의자인 동시에 몽상가

제2장 변호적 속류경제학
     1. 무미건조한 세이
     2. 바스띠아 — 우스꽝스런 속류경제학자
   제2부 아름다운 문학과 사회에 관한 연구
     제1장 몰리에르, 브와규베르, 그리고 절대주의적 봉건제 사회
       1. 사회질서의 특징
       2. 몰리에르
       3. 브와규베르의 정치경제적 의견 — 몰리에르의 사회적 평가와 비교
     제2장 발자크와 바스띠아에 관한 연구
     제3장 시스몽디, 스탕달, 생시몽
       1. 시스몽디
       2. 스탕달
       3. 50년 후
       4. 생시몽과 스탕달
     제4장 아나톨 프랑France과 프랑스대혁명 — 테러와 자본에 대한 잘못된 증오
       1. 혁명적 테러의 문제
       2. "무자비한 애정"
       3. 혁명의 승리자
       4. 소설에 대한 반응
       5. Brotteaux des Ilettes — 향락적인 비관주의자

제35권 『제22-34권에 대한 색인』

— 제22-34권에 대한 목차

인명 색인
사항 색인

제36권 『노동자상태의 이론』

서론
제1장 노동자계급의 절대적 궁핍화 이론

    1. 산업예비군
    2. 절대적 궁핍화의 형태
    3. 법칙과 경향
    4. 절대적 궁핍화와 정치-사회적 확대
    5. 절대적 궁핍화와 노동자계급의 다양한 계층
    6. 노동자상태의 요소
    7. 상대적 궁핍화
제2장 임금이론
    1. 노동력의 가치와 잉여가치생산
    2. 가치 이하로 노동력의 가격(임금)의 인하
    3. 지속적인 절대적 궁핍화에도 불구하고 실질임금 상승의 의미
    4. 가족임금, 가족착취, 여성임금
    5. 시간임금, 성과급, 민족임금
    6. 임금통계의 문제에 대한 몇 가지 논평
    7. 요약, 상대임금
제3장 노동시간, 생산성과 노동의 강도
제4장 고용과 실업 그리고 노동자계급의 구조문제
제5장 자본주의와 건강관계 및 사고관계, 사회보장
제6장 교육과 훈련
제7장 자본주의와 노동조합의 과제
제8장 절대적 궁핍화에 관한 마르크스주의 이론의 새로운 역사를 위하여

제37권 『노동자상태의 역사에 대한 세계적 조망』

서문
제1부 자본주의 세계경제
예비연구: 세계경제는 언제부터 존재했는가?
제1장 자본주의 세계생산의 발전
        제1장에 대한 부록: 통계와 논평
제2장 자본주의 세계무역의 발전
        제2장에 대한 부록: 통계와 논평

제3장 자본주의 국제 분업
        제3장에 대한 부록: 통계와 논평
제2부 자본주의 세계경제의 노동자상태
예비연구: 노동자상태의 역사에 대한 시기구분
제1장 세계고용, 세계 노동시간, 세계 실업
        제1장에 대한 부록: 통계와 논평
제2장 세계 산업에서의 노동성과의 발전
        제2장에 대한 부록: 통계와 논평
제3장 실질임금의 발전
제4장 세계적 착취

제38권 『문헌목록』

― 제40권 전체 연구의 참고문헌 목록

> 역자 해제

위르겐 쿠친스키와 학문세계
- 자본주의를 넘어서는 역사적 상상력 -

1. 쿠친스키의 생애와 학문생활

위르겐 쿠친스키는 1904년 엘버펠트에서 태어나 1997년 베를린에서 죽었다. 94년의 인생이니 짧지 않은 것이다. 20세기를 통째로 살았으니 말도 많고 탈도 많았을 것이다. 하지만 그를 제대로 살펴보면 엄청난 학문적 업적을 남긴 인물로 기억할 것이다. 그리고 그의 학문적 업적과 문제제기는 지금도 여전히 빛을 발하고 있다. 물론 보고자 하는 사람에게만 보일 테지만 말이다.[1]

---

[1] 이 해제는 원래 작년에 출간된 "역사적 유물론 연구"(위르겐 쿠친스키)에 대한 해제로 역자가 집필하여 실었던 것인데, 같은 쿠친스키의 책이라 여기에 다시 싣는다. 양해 바란다. 물론 고치고 재정리하였다.

1904년은 독일에서도 황제가 다스리는 군주국가였다. 산업적으로는 적어도 유럽에서는 산업자본주의가 독점자본주의 단계로 들어섰고, 자본주의가 전 세계를 집어삼키고 있었고 그래서 열강들 간의 반목과 전쟁발발의 기로에 서 있었다. 20세기에 신세기가 펼쳐질지, "극단의 시대"가 펼쳐질지 아무도 알 수 없었고, 자본주의가 "중간층사회"로 순화될지 아니면 "전반적 위기와 몰락의 시기"로 가속화될지 아직은 알 수 없었고, 오히려 대중들의 일상생활은 여전히 전통사회의 틀에 얽매여 있었을 것이고, 조용히 20세기의 찬란한 희망을 꿈꾸었을 것이다. 쿠친스키는 어쨌든 한창 세계 최강국으로 발전하고 있던 독일의 수도 베를린에서 건강한 인물로 자라지만 제1차세계대전과 제2차세계대전이라는 양차대전을 모두 온몸으로 겪었다. 바이마르공화국의 도전과 몰락, 그리고 끔찍한 나찌즘의 발호도 겪는다. 그리고 종전 후 분단된 독일에서 동독을 선택한다. 그 당시 진보적 지식인들이 그랬듯이 쿠친스키도 루카치, 에른스트 블로흐, 브레히트 등과 마찬가지로 이 신생 공화국을 선택하여 발전에 많은 노력을 기울였다. 그리고 1989년 다시 양 독일이 자본주의적으로 통일되고도 10년 가까운 생활을 하다 영원히 돌아간다. 특히 1989년에는 학술회의에 참석하면서 한국을 한 번 방문하기도 했다.

당시로서는 매우 오래 살았고 또 여러 번의 서로 다른 체제를 경험하고 살았기 때문에 『자서전』도 여러 번이나 썼다. 먼저 1971년에 첫 번째 자서전을 출간했고, 1992년에 두 번째 자서전을 출간한다. 20년만이니 당연한 것이다. 첫 번째 자서전이 주로 젊은 날의 얘기라면, 두 번째는 1945-1989년 동독에서의 생활 얘기다. 하지만

한 번 더 쓰게 된다. 독일이 통일이 되고서도 몇 년을 더 살았고, 무엇보다 체제가 바뀌었으니 새로운 경험과 생각이 들었을 것이다. 그래서 1995년에 "자서전 1989-1995 – 낙관주의의 희망 없는 몰락"이라는 제목으로 또 한 번 출간한다.

어쨌든 1904년부터 1997년까지 20세기를 온몸으로 살았다. 사람은 시대의 자식이다. 잘 났든 못 났든 시대에 의해 규정되고, 그 속에서 문제를 해결하고자 살아가고 도전한다. 20세기는 쿠친스키에게는 최고의, 최대의 환경적 자산이다. 20세기는 유럽의 시대이고 무엇보다 자본주의경제가 전 세계를 전일화하는 시대다. 자본주의의 발전과 인생을 같이하면서 자본주의의 모든 것을 비판적으로 평생 연구할 수 있었기 때문이다. 마르크스는 자본주의의 기초와 기본법칙을 분석하였고 베버는 자본주의의 발전을 분석하였지만 시대적으로 충분치 못했다. 쿠친스키야말로 자본주의의 발전과 변화, 그 모순과 문제들을 전체적으로, 특히 많은 구체적인 경험과 자료를 가지고, 분석할 수 있는 시대를 살았다고 할 수 있다. 따라서 쿠친스키의 자본주의 분석은 여전히 시사하는 바가 많고 참고할 만한 귀중한 이론이 가득하다. 분명히 하나의 "고전적" 사례이고 모범이다. 특히 지금은 자본주의의 긍정적인 측면에만 연구를 집중하고 있는 시대이기에, 자본주의의 내재적 문제에 대한 비판적 분석이 오히려 더 필요할지도 모른다. 세상만사는 모순의 통일체이기 때문이다. 현실적으로도 과거 "현실 사회주의"의 몰락과 "신자유주의"의 득세로 자본주의가 영원할 것 같은 "역사의 종말"을 외치고 금융자본이 난리를 치다가, 최근에는 "반세계화 운동"과 같은 자본주의에 대한 새로운 각도에서의 비판과 성찰이 많이 논의되고 있다. 이런 측면에서 볼 때 쿠친스키의 자본주의에 대한 비판적 분석은 언제나 새로 끄집어내 참고할 만한 우리 인류의 유산이라고 할 수 있다.

쿠친스키 집안은 부유한 편에 속한 것으로 얘기된다. 대학 졸업 후에 아버지가 졸업선물로 무슨 전집을 사주면서, 유럽여행을 다녀오라고 했다니 말이다. 그 당시에! 유대인 금융가 집안? 확실한 것은 모르겠지만 아무튼 충분히 공부하고 충분히 사회운동과 학문을 할 정도는 되었을 것이다. 당시 상당수의 진보적 지식인들의 집안배경이 그 사회의 상류층 출신이 많았기 때문이다(예를 들어 특히 재미있는 것으로 20세기 전환기에 세계 최고의 도시 오스트리아 비인의 마르크스주의자들(오토 바우어 등)을 보라! 그들을 "문화적 마르크스주의"로 부르는 것은 얼마나 흥미로운가! 또한 루카치도 평생 마르크스주의자로서 "부르주아 고전문화"를 인간생활의 모범으로 얘기하지 않았던가!). 그의 얘기를 들어보면 6대조 할아버지의 일화로부터 시작된다. 그 할아버지는 쾨닉스베르크 대학에서 칸트에게 배운 학생이었는데 이때부터 철학자들의 책 초판본을 즐겨 모았다고 하는데, 불순한 학생으로 낙인찍혀 국외추방을 당했다고 한다. 그리고 4대조 할아버지는 파리에서 살았는데, 엥겔스와 함께 "인민동맹" 활동도 하고 또 1848년에는 마르크스와 엥겔스의 『공산당선언』이 뿌려지자 한 권을 빵 두 개 값으로 사서 잘 읽고 집안에 고이 보관했다고 한다. 바로 이 책이 지금 세계에 남아 있는 초판본 두 권 중 하나다.

아버지 르네 로버트 쿠친스키(1876-1947)도 눈여겨 보아야 할 학자이다. 당시 저명한 학자로 40권 이상의 책을 출간하였으며, 당시 아인슈타인과 나란히 세계적인 명성을 얻었다고 한다(물론 쿠친스키도 아버지를 따라서 아인슈타인을 여러 번 만났다. 또 칼 리프크네히트와 로자 룩셈부르크도 만났다고 한다). 노동자상태와 임금통계의 발전에 대한 연구에서 세계적으로 선구적인 작업을 한 인물이었다. 특히 1913년에 펴낸 『유럽과 미국의 임금과 노동시간*Arbeitslohn und Arbeitszeit in Europa und Amerika 1870-1909*』은 레닌도 읽고 르네 쿠친스키를 높이 평가했다고 한다. 무엇보다 아버지 역시 진보적 지식인으로서 독일공산당이 창립되자 가입해서 활동한 인물이다(그 전에는 당연히 독일사회민주당과 독립사회민주당에 관련되었을 테고). 후에는 제국의회의 의원이 되기도 한다. 게다가 쿠친스키의 아들 역시 학자이고 그 자식도 학자이다. 첫째 아들 토마스는 훔볼트대학의 경제학 교수 출신으로 3대째 노동자상태의 역사가 전공이고, 둘째 아들도 문학을 가르치는 학자이다. 그 자식 역시 학자로서 대를 잇고 있다고 하니, 쿠친스키까지는 6대에 걸쳐 좌파 인텔리집안을 형성하고 계승하였으며, 그 자식들까지 하면 8대의 학문전통을 이루는 것이다. 참!

특히 내가 관심을 가지는 것은 책이다. 그렇다면 얼마나 책을 가지고 있을까? 어떤 책을 가지고 있을까? 당연히 나도 베를린에 가서 쿠친스키의 집을 찾아갔다(정확하게는 내가 인사편지를 먼저 보냈고 쿠친스키가 흔쾌히 초청하였다. 그리고 몇 번 쿠친스키의 집을 방문하여 토론하였다). 대화와 토론도 중요하지만 책까지 구경할 수 있었으니 커다란 기쁨이었다. 정말 책이 많았고 그 질에 대해서는 더 이상 말이 필요 없다. 이미 언급한 그 책 한 권만으로도 그의 서재는 세계 최고의 서재이니 말이다. 내가 처음 만난 1993년도에만 해도 약 20만 권의 책이 가득 했다. 방이 20개 가까운 3층 대저택에 살았는데, 침실 빼고는 모두 책으로 도배했다고 보면 된다. 부자라서가 아니라 책 때문에 공동체에서 큰 집을 배정해주었다고 한다. 게다가 이른바 유명 저작의 초판본들로 잘 정리되어 있었다. 『자본』도? 당연히!

쿠친스키가 죽고 나서 책은 어떻게 되었을가? 당연히 집안의 유산이니 자식에게 넘어갔겠지만 너무 많다. 그래서 7만 권 정도를 사회에 기증한다. "베를린 중앙-지역도서관"에 기증했다고 한다. 아마 통합된 베를린 중 구 동독지역일 것이다.

쿠친스키는 1925년에 베를린대학교를 졸업하고 박사학위를 받는다. 당시 학제는 지금과 달라 대학을 마치고 학위논문을 제출하면 박사가 되었다. 마르크스도 1840년대 초반에 그랬듯이 전통적인 대학학제였던 모양이다. 그리고 책을 한 권 내고(제목은 "마르크스로 돌아가자"였다) 나서 미국으로 유학을 간다. 이미 여기서부터 쿠친스키의 색다른 모습이 나타난다. 당시에는 미국의 졸업생이 유럽으로 유학 오는 것이 상례였는데 – 그 유명한 탈코트 파슨스도 하버드를 졸업하고 독일에서 유학을 했다 – 쿠친스키는 반대로 학문의 후진국 미국으로 유학을 간다. 왜? 아마 거대한 신생 자본주의국가 미국에 대한 흥미로움이 있었을 것이고, 한편으로 노동통계에 대한 관심 때문으로 풀이된다. 달리 표현하면 그 만큼 새로운 것에 대한 흥미로움이 컸던 것이고, 이것은 그의 평생 학문에도 반영된다. 또 아버지의 영향도 있었을 것이다. 아버지 르네 쿠친스키 역시 학자로 통계학에 대한 전문역량이 대단했고 미국에 대한 연구서도 많이 냈기 때문이다(아버지에 대한 동명의 책도 냈다: *Rene Kuczynski - Ein fortschrittlicher Wissenschaftler in der ersten Hälfte des 20. Jahrhunderts*(르네 쿠친스키 - 20세기 전반기의 한 진보적 과학자, 1957). 지금도 그렇지만 당시 쿠친스키가 보기에 현실 혹은 실재에 대한 파악방식으로서 통계의 절대적 유용성은 매우 크게 보였을 것이다. 특히 마르크스주의 학자들이 그 당시 현실과 통계에 관해 매우 등한시했다는 반성도 작용했을 것이다. 사실에 대한 추구! 진리에 대한 용기! 객관적 현실의 변화 자체의 당파성! 이것이 쿠친스키의 평생 모토이고 또한 마르크스의 정신이기도 했다. 그리고 이것이야말로 마르크스의 <자본>을 가장 정확히 읽고 현실에 적용하는 방법이다! 그래서 쿠친스키는 1926년에 미국으로 건너가 공부를 더하게 되는데, 특히 노동통계를 많이 연구하게 된다. 왜 노동? 이것은 아버지 때부터 이루어진 작업으로 진보적 지식인의 사명감이었고, 당시로서는 가장 객관적 진리에 다가갈 수 있는 방법적 선택이었을 것이다. 어쨌든 미국의 노동 관련 공공 조직을 드나들면서 노동자통계를 수없이 접하고 연구하게 된다. 그리고 이러한 작업이 이후 『노동자상태의 역사』라는 필생의 역작을 쓰는 데 기초가 되었을 것이다. 미국에서 이미 책을 내기 시작한다. *Wages and Labor's Share*(Washington, 1927), *Wages in Manufacturing Industries* (Washington 1927) 등등.

그리고 다시 베를린으로 돌아와 뭔가 시작하려고 하는데 세상이 변해버렸다. 바로 나찌의 등장이다. 이때 쿠친스키는 독일공산당에

입당하고 반나찌 지하운동에 가담하는데, 유대인으로서 쉽지 않은 행동이었을 것이다. 물론 이 때도 책은 낸다. *Die Lage des amerikanischen Fabrikarbeiters*(미국 공장노동자들의 상태, Leipzig, 1930), *Die Lage des deutschen Industriearbeiters*(독일 산업노동자들의 상태, Berlin, 1931). 드디어 노동자상태라는 용어가 나오기 시작한다.

운신의 폭이 여의치 않자 쿠친스키는 1936년 런던으로 건너간다. 마르크스도 그랬지만 런던은 학자에게는 여전히 자유롭고 풍요로운 곳이었다. 여기서 본격적인 학자의 활동을 시작한다. 무엇보다 『노동자상태의 역사』를 쓰기 시작한 것이다. 일단 몇 권 개별분야의 책도 출간하면서, 어느 정도 역량과 자료가 쌓이면서 본격적으로 『노동자상태의 역사』라는 이름으로 책을 내기 시작한다. *Labour Conditions in Western Europe, 1820 to 1935*(London, 1937), *The Condition of the Workers in Great Britain, Germany and the Soviet Union, 1932-1937*(London, 1939) 등과 같은 책들이다. 그리고 전쟁이 끝나기 전 런던에서 4권으로 된 『노동자상태의 역사』(영어본)을 출간한다. *A Short History of Labour Conditions under Industrial Capitalism*(전4권, 1942-1946, London).

여기서 재미있는 사실이 또 있다. 쿠친스키가 다른 나라가 아니라 그 당시로서는 매우 특이하게 미국으로 가서 노동통계를 연구했듯이, 이후에도 쿠친스키의 학문분야와 교류방식은 매우 다양하다는 사실이다. 일단 진보적 지식인이라고 해서 사상 경향이 같은 사람들만 사귀는 그런 사람도 아니었고, 또 그런 시대도 아니었다. 입장이야 저마다 다를 수 있는 것이고 미래에 대한 생각도 다른 게 당연하기에 당시에는 큰 문제거리가 아니었던 모양이다. 게다가 쿠친스키는 누구보다도 개방적이었기에 학문적으로 성실하고 얘기가 된다면 누구와도 교류했고 친교를 나누었다. 따라서 쿠친스키를 좌파 학자로 선을 그을 필요는 전혀 없는 것이다. 오히려 우리가 그렇게 쿠친스키를 가둔다면 우리는 그를 제대로 이해하지 못할 뿐이다. 쿠친스키가 자주 얘기하지만 마르크스나 루카치여야 하는가? 베버면 어떻고 만하임이면 어떤가? 사실에 기초한 토론이라면 누구와도 할 수 있는 것이다. 또 진보적이라면 더 개방적이야 하고, 배울 준비가 되어 있어야 하는 것이다. 좌파가 진보적이라면 객관적 진리에 대해 더 개방적이고 수용할 수 있어야 할 것이다. 진리만이 자유로울 수 있는 것이다. 또한 스스로도 얘기하지만 20세기 초는 특히 학문적으로도 최고의 융성기였다고 한다. 좌우의 구별도 없었고, 한쪽의 입장을 변호하고자 다른 쪽의 입장을 매도하는 그런 방식은 아직 존재하지도 않던 시기였다. 오직 객관적 현실의 변화에 대한 도전과 종합 연구, 학제간 연구, 그리고 진리를 둘러싼 개방적인 토론만이 존재하였다. 학문에서의 그런 진영논리는 2차 세계대전 후 냉전시기의 산물이다. 쿠친스키가 성장한 20세기 전반기는 오직 진리를 향한 도전과 열정만이 서로를 북돋우는 그런 시대였고 그런 학문의 방식이 발전하던 시대였다. 학문간 칸막이도 없었다. 무엇을 어떻게 연구하든 하나인 현실을 분석하기 위해 필요하다면 모두가 손잡고 진리를 향해 연구하던 시대였다고 한다. 요즘 많이 얘기하는 학제간 연구가 당시에는 당연한 상식적인 학문 방법 및 과정이었다. 따라서 쿠친스키의 학문세계는 다방면에 걸쳐 있고 오직 학문의 진리 유무에 따라서만 판단되어야 할 것이다.

그리고 이러한 과정을 통해서 그 학문의 전성기에 수많은 인물들과 교류한다. 어떤 사람들은 평생 친구로 교류한다. 많이 언급되는 인물로는 바르가와 루카치가 있다. 브레히트는 아예 베를린에서 같이 살았으니 말할 것도 없을 것이다. 한 세대 위인 막스 베버에 대한 언급도 종종 나온다. 특히 역사학과 경제학은 당연한 것이지만, 사회학자와 철학자들과의 교류도 많이 등장한다. 홉스바움과 같은 후학들하고도 교류한다. 교류한 인물들에 대한 연구만 해도 몇 권의 책이 필요할 것이다. 그 만큼 정신적으로 풍요로운 환경에서 학문을 했다는 얘기다.

그리고 드디어 나찌가 몰락하고 전쟁은 끝나서 다시 베를린으로 돌아온다. 쿠친스키도 다른 많은 진보적 지식인들과 함께 동독을 선택한다. 베를린대학이 훔볼트대학으로 재정립하는 데 기여하면서 경제사학을 가르치는 교수로 취임한다. 그리고 런던에서 냈던 『노동자상태의 역사』를 7권으로 증보하여 1946-1948년 독일어로 출간한다. 더 새로운 증보판은 1952년 출간된다. 이후 안정된 환경에서 연구를 거듭하여 『노동자상태의 역사』를 40권으로 완전히 새로 출간한다. 1961년 제1권을 출간한 이래 1972년에 40권으로 마무리한다. 이때 그의 나이도 70 가까이 된다. 이 하나만 봐도 알 수 있듯이 그는 『노동자상태의 역사』를 쓰기 위해 평생을 매진했다고 봐야 할 것이다. 정말 숭고한 연구 작업이다. 또 학자라면 이 정도는 되어야 할 것이다.

"최근 18세기부터 21세기 오늘날까지 자본/소득 비율의 변화에 초점을 맞춰, 자본-노동 소득분배율과 최근의 국민소득에서 자본이 차지하는 비중의 증가(따라서 노동이 차지하는 비중의 감소)라는 문제를 좀 더 광범위한 역사적 맥락에서 최초로 다룬 독창적인 연구"인 토마 피케티Thomas Piketty의 『21세기 자본』에도 쿠친스키에 대한 언급이 나오는데, 인용하면: "훗날 베를린 훔볼트대학에서 경제사학자로 유명해진 위르겐 쿠친스키는 세계임금의 역사를 다룬 38권의 기념비적인 저서를 1960년에서 1972년에 걸쳐 출간했다. 쿠친스키는 산업자본주의의 도래 이후 1930년대까지 국민소득 가운데 노동소득이 차지하는 몫이 끊임없이 감소해왔다고 주장했다. 이는 19세기 전반, 실제로는 19세기 초중반 60여 년 동안은 사실이지만, 전체적인 시기를 놓고 보면 맞지 않는 주장이다… 쿠친스키의 이 대작은 그 한계에도 불구하고 여전히 가치 있는 역사적 자료로 남아 있다…"

여기서 일단 토마 피케티 자신의 연구가 "최초의 독창적인 연구"라는 것은 과장이고(쿠친스키가 오히려 최초의 독창적인 연구일 것이다), 그리고 쿠친스키의 연구를 "세계임금의 역사"를 다루었다고 해석한 것도 오류다. 임금운동은 물론 노동자상태를 구성하는 거의 모든 요인들을 전체적으로 다루고 있기 때문이다. 그리고 38권이라는 것도 조금 오류다. 책의 번호만 보면 38권까지가 맞지만, 중간에 7권 『1945년 이후 서독의 노동자상태』와 27권 『영국식민지』가 각각 두 권으로 구성되어 있기 때문에 전체 40권이 된다. 권수가 중요한 것은 아니지만 사실을 정확히 밝히기 위함이다. 그리고 쿠친스키의 연구가 얼마나 사실에 부합하는지는 또 다른 논쟁이 필요할 것이지만, 한 가지만 얘기하면 쿠친스키는 실질임금의 계속적인 감소를 무조건 주장하지 않았다는 사실이다. 오히려 누구보다도 반대경향(실질임금의 상승경향)에 대해서도 추적을 했고 언제나 변증법적인 시각으로 사실 그대로를 분석하려고 노력했다는 것이다. 그래서 쿠친스키는 동독에서는 비판을 받았고(반대경향을 증명했기 때문에), 오히려 서방 측에서는 지지를 받았을 정도로 양 경향을 객관적으로 다루었다. 아마 피케티도 쿠친스키의 진면목에는 관심이 없었던 것이다.

2. 쿠친스키의 저술세계

쿠친스키의 저술세계는 당연히 『자본주의와 노동자상태의 역사』가 중심이지만 그 밖에도 수많은 분야의 책과 논문을 써냈기에 여기서는 주로 다른 측면을 살펴보자. 워낙 많은 책을 썼기에 내가 보기에 흥미로운 책들만 소개하려고 한다.

쿠친스키는 40권에 이르는 『노동자상태의 역사』를 마무리했기에 자신이 젊은 시절에 직접 경험을 했고 또 평생 가슴 속에 품었던 종합학문(학제간 연구)을 향한 열정을 일부 해소하고자 10권의 『사회과학의 역사에 대한 연구』(1975-1978)를 집필한다. 20세기를 통째로 산 "고전가Klassiker"의 면모를 잘 보여준 대작이다. 여기에는 역사가는 물론 사회학자, 경제학자, 심지어 유명 인물에 대한 별의 별 얘기가 다 포함된다. 목차만 봐도 기가 질릴 정도이다. 다시 한 번 강조하지만 쿠친스키는 고전가로서 이해해야 한다.

제1권: 정치경제학의 역사, 역사적 유물론의 전사
제2권: 과학의 조직화 – 플라톤, 아리스토텔레스, 디드로, 빌헬름 폰 훔볼트, 토마스 헉슬리, 빌헬름–왕립협회
제3권: 다양한 인물평 — 다윈, 라살, 하이네, 프루동, 링컨 등
제4권: 다양한 인물들의 편지교환 – 괴테, 야콥 그림, 게오르그 니부어, 알렉산더 폰 훔볼트, 빌헬름 딜타이, 프리드리히 마이네케 등
제5권: 자서전 — 다윈, 르낭, 헨리 아담스, 허버트 스펜서, 브렌타노 등
제6권: 지식인들 — 파스칼, 헬름홀츠, 리하르트 레프시우스, 쌩-뵈브Sainte-Beuve, 사비니Savigny, 막스 베버 등
제7권: 학파들 — 오이겐 바르가의 학파, 소독일학파(1840-1870), 학파의 이론, 초기 학파
제8권: 경제사서술의 역사
제9권: 테오도르 몸젠 — 한 역사학자의 초상
제10권: 현재의 문제, 편지와 강연 — 사회학적 문제, 일반사회학은 존재하는가, 학제간 연구 혹은 공동연구의 문제, 연속성과 비연속성, 모순, 의견논쟁, 문학이 왜 필요한가, 과학자의 사회적 책임 등

그리고 80년대에 들어서는 6권의 『독일 인민의 일상사』(1980-1986)를 펴낸다. 원래 5권으로 저술되었는데, 후에 논쟁을 중심으로 "보론"을 한 권 더 추가하여 통상 6권이 되었다. 『노동자상태의 역사』가 주로 전문적인 학술서적이라면 이 책은 제목 그대로

민중 혹은 인민들의 일상생활의 역사를 쓴 것이다. 또 어찌 보면 『노동자상태의 역사』에 대한 후속편일 수도 있겠다. 대중적으로도 성공을 거두어 상당히 많이 팔렸다. 전자는 40권의 학술전문서라 대중적으로 팔릴 수 없는 책이다. (나도 개인적으로 구하기가 쉽지 않았을 정도이다. 베를린의 헌책방을 그렇게 뒤지고 뒤졌지만 구하지 못하고 있다가, 생각 끝에 출판사로 달려가 편집장을 만나 겨우 구했는데 40권 전부를 구하지는 못했다. 후에 몇 권 보충했고 몇 권은 복사를 해왔다.)

하지만 『독일 인민의 일상사』는 제목도 좋고 당시의 분위기에 맞았기 때문에 상당한 반응을 불러일으킨다. 또 이 당시에는 이미 역사학계가 경제사보다는 사회사, 일상사 쪽으로 이동하고 있는 상황이었기에 국제적으로도 좋은 반응을 얻는다. 특히 서독에서 그랬다. 물론 많은 비판과 논쟁도 있었지만 이만한 대작을 누가 쓸 것인가? 『노동자상태의 역사』 이후 다시 한 번 세계적인 조명을 받는다. 이 책은 또한 무엇보다 그 유명한 논쟁이자 문제의식인 "누가 역사를 만드는가? 인민대중이 역사를 만드는가? – 어떻게? 어떤 조건에서?"의 문제와 직접 연결되는 것이다. 또 여기서 브레히트Bertolt Brecht의 유명한 시 "읽고 있는 한 노동자의 질문"과도 연결된다.

그리고 계속 수많은 다양한 분야의 책을 쓴다. 100여 권의 책을 썼고 논문과 기고문, 강연원고 등 쿠친스키가 평생 쓴 저술은 모두 4,000여 편에 이른다고 한다. 목록도 거의 다 정리되어 있다.

먼저 사회학에 대한 관심이다. 구체적인 대중의 일상과 현실에 평생 천착한 학자로서 사회학에 대한 관심은 당연할 것이다. 적어도 쿠친스키가 이해하는 사회학은 마르크스와 베버의 문제의식이기 때문이다.

즉 사람들이 살아가는 구체적인 현실과 그 현실의 다양한 관계 문제이다. 개인과 사회의 관계, 의식과 행동의 관계, 다양한 사회영역간 연관관계를 기본적으로 다루는 것이 사회학이기 때문이다. 따라서 여기에는 10권짜리 『사회과학의 역사에 대한 연구』는 물론 *Bemühungen um die Soziologie*(사회학에 대한 고투, 1986), *Intelligenz*(지식인, 1987), *Klassen und Klassenkämpfe*(계급과 계급투쟁, 1972) 등이 속할 것이다.

또 문학평론집도 냈는데 두 권짜리 *Gestalten und Werke*(형상화와 작품, 1971, 부제가 "영미문학과 프랑스문학에 대한 사회학적 연구"이다)과 *Bild und Begriff*(표상과 개념, 1975)이 대표적이다.

또한 *Abraham Lincoln*(링컨, 1985)이나 *Dialog mit meinem Urenkel*(증손자와의 대화, 1983) 등등 엉뚱하고 흥미로운 별 책이 다 많다. 특히 "대화"는 죽기 직전에 "증손자와의 계속되는 대화"(1997)라는 이름으로 한 권 더 나온다. 이 책은 쿠친스키 자신의 사회주의와 미래 세계에 대한 이상을 피력한 책이므로 "현실 사회주의"에서 미처 못 다한 얘기를 마저 풀어놓은 것이다.

이론 분야의 대표작으로는 *Gesammelte Studien zur Geschichte und Theorie des Kapitalismus(*자본주의의 역사와 이론에 대한 연구, 1979)와 *Studien zur Historischen Materialismus*(역사적 유물론 연구, 1989)를 들 수 있는데, 후자는 이미 대한민국에 번역본이 나와 있다(김정로 번역, 백산서당 2018). 그리고 전자도 번역이 끝나 올해 출판이 예정되어 있다(김정로 번역).

한편 1989년 통일 이후에도 죽을 때까지 정력적으로 책을 남긴다. *Schwierige Jahre*(어려운 시절, 1990), *Problem der Selbstkritik*(자

기비판의 문제, 1991), *Kurze Bilanz eines langen Lebens*(오랜 삶에 대한 짧은 결산, 1991), *Asche für Phönix*(불사조를 위한 재, 1992), *Nicht ohne Einfluß" — Macht und Ohnmacht der Intelliktuellen*(영향이 없진 않았다 - 지식인의 권력과 무기력, 1993) 등등. 죽기 직전에 마지막으로 쓰고 사후에 출판된 책은 *Ein treuer Rebell*(충실한 반란자, 1998)였다. 더 많지만 이만 줄이자. 스스로도 애기하지만 죽는 순간에도 펜을 쥐고 가고 싶었을 것이다. 아니 할 수만 있으면 책과 펜을 갖고서 천국에 가고 싶었을 것이다.

3. 자본주의와 노동자상태의 역사

쿠친스키의 대표작은 『자본주의와 노동자상태의 역사』이다. 그래서 여기서는 최소한으로나마 이 책에 대해 소개하려고 한다. 먼저 40권의 제목이라도 대강 구경해보자.

제1권부터 제7권(7권은 두 권으로 구성)까지는 "독일편"이다. 1789년부터 당시까지의 독일의 노동자상태를 서술하였다. 서술의 큰 줄기는 각 권마다 두 부분으로 나누어져 있다. 먼저 배경으로서 자본주의의 발전과 일반적인 사회적 상황에 대한 서술이고, 다음은 노동자상태의 역사이다. 권마다 이렇게 두 부분으로 나눠 서술되었다.

제8권부터 제20권까지는 앞의 독일 노동자상태의 역사편에 대한 "자료와 연구"이다. 한편으로는 노동자상태와 관련한 많은 자료를 수록하고 분석한 것이다. 하지만 자료보다 연구가 흥미롭다. 앞에서의 7권도 모자라 다시 관련되는 개별 주제에 대해 독립적인 연구를 시도한 것이다. 아마 서술체계상 본문에 담기 어려운 연구들을 이렇게 별책으로 묶어 낸 것이다. "아동노동 문제 등"(8권), "노동자 상태와 관련된 문헌들"(9권), "독일에서의 정치경제적 이데올로기"(10, 13권), "독일에서 주기적 과잉생산공황의 역사"(11-12권, 15권), "독일의 독점자본과 국가독점자본주의"(14, 16권), "서독의 역사서술, 아름다운 문학"(17권), "여성노동자 상태의 역사, 1700—현재"(18권), "아동노동의 상태의 역사, 1700—현재"(19권), "19권에 대한 자료"(20권), 그리고 제21권이 여기까지의 모든 권수에 대한 종합 색인집이다. 런던에서 독일편이 단 한 권이었고, 종전 후 7권으로 보족했을 때도 독일편은 두 권이었는데, 여기서는 21권으로 완성되는 것이다. 이것만이 아니다.

제22권부터 제25권까지는 노동자상태의 "영국편"이다. 제26권부터 제28권까지는 영국 노동자상태의 역사에 대한 자료 및 연구이다. 26권은 "영국의 정치경제학 이데올로기"인데, 여기에는 로버트 오웬에 대한 연구와 셰익스피어와 영국의 아름다운 문학에 대한 연구도 들어 있다. 27권(두 권으로 되어 있다)과 28권은 "영국 식민지에서의 노동자상태의 역사"이다. 영국은 세계의 거의 모든 대륙에서 식민지를 경영했기 때문에 식민지에서의 노동자상태의 역사는 많은 분량이 필요했을 것이다. 인도, 호주, 캐나다, 남아프리카, 중국 등에 대한 연구를 담고 있다.

제29-30권은 미국편이다. 제31권은 미국편에 대한 자료 및 연구이다. 여기서는 1837년과 1857년의 미국에서의 공황에 대해 다루고, 또 20세기로 넘어가면서 독점이 형성되는 과정을 다루고 있다.

제32-33권은 노동자상태의 역사 중 프랑스편이고, 제34권은 프랑스편에 대한 자료 및 연구이다. 프랑스편에서도 아름다운 문학에 대한 연구가 빠지지 않는다. 그리고 제35권은 영국과 식민지, 미국, 프랑스 등에 대한 종합적인 색인집이다.

그리고 제36권은 여기서 번역한 『노동자상태의 역사—이론』이고, 제37권은 『노동자상태의 역사—세계적인 조망』(이것도 조만간 번역해 출판할 것이다)이다. 그리고 마지막 40번째 권인 제38권은 전체적인 문헌색인집이다.

책의 목차만 봐도 노동자상태의 이론의 넓이와 깊이를 알 수 있다. 게다가 이 이론은 추상적이거나 막연히 개괄한 것이 아니다. 앞에서 노동자상태의 역사에 관해 이미 37권을 쓰고 나서 마지막으로 그러한 사실들과 연구결과에 기초해 이론을 정립한 것이다. 따라서 쿠친스키의 "이론"은 철두철미 실증적, 경험적인 것이다.

그러면 노동자상태의 구성요소는 무엇인가?

일단 마르크스는 절대적 궁핍화의 형태에 관해서만 하더라도 "빈곤, 노동의 고통, 노예상태, 무지, 잔인성, 도덕적 타락" 등 다양한 측면을 묘사하였다. 그렇다면 어떤 물질적 요인들을 마르크스와 엥겔스가 노동자상태의 실천적·이론적 연구에서 고려했는지 확정하는 게 필요하다. 가장 중요한 요인들을 작성하여 열거하는 것이 그들 연구의 넓이와 깊이가 보여주는 호소력이 될 것이다. 또한 바로 이것이 쿠친스키 연구의 넓이와 깊이를 보여주는 정당성과 타당성의 근거가 될 것이다.

1. 노동보호입법
2. 실업과 단축노동, 계절노동
3. 노동관계(강제노동, 해고기한 등)
4. 노동시간(길이, 야간노동, 초과노동, 휴식, 노동을 위한 출퇴근시간 등)
5. 구성과 관련한 노동자의 수입(농사 등 부수입과 임대료 등을 통한 보충)
6. 음식물 관계(영양 관련, 영양의 질)
7. 교육(학교관계, 전문 직업훈련 등)
8. 가족관계(특히 여성노동과 아동노동의 영향 하에서)
9. 노동의 강도
10. 질병과 사망률
11. 범죄
12. 임금(정상임금은 물론 임금의 구매력, 시간임금과 성과급, 현물임금제도, 임금공제, 처벌, "이익분배" 등)
13. 생계비
14. 직장에서의 위생관계
15. 사회보장(또한 빈곤입법)
16. 사고빈도
17. 주거관계(주택의 상태, 임대료, 공장주택 등)
18. 파업과 다른 형태의 저항
19. 노동자와 자본의 조직.

"모든 이러한 요인들은 전체로서의 나라와 개별 산업에 대해, 직업과 노동자범주(숙련 및 비숙련 노동자, 남성과 여성 등)에 대해, 농업과 무역, 산업과 같은 다양한 경제분야에 대해, 다양한 나라들과 식민지에 대해 연구되어야 한다. 왜냐하면 그러한 실제적으로 포괄적인 연구만이 노동자상태의 변화와 변동에 대해 조망할 수 있기 때문이다."

오늘날의 현실에도 자본주의가 자본주의인 한, 마찬가지의 모순이 관철된다. 예를 들어 이제 기계제는 단축된 노동일이 노동을 강화하는 수단으로 된다. 마르크스는 기계의 다양한 역할에 관해 『자본』에서 다음과 같이 인상적이고 변증법적인 서술로 아주 인상적으로 고찰하였다: "결국 기계는 그 자체로서는 노동시간을 단축하지만 자본주의적으로 적용되면 노동일을 연장하고, 그 자체로서는 노동을 경감시키지만 자본주의적으로 적용되면 노동의 강도를 높이고, 그 자체로서는 자연력에 대한 인간의 승리이지만 자본주의적으로 적용되면 인간을 자연력의 억압 아래 두고, 그 자체로서는 생산자의 부를 증대시키지만 자본주의적으로 적용되면 생산자를 빈곤화시킨다."

이러한 변증법적인 연구의 관점에서 절대적 궁핍화와 상대적 궁핍화의 관계, 절대임금과 상대임금의 관계, 특히 후자의 연구가 강조된다. 또한 노동일의 단축이나 실질임금의 상승 문제와 관련해서도 개별적으로가 아니라 노동강화 문제와 유기적으로 결합하여 연구할 것을 강조한다. 특히 새로운 통계작업 및 실증작업을 강조한다. 무엇보다 "진리를 위한 용기Mut zur Wahrheit!"(쿠친스키의 모토)가 필요하다. 진보와 새로운 세계를 지향하는 길에서 당파성은 오직 진리와 열린 정신에 기초해야 할 것이다. 대립과 미움이 아니라 공감과 애정에서 시작하고, 오직 인간 자체에 기초해야 할 것이다. 오직 자연을 자연 그대로, 오직 인간을 인간 개인으로 만날 때 진리가 보이고 진보가 열릴 것이다.

마르크스 연구의 출발점과 종착점도 결국 인간 개인이다. "자본주의 생산양식에서 생겨나는 자본주의적 자기화방식, 즉 자본주의적 사적소유는 자기노동에 기초한 사적소유, 즉 사유재산에 대한 제1의 부정이다. 자본주의 생산은 본질상 그 발전과정에서 어쩔 수 없이 자신을 부정하게 된다. 부정의 부정이다. 이 부정은 사적소유를 다시 만들어내지는 않지만, 자본주의 시대의 성과인 협업과 토지공유 그리고 노동 자체에 의해 생산된 생산수단의 공유를 토대로 하는 개인소유를 만들어낸다." 즉 "자유로운 개인의 연합"을 지향하는 것이다.

쿠친스키의 『노동자상태의 역사』가 보여주는 세계는 참으로 무궁무진하지만 무엇보다 세계적이고 역사적인 시각이 돋보인다. 제37권 "세계적 조망"에서 시도된 참신하고 놀라운 몇 가지 연구결과를 보자. 먼저 수많은 논쟁을 불러일으킨 실질임금과 노동성과 사이의 발전관계이다:

세계산업의 실질임금과 노동성과(생산성), 1840 - 1964년(1900=100)

연도	노동성과	실질임금
1840-1849	40	67
1850-1859	45	65

1860-1869	55	73
1870-1879	70	81
1880-1889	80	90
1890-1899	90	98
1900-1909	110	100
1910-1919	133	98
1920-1929	155	100
1930-1939	197	103
1940-1949	225	110
1950-1959	274	125
1960-1964	331	135

"여기서 관찰된 시기에 실질임금은 자본주의적으로 착취하는 세계에서 두 배가 되었다. 산업노동자의 노동성과는 8배 이상이 되었다! 우리는 이미 이러한 사실로부터 착취의 어마어마한 규모를 예상할 수 있다!" 쿠친스키가 살아 있던 시기에 이 정도였으니 지금은 과연 얼마나 더 커졌을까?

다음에 세계 착취라는 개념을 가지고 통계분석을 하여 도표 하나로 모든 설명을 대신하고 있다. "착취의 정도는 임금(v)과 잉여가치(m)의 기능이다. 자본가는 노동자가 창조한 잉여가치를 자기 것으로 만들고, 이것을 자신의 개인적 소비를 위한 언제나 적은 비율과(그 크기는 증가하지만, 이 비율은 줄어든다), 더욱 증가된 생산수단이라는 착취기구의 도입을 위한 언제나 거대한 비율로 나누어 사용한다.

따라서 우리는 생산수단의 생산과 소비재의 생산의 발전을 연구하면(이에 관한 통계와 분석표도 이 책에 모두 수록되어 있다!), 착취의 발전에 대한 개략적인 암시를 얻을 수 있다. 여기서 우리는 세계착취율이 1850년 경 약 100%라고 하면 1890년에는 약 두 배가 된다는 사실로부터 출발할 수 있다. 따라서 우리는 착취율을 1890년 경에 동일하게 200%라고 한다면, 다음과 같은 자료를 얻을 수 있다.

세계산업에서 세계착취율에 대한 최초의 접근

연도	착취율(%)
1850	100
1890	200
1890-1899	200
1900-1910	240
1911-1913	240
1921-1929	270
1930-1939	370
1948-1949	500
1950-1959	640
1964	770

이러한 계산에 따르면 우리는 현재에는 착취율이 800% 혹은 1,000% 이상으로 추산할 수 있다." 그리고 『노동자상태의 역사』가 1965년도까지의 통계를 다루고 있기 때문에 통계가 조금 부족하다면 그 이후의 저작을 참고하면 될 것이다. 예를 들어 1985년의 *Konjungturforscher*(60년 경기분석가)를 참고하면 이후 20년간의 통계를 찾을 수 있다. 그 이후는? 그것은 쿠친스키와 관계없으며 오히려 우리의 과제이다. 쿠친스키가 이 만큼 우리에게 해주었으니 이제 그 다음의 작업은 우리의 몫이다.

4. 본서의 중요성

본서 "자본주의와 노동자상태의 역사 – 이론편"은 아마 마르크스의 "자본"을 가장 정확히 계승한 책이라 할 수 있다. "자본"은 매우 방대한 책이고, 당연히 논의도 하나로 한 번에 다 할 수는 없을 것이다. 그래서 다양한 측면에서 다양한 논의가 있을 수밖에 없을 것이다. 하지만 "자본"의 전체적인 구조와 마르크스의 문제의식을 정확히 짚어낼 필요는 있다. 예를 들어 "자본"을 읽어본 사람이라면 잘 알고 있듯이 "자본", 특히 제1권에서 가장 큰 비중을 차지하는 부분은 바로 "절대적 및 상대적 잉여가치의 생산" 부분이다. 그 엄청난 분량의 책 중에서도 가장 많은 분량을 차지하고 있다. 그리고 이 부분은 잘 알다시피 상당 부분이 그 당시의 실증자료와 통계자료에 기초하여 서술되고 분석되었다. 절대적 잉여가치의 생산 부분은 주로 표준(정상)노동일을 법적으로 확립하기까지 고난에 찬 투쟁의 과정과 역사적 과정을 서술한 것이고, 다시 말해 잉여가치의 기본인 노동시간과 노동일의 절대적 연장 문제이다. 상대적 잉여가치의 생산 부분은 표준노동일의 확립 과정과 그 이후 노동일의 제한 속에서 잉여가치 생산을 높이고자 하는 자본의 다양하고 수많은 방법들을 노동생산력과 노동강도의 문제를 기초로 다양한 측면에서 분석한 것이다. 그래서 상대적 잉여가치의 생산 역시 분석과 서술의 기반은 바로 역사이고 통계자료이다. 더욱이 자본주의 발전의 모순적 과정을 노동과 자본 사이의 모순관계를 통해 실증적으로 전개한 것이다. 그리고 그 모순관계의 현실은 바로 "노동자상태"인 것이다.

그 앞부분의 상품과 화폐 장은 물론 마르크스 이론의 가장 중요한 노동가치론과 잉여가치론에 대한 일반 이론 부분으로서 마르크스 이론의 최고 부분이다. 하지만 그 분량에서 보면 상대적으로 길지 않다. 게다가 실상 잘 읽어보면 그렇게 복잡한 이론이나 논리적 분석도 아니다. 더욱이 경제학도 아니다. 일반 이론으로서 당연히 마르크스 평생 연구의 모든 것이 하나로 녹아 있기는 하다. 하지만 상품과 화폐 장이 아무리 중요하다고 해서 "자본"론을 거기에 고정할 수는 없다. "자본"론은 마르크스의 철학적, 경제학적, 역사학적, 사회학적 연구의 정수가 전편에 걸쳐 순차적으로 펼쳐지고 있다. 게다가 그 기초에는 바로 엄청난 자료에 기초한 실증분석이다. 제1권의 뒷부분 "자본의 축적과정"에서도 통계자료에 기초한 실증분석은 계속되고 있다. 조금 과장하면 이론부분은 매우 짧고 "자본"론의 대부분은 그것에 대한 실증분석이고 역사인 것이다.

그래서 "자본"론 자체가 바로 역사적 유물론이 되는 것이다. 인간생활, 특히 자본주의에서는 노동자의 상태를 있는 그대로 역사적이고 사실적으로 전개하면 된다. 가장 신뢰할 수 있고 대표적인 공식자료를 기초로 하여 노동자의 상태를 있는 그대로 전면적으로 서술하면, 그것이 자본주의의 역사가 되고, "자본"론이 되고, 역사적 유물론이 되는 것이다. (물론 변증법에 대한 논의는 쉽지 않다. 변증법은 통상 얘기하듯이 "자본"론의 서술방식 속에 녹아들어가 있어 우리 독자들은 마르크스의 방법과는 반대로 다시 분석의 방법을 통해 찾아내고 음미해야 할 것이다.) 어쨌든 여기서는 "자본"의 서술방법 자체에 집중해보자.

특히 쿠친스키도 누누이 얘기하지만 "자본"의 백미는 주석이다. 그 엄청난 분량의 내용 중에 주석의 분량도 엄청나다. 그런데 주석 대부분도 무슨 논의나 논평이 아니라 주로 공식 보고서나 통계의 인용이다. 본문도 그렇지만 특히 그 많은 주석은 대부분 실증자료의 인용으로 채워져 있다. 잘 알다시피 당시 영국 의회의 보고서가 집중적으로 인용되고 있다. 왜 그랬을까? 다시 강조하지만 공식 보고서나 실증자료 자체가 바로 마르크스가 살았던, 그리고 우리가 살고 있는 자본주의사회의 실상의 반영이고 자본주의의 역사적 전개과정인 것이기 때문이다. 노동일과 노동시간을 둘러싼 투쟁이 그렇고, 아동노동 및 여성노동이 그렇고, 임금이 그렇고, 노동사고나 재해가 그렇고, 매뉴맥처에서 기계제 대공업으로의 발전이 그렇고, 노동생산력이나 노동강도의 문제가 그렇다. 노동자상태의 어느 측면을 다루더라도 그것은 자본과 노동 사이의 잉여가치를 둘러싼 계급투쟁의 실상을 반영한 것이고, 자본주의사회의 모순의 발전과정인 것이다. 그 이상도 아니고 그 이하도 아니고 오직 역사적 사실 그 자체인 것이다. 그래서 마르크스는 그렇게 집요하게 실증자료에 기초하여 자본주의의 모순적 사실을 추적하고 서술한 것이다. 역사적 유물론도 바로 이것일 뿐이다.

따라서 쿠친스키는 마르크스의 "자본"의 문제의식을 여기서 찾고 그것을 계승하고자 "자본주의와 노동자상태의 역사"를 쓴 것이다. 사실 쿠친스키의 이 책은 마르크스의 "자본"을 벗어나지 않는다. 이미 마르크스의 "자본" 속에는 자본주의의 거의 모든 측면이 분석되고 서술되어 있기 때문이다. 게다가 "자본"을 다시 읽어도 언제나 생생하고 풍부한 현실의 묘사 그대로다. 그만큼 마르크스의 "자본"은 가장 현실적일 뿐만 아니라 현대적이기도 하다. 그래서 어찌 보면 마르크스의 "자본"을 보는 게 쿠친스키보다 더 풍부하고 더 포괄적일 수도 있다.

그렇다면 쿠친스키의 이 책은 어떤 의미가 있는가? 마르크스의 "자본"론이 현실 자본주의사회에 대한 집요하고 치열한 사실분석이고 역사적인 서술이라면, "자본"론에 대한 연구 역시 오늘을 사는 우리의 현실 자본주의에 대한 포괄적이고 치열한 사실분석이 되어야 할 것이다. 그리고 그 연구와 서술은 당연히 역사가 되어야 할 것이다. 그래서 마르크스의 "자본" 자체가 엄청난 분량이 되었던 것이다. 따라서 "자본"론은 기본적으로 "역사과학"이다. 이 지점에서 쿠친스키가 등장한다. 쿠친스키의 연구는 마르크스의 "자본"을 가장 정확하게 계승했을 뿐만 아니라, 그것을 오늘날의 현실에서 더욱 보충하고 검증하고 확대하려 했다는 점이다. 그래서 제목이 "자본주의와 노동자상태의 역사"이다. 마르크스의 시대에는 자본이 먼저였지만 이제는 노동자가 우선인 시대이기 때문에, 제목에서도 자본이 아니라 노동자상태가 된 것이다. 그리고 역사과학을 기본으로 하다 보니 분량도 방대해질 수밖에 없었고, 40권이나 되는 책을 쓰게 된 것이다.

하지만 이제까지 마르크스 계열 학자들도 "자본"의 사실적이고 실증적인 측면을 등한시하였다. 주로 이론적인 논의에 매몰되었지, 변화하는 자본주의사회의 현실에 대한 경험적이고 실증적인 연구는 크게 발전하지 못했다. 슬픈 얘기지만 사실 마르크스의 "자본"

을 넘어서는 책은 마르크스 자신밖에 없는(?) 실정이다. 마르크스의 방대한 "역사과학"에 집중하지 못하고, 부분적인 이론논쟁에 매몰되다 보니 현실의 변화 및 발전을 놓치게 되었고, 연구는 지지부진하게 되었다. 소모적이고 쓸데없는 말만 늘어놓아야 하는 단편적인 이론논쟁이 아니라, 우리 모두가 자본주의사회 속에서 관계를 맺고 살아가고 있는, 자본주의의 모든 모순적인 현상들을 온몸으로 맞아가며 살고 있는 이 현실 자체에 대한 치열한 연구가 있어야 할 것이다. 특히 한국에서는 "자본"에 대한 번역조차 제대로 이루어지지 않고 있는 실정이다. 연구는커녕 제대로 읽지도 않았다는 얘기다. 기본적인 연구가 전혀 시작도 되지 않은 것이다.

그런 점에서 쿠친스키의 연구는 최고의 사례이고 모범이다. "자본"을 어떻게 읽어야 할지 정확한 방향을 분명히 제시하였다. 무엇보다 역사과학으로 읽어야 한다. "자본"은 경제학도 철학도 사회학도 그 어느 하나가 아니라 그 모두인 역사과학이다. 그리고 쿠친스키는 "자본"을 기초로 어떻게 연구해야 할지 분명한 모범을 보여주었다. 변화무쌍한 현실에 대한 역사적이고 실증적인 연구이다. "자본"이 보여준 방대한 실증연구와 현실 모순에 대한 다면적인 연구의 종합을 기초로, 우리 역시 현실에 대한 다면적이고 실증적인 연구에 힘을 쏟아야 할 것이다. 그래서 "노동자상태"인 것이다. 노동자란 사람 자체일 뿐이다. 자본주의사회라는 역사적 현실과 규정 속에서 우리 자신이 사회적 역사적 존재인 사람으로서 노동자로 현상할 뿐이고, 노동자는 바로 우리 자신, 사람의 모든 것을 의미하는 이름일 뿐이다.

쿠친스키를 읽는 것은 그러므로 마르크스의 "자본"을 읽는 것이다. 쿠친스키를 보는 것은 바로 마르크스의 역사과학을 연구하고 계승하는 것이다. 쿠친스키를 연구하는 것은 바로 마르크스의 역사과학을 우리의 현실 속에 투영하고 우리의 현실과 사실적으로 대결하는 것이다. 동시에 마르크스의 "자본"은 쿠친스키의 "노동자상태의 역사"를 통해 가장 현실적으로 우리에게 다가올 수 있는 것이다. 22세기를 바라보는 지금, 그 어느 때보다 자본주의의 모순이 극단적으로 드러나고 있는 지금, 사회적 역사적 존재로서 노동자라는 이름의 사람인 우리 자신의 삶의 조건과 상태가 더욱 위태로워진 지금, 자본주의의 본질과 그것의 다면적인 현상을 보고자 한다면, 자본주의를 넘어서는 위대한 부정과 새로운 희망을 찾고자 한다면, 당연히 "자본"을 다시 읽어야 할 것이다. 또한 "자본"은 쿠친스키를 통해서 가장 생생하게 우리에게 최신의 모습으로 드러날 것이다.

찾아보기

(ㄱ)

가격지수　183
가변자본　26, 242
가족노동　161
가족임금　161, 162, 186
가족임금소득조사　188
가치법칙　130, 157
가치법칙의 매우 중요한 변형　158
강화된 내포적 생산방법과 착취방법
　　153
개인들의 전면적인 발전　208
갠트-체계　172
건강관계　120, 257, 263
건강 및 사고 관계의 발전과 노동강도
　　의 발전 사이의 연관　268
건강보험　271
경기순환의 평균　146
경쟁　24
경제외적 강제　142
경제의 군사화　191
경제의 비생산적 부분의 증가하는
　　역할　249
경제적 사회구성체　139

경제주의　289
경제학-철학 초고　47
계급사회　53
계급의식의 마비　45
계급이론　195
계급투쟁의 법칙　57
고용이론　231
고전가　338
공산당 선언　58
공상적 사회주의자들　21
공식적인 자본주의 통계　186
공장법　151
과잉생산공황　199
과잉인구　29
과잉인구의 유동적인 형태　32
과학과 노동과정의 합체　39
과학적 경영관리　300
교섭임금　176
구조적 실업　233, 242
국가독점자본주의　111
국가와 혁명　87
국제노동자협회　92
군수산업　103

찾아보기 | 357

궁핍화 형태의 다양성　120
궁핍화과정의 전체 변증법과 모순성
　　　122
궁핍화의 증가　156
궁핍화와 빈곤　62
궁핍화의 지배적인 법칙　20
근로자의 구성방식　249
금융자본　43, 93
기계　218
기계노동자　216
기계는 자본의 담당자　217
기계의 부속물　39
기술적 진보의 과정　36
기업결합　113
기업의 철저한 합리화　225
기회주의　82, 89
기회주의 이론　289
기회주의와 개량주의　84

(ㄴ)

낙관주의　329
남성임금과 여성임금의 차이　164
노동 강도　121
노동(시간)문제연구협회　175
노동가치의 역사적 요소　145
노동강도　151, 181
노동강도의 계속 증가　214, 219, 263
노동강도의 발전　257
노동과 노동력의 차이　130

노동과정의 강화　18, 152, 219
노동과학　168
노동관료　98
노동관료에 대한 매수방법　99
노동관료와 대행자　105
노동관료의 성장　104
노동귀족　77, 81, 90, 97
노동귀족의 붕괴　103
노동귀족의 형성을 위한 경제적 원인
　　　82
노동력　30
노동력 상품의 가치　129, 134
노동력 상품의 단순재생산비용　110
노동력의 가격　129
노동력의 가격이 그 가치 이하로
　　　내려가는 조건　143
노동생산물　48
노동생산물의 노예로서 노동자　128
노동성과(생산력)가 생산보다 빠르게
　　　증가　237
노동시간의 단축　206, 228
노동시간의 이론　203, 229
노동운동에서 부르주아지 스파이　87
노동운동의 나태　82
노동의 강화과정의 의미　220
노동의 고통의 축적　42
노동생산성　26
노동의 영혼박탈 혹은 무미건조함
　　　51

노동일 연장의 도덕적·사회적 한계
　　206
노동일의 새로운 연장　166
노동자 교육　276
노동자의 자기 노동력 판매　76
노동자계급　21
노동자계급 내의 급속한 세대교체
　　142
노동자계급의 구조에 대한 사회학적
　　의미　254
노동자계급의 구조에서 변화　110
노동자계급의 빈곤, 노동의 고통,
　　노예화, 무지, 잔인함, 도덕적
　　타락의 축적　29
노동자계급의 생활수준의 하락　62
노동자계급 일부의 상태를 개선　77
노동자계급의 임금이론　196
노동자계급의 절대적 궁핍화　24
노동자계급의 종국적 해방　60
노동자를 부분인간으로 불구화　39
노동자상태　331
노동자상태를 지배하는 법칙　17
노동자상태에 대한 포괄적인 연구
　　181
노동자상태에서의 변화　120
노동자상태의 과학　302
노동자상태의 구성요소　344
노동자상태의 역사　120, 294
노동자상태의 이론　17, 120, 344

노동자에 대한 과세　190
노동자에 대한 착취　130
노동자의 상대적 궁핍화　201
노동자의 상대적인 상태　19
노동자의 소외　46
노동자의 절대적인 상태　19
노동자층의 차별화가 완전히 해소
　　103
노동조합　75, 281
노동조합의 가장 높은 사회적 과제
　　288
노동조합의 과제 설정　287
노동조합의 일상투쟁　60
노동통계　333
노령보험　271
노예상태의 축적　43
농촌노동자　33

(ㄷ)

다양한 착취방법　39
대량실업　233, 236
대립적인 계급들로 사회의 분열　58
도덕적·사회적 요소　181
독일 인민의 일상사　340
독점에 고유한 정체와 기생성　235
독점이윤　80, 83
독점자본　18
독점자본주의　156
독점자본주의(제국주의)　18

동일 노동에 대한 동일 임금　164
또 다른 생산 및 착취 방법으로 이행　287

(ㄹ)

레닌　18, 63, 200, 290
레파-시스템　175
로우언-체계　172
로자 룩셈부르크　124, 209, 285, 331
루카치　328
르네 로버트 쿠친스키　330
리카도　21

(ㅁ)

마르크스　251, 259, 268, 275, 281, 283
마르크스와 엥겔스　17, 63, 222
마르크스의 이론　18
마르크스주의　147
마르크스주의 과학　195, 300
마르크스주의 임금이론　195
마르크스주의 통계　192
막스 베버　336
명목임금　182
모건　58
문화적 마르크스주의　330
물질적 개선의 의미　113
물질적 폭력이 이론　286
민족자본　80

(ㅂ)

바르가 오이겐　106, 233, 241
반 숙련노동자　226
반대경향　31, 58, 337
반대법칙　295
반세계화 운동　329
법칙과 경향　54
베벨 아우구스트　274
변증법적 역사적 유물론　55
부르주아 노동자정당　94, 99
부르주아 정치경제학　284
부르주아 착취의 세련된 야수성　222
부르주아 통계　297
부르주아-추종적인 노동단체　99
부의 축적　29
부의 축적은 동시에 빈곤과 노동의 고통의 축적　123
부하린　244
불변자본　26, 242
불행의 근본원인인 자본주의　272
브레히트　328, 340
비과학적인 명령　295
비숙련노동자　102
비숙련노동자의 반-자격화　110
비용　97
빈곤, 노동의 고통, 노예상태, 무지, 잔인성, 도덕적 타락　29, 41
빈곤의 축적　29, 41

(ㅅ)

사고의 증가　267
사고관계　257
사고발전과 노동강화 사이의 연관
　　270
사고보험　271
사무직노동자　253
사물세계의 가치증식에 대한
　　인간세계의 가치절하　47
사실에 대한 추구　333
사회과학의 역사에 대한 연구　338
사회법칙　55
사회보장과 노동자계급의 절대적
　　궁핍화의 법칙　274
사회보장은 일시적인 완화수단　272
사회보장의 광범한 발전　104
사회보장의 이론　271
사회보장 지출의 지불　272
사회보장제도　120
사회보험을 위한 세금이나 기여금
　　100
사회생활의 군사화　238
사회적 빈곤층의 생산　34
사회적 소유　66
사회주의의 실현가능성　170
산업노동자 수의 절대적 저하에 대한
　　경향　241
산업예비군　28, 141, 231
산업예비군의 후보자　34
산업예비군과 대량실업 경향　237
산업프롤레타리아의 상대적인 감소
　　246
산업프롤레타리아의 역사　249
산업프롤레타리아의 절대적인 감소
　　246
3차대전　52, 238
상대임금　197, 198
상대임금의 계속적인 하락　199
상대임금의 연구에 대한 무시　200
상대적 과잉인구　31
상대적 궁핍화의 이론　123
상대적 임금　124
상대적 잉여가치　205
새로운 임금이론　196
생계비지수　183
생산과 자본의 집적 및 집중의 법칙
　　18
생산과정에서의 소외　47
생산보다 생산성이 더 빨리 증가
　　232
생산성 증가　214
생산수단　26
생산수단에 대한 사적 소유와 착취
　　57
생산수단으로부터 자유　128
생활임금　185
서비스에 고용되는 사람들의 수가
　　증가　239

성과급   166, 167, 168, 177
세계 착취   348
세계시장독점   92
세계임금의 역사   337
세계착취율   348
소부르주아   104
소부르주아 계층   254
소외   40
소외된, 외화된 노동   50
손(육체)노동의 부분적인 자격화   109
손(육체)노동의 새로운 탈자격화   109
수입된 외국인노동자   96
숙련노동자   102, 226
숙련노동자의 절대적 궁핍화   102
숙련노동자의 창출   253
숙련노동자의 특권층 창출   85
순임금   188
순환적 위기   116
순환평균   147
시간급(임금)   166, 167, 226
식민지독점   92
식민지와 반식민지   78, 165
신자유주의   329
실업   233
실업보험   271
실업예비군   36
실질임금   41, 145, 183, 197, 297

실질임금의 발전   95
실질임금의 분화   95
실질임금은 언제나 노동강도의
　　　증가와 관련   185
실질임금의 상승   121, 149

(ㅇ)

아인슈타인   331
에른스트 블로흐   328
엥겔스   67, 227, 258, 285
엥겔스의 빈곤 이해   61
여성노동과 아동노동   160, 252
여성임금   163
역사의 종말   329
역사적, 도덕적 요소   69
영구적인 높은 실업   156
영국 노동자계급의 상태   74, 258
외국인노동자의 고용   93
원시공산주의 사회   58
원시적 축적   127
유사-자격화   110
은폐된 임금약탈   191
의존노동자   110
이데올로기의 부르주아화   45
2차세계대전   52
인간력   30
인간으로부터 인간의 소외   49
일반사회적 소외과정   49
일상투쟁   287

임금   19
임금-가격-협정   185
임금공동협의구조   176
임금구조의 분할   176
임금법칙   60, 128, 274
임금의 비교분석   181
임금이론   17
임금 지불의 특수한 형태   135, 166
임금통계   182, 331
잉여가치 생산자   73
잉여가치의 생산   139
잉여가치이론   203
잉여노동   133
잉여노동인구   29

(ㅈ)

자본가계급의 노동자하사관   87
자본수출   93
자본의 가치구성   26
자본의 고유한 착취영역   33
자본의 기술적 구성   26
자본의 독재   30
자본의 이윤동기가 자본의
   국가에서는 교육 및
   훈련제도의 주요 동기   279
자본의 축적   29
자본의 특별이윤 혹은 독점이윤   78, 158
자본주의   56, 329

자본주의 발전의 불균형   179
자본주의 분석   329
자본주의 생산관계   24
자본주의 생산양식   30
자본주의 착취   24
자본주의 축적의 법칙   76
자본주의 축적의 절대적, 일반적 법칙   28
자본주의경제   329
자본주의에서 사회주의로의 이행기   171
자본주의의 경제적 기본법칙   157
자본주의의 기본모순   157
자본주의의 두 번째 단계   253
자본주의의 붕괴의 시작   18
자본주의의 세 번째 단계   254
자본주의의 일반적 위기의 시대   36, 156
자본주의적 생산 및 착취 방법의 위기   21
자본주의적 최저생활비   97
자본주의체제 일반에 대한 마지막 투쟁   288
자본주의 하에서 교육제도   278
자본축적은 잉여가치의 생산으로부터   76
자서전   328
자유시간   208, 228
작업장 평가체계   173, 176

잔인성과 도덕적 타락의 축적　44
잘못 산정된 생계비-계산　183
잠재적 과잉인구　32
장기실업　233
장시간노동　150
전체적인 생활조건의 절대적 악화　74
절대적 궁핍화　24, 41
절대적 궁핍화와 자본축적의 기능　25
절대적 궁핍화의 법칙　59
절대적 잉여가치　205
절대적으로 무지가 증가　44
점진주의의 이론　289
정상(표준)노동일　215
정상(표준)노동일의 법적인 확립　75
정체적 과잉인구　33
제국주의　82
제국주의와 기회주의 사이의 연관　83
제국주의의 단계　156, 253
제국주의의 형성　77
제어기술　113
주기적 경제공황　113
주택관계　42, 264
줄어든 노동시간　121
증가된 실질임금　121
증가하는 무지와 소외의 과정　73
증대된 노동강화와 증대된 생산성의 결합　214
지배수단은 "그들의" 국가　78
지불노동과 미지불노동　135
지불에 대한 차별화　103
진리에 대한 용기　333

(ㅊ)

착취　132
착취방법　153
참여제도　178
철학의 빈곤　79
청부급　167, 226
초과-착취　131
초과노동　30, 139
총임금　188
최대한의 노동시간과 최소한의 임금　33
최저생활비　42
축적과정　25, 43
축적은 노동자의 착취를 전제　123
취업자와 실업자 사이의 단절　283
치사노동　139

(ㅋ)

카우츠키　292
칸트　330
칼 리프크네히트　331
컨베이어벨트 노동　51

　　　　　　　(ㅌ)

탈코트 파슨스　332
테일러시스템　169
토마 피케티　337
트러스트(대기업집단)　94
특권화된 노동자층　106

　　　　　　　(ㅍ)

파시즘의 수단　143
평균노동　68
포드-시스템　171
포이어바하　21
프랑스혁명　286
프롤레타리아　26
프롤레타리아 상층을 매수　85

프롤레타리아 운명　53
프롤레타리아의 절대적 궁핍화 법칙
　　56
플레하노프　65
필요노동과 잉여노동　135

　　　　　　　(ㅎ)

학제간 연구　338
한 민족의 일반 문화적 수준　181
합리화　217
햄시-체계　172
헤겔　21
홉스바움 에릭　336
확대된 외연적 방법　153
확대된 착취의 수단　166

자본주의와 노동자상태의 역사
- 이론편 -

초판 제1쇄 펴낸날 : 2019. 9. 30

지은이 : 위르겐 쿠친스키

옮긴이 : 김 정 로

펴낸이 : 김 철 미

펴낸곳 : 백산서당

등록 : 제10-42(1979.12.29)

주소 : 서울 은평구 통일로 885(갈현동, 준빌딩 3층)

전화 : 02)2268-0012(代)

팩스 : 02)2268-0048

이메일 : bshj@chol.com

값 25,000원

ISBN 978-89-7327-549-6 93300

이 도서의 국립중앙도서관 출판예정도서목록(CIP)은 서지정보유통지원시스템 홈페이지(http://seoji.nl.go.kr)와 국가자료종합목록 구축시스템(http://kolis-net.nl.go.kr)에서 이용하실 수 있습니다.   (CIP제어번호 : CIP2019036276)